INSPIRAÇÃO

INSPIRAÇÃO

ENTENDENDO A CRIATIVIDADE

EM UMA JORNADA PELA ARTE E PELA CIÊNCIA

MATT RICHTEL

Tradução
Bruno Fiuza

Rio de Janeiro, 2023

Copyright © 2022 por Matt Richtel.
Copyright da tradução © 2023 por Casa dos Livros Editora LTDA. Todos os direitos reservados.
Título original: *Inspired: Understanding Creativity - a Journey Through Art, Science, and The Soul*

Todos os direitos desta publicação são reservados à Casa dos Livros Editora LTDA.

Nenhuma parte desta obra pode ser apropriada e estocada em sistema de banco de dados ou processo similar, em qualquer forma ou meio, seja eletrônico, de fotocópia, gravação etc., sem a permissão do detentor do copyright.

Diretora editorial: *Raquel Cozer*
Gerente editorial: *Alice Mello*
Editora: *Lara Berruezo*
Editoras assistentes: *Anna Clara Gonçalves e Camila Carneiro*
Assistência editorial: *Yasmin Montebello*
Revisão: *Ulisses Teixeira e Cindy Leopoldo*
Copidesque: *André Sequeira*
Preparação de original: *Bruna Miranda*
Capa: *Elsie Lyons*
Ilustrações de capa: © *Getty Images;* © *Shutterstock*
Adaptação de capa: *Guilherme Peres*
Projeto gráfico: *Michelle Crowe*
Diagramação: *Abreu's System*

Dados Internacionais de Catalogação na Publicação (CIP)
(Câmara Brasileira do Livro, SP, Brasil)

Richtel, Matt
    Inspiração : entendendo a criatividade em uma jornada pela arte e pela ciência / Matt Richtel ; tradução Bruno Fiuza. – Rio de Janeiro : HarperCollins Brasil, 2023.

    Título original: Inspired
    ISBN 978-65-5511-443-0

    1. Criatividade 2. Habilidade criativa 3. Inspiração I. Título.

22-126188   CDD-153.35

Índices para catálogo sistemático:

1. Criatividade : Psicologia   153.35

Cibele Maria Dias – Bibliotecária – CRB-8/9427

Os pontos de vista desta obra são de responsabilidade de seu autor, não refletindo necessariamente a posição da HarperCollins Brasil, da HarperCollins Publishers ou de sua equipe editorial.

HarperCollins Brasil é uma marca licenciada à Casa dos Livros Editora LTDA.
Todos os direitos reservados à Casa dos Livros Editora LTDA.
Rua da Quitanda, 86, sala 218 – Centro
Rio de Janeiro, RJ – CEP 20091-005
Tel.: (21) 3175-1030
www.harpercollins.com.br

Para minha família

Sumário

Nota do autor 9

Prólogo 11

LIVRO I – DO BERÇO À MUSA

Heresias 17

Salto de fé 36

Dúvida 46

As sementes da dúvida 58

O criador ganha forma 71

O escritor ganha forma 80

O despontar da voz 93

Divagação mental 107

Medo 116

LIVRO II – AS LEIS DA NATUREZA

O ponto de vista de um micróbio 135

Parábola de um astro do rock 147

Um físico entra em cena 151

Aconteceu uma coisa engraçada na trajetória rumo ao
    Disco de Platina 159

Deus 167

Pandemia 184

A "chamada e resposta" da natureza 192

LIVRO III – NEUROLOGIA, FISIOLOGIA, PERSONALIDADE, CRONOLOGIA E (A NOVA) GEOGRAFIA

O cérebro 203

O segredo está nos olhos 217

Personalidade. 230

O treinador de basquete e o cabeça-dura 239

Idade 250

Duas pequenas histórias de guerra. 255

Vocabulário 264

LIVRO IV – SALVAÇÃO

O ingrediente secreto. 275

Não peça demissão. 281

Todd 287

LIVRO V – CRIATIVIDADE EM TEMPOS DE CAOS

Dois passos para a frente. 291

A Nova Jerusalém. 296

Inspiração. 301

Agradecimentos. 307

Índice 309

Nota do autor

Este livro representou um desafio especial para mim — por causa dos pronomes. Em geral, escritores optam entre escrever na terceira pessoa (eles/elas), na primeira pessoa (eu) ou na segunda pessoa (tu/você). Tenho a impressão de que não posso me dar ao luxo de ficar com as opções convencionais. Isso porque estou escrevendo sobre grandes criadores e os cientistas que os pesquisam (eles/elas), sobre minha própria experiência (eu) e também sobre o que tudo isso significa para o leitor (tu/você). Pensei em fingir para mim mesmo que não usaria todos os pronomes e não daria explicação alguma sobre isso. Mas essa me pareceu uma ótima forma de ser criticado no Twitter. Portanto, decidi assumir a responsabilidade: em termos de pronome, fui bastante flexível. Poderia tentar justificar isso alegando que é um exemplo de criatividade. Ridículo. Em última análise, minha decisão de usar pronomes diferentes reflete o fato de que este livro é ao mesmo tempo jornalístico, informal e pessoal. Conto aqui uma história sobre minha jornada para descobrir como a criatividade funciona, por meio de encontros com alguns dos principais criadores e pensadores do mundo quando o assunto é criatividade, e muito do que aprendi se aplica a todos nós. Então, peço humildemente que perdoe o fato de eu estar falando com você, sobre eles e, eventualmente, sobre mim mesmo. Quando esta jornada chegar ao fim, espero que a inconsistência nos pronomes seja a última coisa de que você, eles ou eu vamos nos lembrar sobre este livro.

Prólogo

No princípio, como diz a narrativa bíblica, havia trevas sobre a face do abismo. Era tudo escuro como o breu. Sereno, autêntico, inóspito, mas fervilhando com a vida que estava por vir. Organismos — inovadores por natureza — competiam para sobreviver, mutando novas formas de células, dando origem a combinações mais avançadas de traços, desenvolvendo corações e pulmões, pele protetora, visão poderosa, garras, braços e pernas que, por fim, os permitiram ficar em pé, um passo após o outro, até alguém um dia dar um passo de verdade. Um ser humano. De todo modo, ainda havia trevas, pelo menos à noite, até que... Rá!, alguém descobriu como criar fogo. E viu que era bom.

Depois, outros se inspiraram ao desenhar na parede das cavernas, que agora era visível à luz das fogueiras; as pinturas despertavam emoções, assim como as canções que as pessoas escreviam e cantavam ao redor do fogo. As criações surgiram naturalmente, estimuladas por impulsos primitivos profundos, tão viscerais quanto a fome. E foram se tornando mais refinadas com a prática. Eram lindas, geniais e, às vezes, perigosas.

O fogo poderia fugir do controle e incendiar uma aldeia ou floresta inteiras. Então, outras pessoas acabaram inventando baldes d'água e depois mangueiras de incêndio, pomadas para queimaduras e antibióticos para a cicatrização. Uma criação se apoiou na anterior, pequenas inspirações mescladas à habilidade que agiam como ímãs, atraindo outras ideias, em um ciclo virtuoso. E, às vezes, com um toque curioso.

Muitas das criações deram origem a novos problemas mais adiante, que ficaram conhecidos por uma expressão que alguém inventou: "consequências não intencionais". Pense no motor de combustão, que nos permitiu viajar mais longe e mais rápido em carros, mas teve a consequência não

INSPIRAÇÃO

intencional de causar a morte de diversas pessoas em batidas nas estradas e — rá!, uma nova ideia: o cinto de segurança, e viu que era bom. Em seguida, o escapamento dos carros levou às mudanças climáticas, e uma pessoa inventou o Tesla movido a bateria. E viu que era muito bom, principalmente quando o carro entrava na vaga sozinho. E os cientistas engendraram a tecnologia solar, energia de sobra extraída dos raios de sol. Mas e os trabalhadores das minas de carvão que ficaram sem emprego? Que descobertas poderiam ajudá-los, legiões de pessoas que alimentavam suas famílias com a extração de combustíveis fósseis?

Este livro é a história da criação humana — uma sequência contínua de inspirações pequenas, médias e enormes, cujos criadores, quase todos, se perderam ao longo da história. Esta é a "chamada e a resposta" da natureza: desafios crescentes e novas soluções, criação e ruptura, e criação de novo. É a história de como criamos, e de como qualquer um de nós pode criar. Como você pode criar.

Há muitas coisas preocupantes no mundo de hoje. Este livro traz boas notícias. Fala sobre esperança. O maravilhoso acaso que é a persistência da criatividade. A promessa de que novas ideias vão surgir sem parar, de modo tão inevitável quanto as ondas do mar e o nascer e o pôr do sol.

Isso não é filosofia nem esoterismo. É pessoal. Tem a ver com as inspirações que surgem dentro de cada um de nós — para um negócio, um roteiro, uma receita, um programa comunitário, um movimento político, uma pintura, um aplicativo de celular, um avanço tecnológico, um remédio ou uma música; ora, falando nesse assunto, quem sabe um musical inteiro? Por que não?

Porque é apenas um germe. Porque os potenciais criadores sentem medo, acham que não têm experiência ou que, se aquela ideia ainda não existe, é por um bom motivo, que soa louca quando dita em voz alta. Porque as pessoas aprendem a colorir apenas dentro das linhas. Porque, de certa forma, um ato de criatividade é algo assustador.

Quase todo criador já passou por isso. Eles sentem uma faísca, um desejo, um chamado, a musa. Ou se dão conta de que sempre sentiram isso e se entregam, abraçam e criam — muitas vezes com uma entrega repleta de satisfação pessoal e alegria que não existe em praticamente nenhuma outra atividade. Às vezes, eles mudam o mundo.

De onde vêm essas ideias — a força criativa por trás da arte, da ciência, da música, dos negócios, da tecnologia? Como elas se tornam algo novo? Não por um milagre, e não apenas por sorte ou trabalho árduo. A inspiração, inovação e experimentação — a criação e o processo criativo recebem diversos nomes — podem ser explicadas pela biologia, neurologia e outras ciências básicas. A criatividade estava dentro de nós o tempo todo — dentro de *cada* um de nós —, desde o princípio. Em meio às trevas, a criatividade ilumina o caminho a ser seguido, como fez inúmeras vezes no passado. Ela está dentro de nós agora, sobretudo agora, em tempos de crise e até mesmo de caos. Este livro é sobre como ela funciona.

Nossa história começa em Jerusalém.

LIVRO I

DO BERÇO À MUSA

No qual uma visita a Jerusalém e um encontro casual com o
Homem-Canguru possibilitam traçar o perfil de um criador,
mas revelam o inimigo mortal da criatividade: a dúvida.

Heresias

"O rei Herodes foi o Steve Jobs de seu tempo."

No dia seguinte ao Dia de Ação de Graças de 2019, eu estava no bairro judeu da Cidade Velha de Jerusalém. Uma semana antes, em Wuhan, na China — há mais de sete mil quilômetros de distância —, o vírus causador da COVID-19 havia infectado um ser humano pela primeira vez. Mas aquela manhã, para mim, tinha uma sensação de bênção, banhada pelo sol, o clima extraordinariamente agradável. A "cidade da paz" parecia calma, subvertendo a turbulência que estava prestes a vir à tona e explodir no mundo inteiro.

A praça fervilhava com a multidão de turistas, moradores e devotos. Judeus e cristãos fervorosos percorriam as ruas de paralelepípedo em direção aos lugares sagrados. Havia também, a apenas algumas esquinas de distância, árabes e armênios apressados, que também consideram aquele local uma porta de entrada para os céus.

Que lugar melhor para refletir sobre a fonte da criatividade humana do que uma cidade que muitos acreditam ser o centro de toda a criação em si?

Minha guia, Amy, apontou para as pedras sob nossos pés, instaladas pelo rei há mais de dois mil anos. Elas eram parte da obsessão pela construção de um império que pertencia a esse governante nomeado pelos romanos, ruas que levavam a portos, fortalezas, novas ideias para portões e defesas militares. Amy me contou que ele era "um homem com uma mentalidade que transcendia o banal": Herodes, o Grande.

Ele também poderia ter recebido a alcunha apropriada de Herodes, o Assassino Cruel e Paranoico. Era uma pessoa terrível, um louco que ordenou a morte de crianças e de seus próprios aliados. Tudo parte de um estratagema ilícito para se manter no poder, sua inspiração dando origem a feitos grandiosos e também a feitos perversos.

Sua prolífica criação foi, sem dúvida, inspirada por seu entorno e seus colegas. Por volta do ano zero, a Judeia fervilhava com uma energia pulsante, disputas de ideias, culturas em conflito. A região atraiu meio milhão de pessoas, uma população significativa até mesmo para os padrões atuais. Isso foi fundamental, aparentemente. Ao longo dos milênios, houve focos de inovação explosiva, caldeirões de criatividade, colaboração e competição feroz: Florença, Harlem, Atenas, Marrocos, Paris, períodos extraordinários na Rússia, no Mali, no Japão, na China, na Índia, no México e no Egito, no Vale do Silício, em Hollywood e, sem sombra de dúvida, em Jerusalém. Era uma cidade industrial por excelência, e sua indústria era a religião.

Criou-se um mito da imagem do gênio criativo como sendo alguém antissocial e isolado. Essa é uma das inúmeras imprecisões que comecei a perceber, pequenas heresias, fábulas malcontadas e conveniências narrativas que estão incrustadas na história da criatividade. Este livro procura recontar essa história de maneira mais precisa, e este primeiro capítulo oferece uma visão geral — e uma amostra — das evidências científicas e históricas que usarei para apresentar um outro ponto de vista.

As pesquisas demográficas, por exemplo, nos dizem que o que é criado parece surgir de uma energia coletiva. Imagine o centro fervilhante que era antiga Jerusalém — judeus, cristãos primitivos, romanos — reunindo-se, compartilhando, debatendo; as ideias e a energia ganhando impulso, depois vindo à luz por meio de um indivíduo. Alguém se transformava em um portal, uma fonte, um canalizador, um verdadeiro sábio iluminado que transcendia a monotonia do comportamento automático e dos limites da tecnologia.

Lá foram criadas as maiores histórias já contadas, se nos pautarmos pelo número de leitores.

A poucos passos de onde eu estava com a guia turística estão enraizadas as histórias de origem do judaísmo, do cristianismo e do islamismo. Ali, de acordo com o Novo Testamento, Cristo carregou uma cruz para sua morte e seu sepultamento no local onde fica a Basílica do Santo Sepulcro. A mesquita dourada que paira sobre a cidade abriga o Domo da Rocha, um dos locais mais sagrados para os muçulmanos, onde Maomé, em sonho, voou em um corcel branco chamado Buraque rumo a um local que muçulmanos — e judeus e cristãos — dizem ser a "pedra angular" do planeta. Foi nessa fenda irregular, contam as apreciadas narrativas, que a história humana teve início.

E logo abaixo do Domo da Rocha fica o Muro das Lamentações, uma das lembranças mais sagradas de toda a narrativa judaico-cristã. O muro, que se estende rumo aos céus enquanto homens e mulheres se curvam diante dele, era a extremidade oeste de um templo que, segundo os relatos, abrigava a Arca da Aliança, que se perdeu, tendo sido vista pela última vez há milhares de anos.

Olhando ao redor da praça, eu podia ver uma criação extraordinária atrás da outra. Assim como a Bíblia, a cidade resistiu a um implacável teste do tempo — e, aparentemente, cada uma das imagens ali é testemunha da força subjacente da criatividade para, em última instância, definir a experiência humana.

Há roupas, câmeras, bolsas Gucci, mochilas North Face e falsificações em abundância, soldados israelenses usando uniformes verdes com rifles semiautomáticos M4, grelhas de esgoto, veículos de diversos formatos e tamanhos — projetados para contornar as ruas e os becos estreitos — carregados de bugigangas, sacos de cominho e cúrcuma em pó com destino ao bairro árabe.

Pego meu iPhone, ele próprio uma maravilha que cabe na minha mão: uma câmera praticamente tão poderosa quanto qualquer outra existente, conectada a um microprocessador que rivaliza com aqueles que ocupavam salas inteiras apenas algumas décadas atrás (os "supercomputadores" que nos maravilhavam porque eram capazes de disputar a sério uma partida de jogo da velha contra um oponente humano). Esse celular se tornaria um suporte à minha própria invenção, me ajudando a lembrar, muitos meses depois, o que estou escrevendo aqui. Criações materiais como essas nos servem de ferramenta, estimulando a criação e nos ajudando a compor os tijolos e os pilares da próxima inovação. De certa forma, as criações mais poderosas ainda são as ideias espirituais que surgiram em lugares como Jerusalém — e em locais na Índia, China, França, Alemanha e tantos outros, que desempenham um papel praticamente cósmico: elas moldam nossa realidade.

O poder da criatividade é tal que ele forma e transforma nossa própria compreensão do mundo. A criatividade é, sob essa ótica, a primeira maravilha do mundo de fato. Dela, todo o resto brota.

Isso faz com que a criatividade pareça grandiosa, indescritível, matéria de pensadores lendários em lugares históricos. Mas o rei Herodes foi tão responsável pela construção de Jerusalém quanto Steve Jobs foi pelo desenvolvimento do iPhone. Suas contribuições e ideias foram resultado de séculos de inovação, surgidas pouco a pouco graças a pessoas inspiradas. Isso não deveria parecer novidade alguma. Mais importante ainda, no entanto, é a razão por detrás disso: a criatividade reside em cada um de nós, e, coletivamente, nós criamos o mundo.

Ela não é, como muita gente hoje acredita, o reino de privilegiados, outro equívoco bastante difundido. A criatividade é, na verdade, parte de nossa fisiologia mais primitiva. Remonta ao nível celular, componente de nossa mecânica mais fundamental de sobrevivência. Somos máquinas de criatividade.

Quando um peixe rastejou pela primeira vez sobre a terra, isso não aconteceu de uma vez só, em um súbito rompante de inspiração, adaptação ou evolução. Quando uma criatura parecida com um pássaro voou pela primeira vez, suas asas não brotaram magicamente. Em vez disso, a capacidade de rastejar sobre a terra ou de voar pela primeira vez se apoiou em uma sequência de criações prévias, transformações na anatomia surgidas ao longo de milênios, cujas bases foram estabelecidas por pequenas mudanças. E estas, por sua vez, aconteceram devido à natureza arbitrária da evolução.

Mudanças aleatórias na genética provocaram alterações minúsculas na programação de um organismo. Algumas não têm nenhum impacto particular. Muitas, por sua vez, levam à morte do organismo, porque a mudança tornou a nova criação inadequada ao ambiente. Algumas dão ao organismo uma ligeira vantagem de sobrevivência, melhorando, por exemplo, a forma como ele metaboliza energia ou se protege de ameaças.

Pouco a pouco, pequenas mudanças vão se acumulando. Em algum momento, elas podem dar origem à anatomia que se tornará a base de uma asa ou de uma pata. Em casos raros, uma mutação profunda proporciona uma enorme vantagem de sobrevivência, e essa mudança — ou criação — genética passa a ser dominante, tornando obsoleta a versão genética anterior daquele organismo. É criatividade, mas irracional, inconsciente, aleatória.

Então, à medida que os animais foram se tornando mais complexos e desenvolvidos, alguns começaram a ser criativos de formas mais familiares à maneira como os seres humanos criam. Por exemplo, animais como pássaros e macacos, até mesmo alguns insetos, expressam versões de criatividade que somos capazes de identificar, como o canto ou a construção de ferramentas ou de ninhos. Novas mutações surgem, conferem vantagem de sobrevivência, tornam-se dominantes. A natureza sobrevive à poderosa e implacável mecânica da criação regular e consistente, mas faz isso sem uma direção consciente.

Os seres humanos aplicaram a esse processo uma reviravolta quase divina. Podemos criar de acordo com nossa vontade. Nascemos para criar.

Em cérebros férteis, fazemos conexões aleatórias entre ideias. Essas conexões são bastante parecidas com as mutações que surgem na codificação genética de organismos mais primitivos. As ideias se materializam, levam a outras noções, que se conectam, se reorganizam, como um material genético inédito composto de imaginação. Então, em outras partes do cérebro, examinamos essas ideias, avaliando sua viabilidade quase que de forma instantânea. Elas são capazes de sobreviver ao mundo lá fora? Deveriam sobreviver?

Em suma, ideias surgem e borbulham, conexões ocasionais, mutações, algumas ousadas e relevantes, a maioria destinada a morrer no terreno implacável da realidade. Até mesmo as mais criativas.

Ouvi de um estudioso do assunto que, certa vez, Albert Einstein se sentiu tomado por uma centelha criativa. Ele tinha certeza de que havia descoberto uma teoria do campo unificado que explicaria toda a existência.

22   INSPIRAÇÃO

Ele a confidenciou a um colega. "Interessante", respondeu o colega, "mas, de acordo com essa teoria, o universo não poderia existir".

Existe uma relação íntima entre o fato de um peixe ter rastejado na terra ou de um réptil ter alçado voo e o método de tentativa e erro pelo qual a teoria da relatividade por fim se apresentou a Einstein, ou a astronomia moderna emergiu na cabeça de Galileu, ou os sons de glória e tédio emanaram dos lábios trompetistas de Miles Dewey Davis III. A mecânica da mudança, as fábricas de criatividade que vivem dentro de cada um de nós, são diretamente análogas à mecânica que existe nas células para a replicação e mutação dos genes.

Isso significa que a criatividade não é um mero acontecimento. Ela é tão natural quanto a reprodução, o acasalamento, a combinação e a recombinação de ideias. Tal como acontece com o acasalamento, porém, podemos optar por criar. É aqui que a analogia se afasta da natureza. Nossas descobertas não são de todo acidentais ou aleatórias.

Podemos correr atrás das criações. A forma como os criadores fazem isso se tornou matéria de um corpo de estudos cada vez maior. Estamos aprendendo, graças à pesquisa criativa — impulsionada por tecnologia inovadora —, a exercer nosso poder criativo com maior precisão.

São estes os temas que espero esclarecer:

- OS NEUROCIENTISTAS PASSARAM a usar exames de imagem para mapear os cérebros dos criadores e identificar as áreas onde as ideias são geradas e onde são avaliadas. Spoiler: ainda há um longo caminho a ser percorrido.
- OS PSICÓLOGOS TÊM refinado cada vez mais os modelos de personalidade a fim de descobrir os traços predominantes nos criadores, incluindo a noção crítica de que a criatividade não exige um intelecto particularmente elevado. Essa é uma boa notícia para muitos de nós: basta uma inteligência mediana! Até certo ponto, o talento bruto conta. De igual importância, se não maior, são as qualidades que podem ser desenvolvidas, como disposição e curiosidade.

Quando se trata de intelecto e criatividade, resumiria a relação entre os dois a:

Uma pessoa inteligente responde a uma pergunta.

Uma pessoa criativa primeiro elabora a pergunta, e depois a responde.

- APRENDI TAMBÉM com astrofísicos, que comparam a criatividade ao nascimento de um novo universo — e que situam o momento eureca no "limiar do caos", onde a estabilidade entra em choque com a desordem. Nesse caso, em vez de uma ideia cair em um abismo infinito de fracasso, ela se torna uma nova base para a experiência humana.
- TEÓLOGOS DESCREVERAM a criação humana como um desdobramento da divindade. É notável como esses conceitos religiosos estão intimamente relacionados à forma como a criatividade ocorre no Direito Constitucional — e com a tomada de decisões pelos tribunais superiores de todo o mundo, incluindo a Suprema Corte dos Estados Unidos. Novas pesquisas mostram também que pessoas profundamente religiosas podem ter dificuldades para serem criativas, porque desmerecem suas ideias diante da sabedoria de um deus onisciente.
- PODEROSOS INSIGHTS sobre a criatividade vêm também do campo das ciências visuais. O que as pessoas criam depende em grande parte daquilo que veem. Literalmente. O repertório de um criador cresce por meio de viagens, novas experiências, emoções e desvios do conforto da rotina. Dizem que criadores são pessoas que ligam os pontos entre diferentes ideias, portanto é importante lembrar que eles só podem ligar pontos que já tenham visto, sentido, experimentado.
- PESSOAS CRIATIVAS, a ciência nos diz, não apenas enxergam mais coisas como tendem a estar abertas a julgar relevante um conjunto maior de informações do que pessoas menos criativas. Em outras palavras, criadores não têm o hábito de declarar informações como sendo irrelevantes ou absurdas apenas porque não estão de acordo com crenças existentes. Ao considerar um volume maior de informa-

24   INSPIRAÇÃO

ções, criadores têm mais matéria-prima para processar, mais pontos para conectar.

É praticamente impossível expressar o quão importante é o conceito de que a criatividade de uma pessoa depende da aquisição dessas informações — vistas, sentidas, ouvidas, experimentadas. Eu me refiro a ela como Teoria da Criatividade da Prateleira de Temperos (um nome tosco que eu mesmo inventei). Uma mente rica em ingredientes para cozinhar — alegria, agonia, empatia, intelecto e abertura — é capaz de fazer misturas e combinações com maior habilidade. Um grupo de cientistas, como você vai ler adiante, desenvolveu táticas simples para ajudar as pessoas a ficarem mais atentas às suas prateleiras internas de temperos, levando em conta que a distração, o medo e a falta de hábito podem fazer com que elas a percam de vista.

- A CIÊNCIA AJUDA a identificar os obstáculos que inibem a criatividade. Alguns deles nos são ensinados desde cedo, mas o motivo mais básico para resistirmos aos impulsos criativos é o mais primordial: novas ideias assustam. Esta pesquisa explica nosso viés subconsciente contra a criatividade, que pode ajudar a explicar por que as pessoas resistem ao ímpeto de criação em si mesmas e a desestimulam nos filhos. A criatividade e os criadores podem deixar os indivíduos bastante desconfortáveis. Ser criativo exige enfrentar esse medo. Um volume pequeno, mas crescente, de descobertas neurocientíficas oferece esperança, por meio de atitudes concretas que as pessoas podem adotar para moldar o ambiente e o estado mental de forma a fazer a criatividade aflorar.
- PESQUISADORES QUE estudam a criatividade desenvolveram um vocabulário para inovação. Eles falam de criatividade "com C maiúsculo" e criatividade "com c minúsculo". A com *C maiúsculo* é a que transforma o mundo: a roda, os antibióticos e as vacinas, a democracia, a bomba atômica, os discos dos Beatles e assim por diante. A com *c minúsculo* são as que causam os pequenos impactos nos quais as com *C maiúsculo* se apoiam. As com *c minúsculo* são experimentais. São indispensáveis. Podem ser desenvolvimentos tecnológicos, científicos ou artísticos

menores que representam os grãos de areia que se tornam os pilares sobre os quais as com *C maiúsculo* se erguem.

Todos esses dados científicos chegam em um momento crucial da história.

Jamais existiram tantas ferramentas tecnológicas capazes de nos conectar e de abrir espaço à criatividade em uma escala tão grande e vasta. Em Jerusalém ou no Vale do Silício, em Hollywood ou Florença, tudo está ao nosso alcance. Nenhuma época anterior, nem de longe, superou as limitações de tempo e espaço para comunicar, aprender, compartilhar, escrever, desenhar, compor, montar um negócio, publicar, fabricar, anunciar, vender: cada ação dessas é uma versão da criatividade. O poder de dar vida a uma inspiração, hoje, está ao alcance das massas.

Em nosso tempo, pessoas interagem através de vastas redes, sem ser limitadas por fronteiras, absorvendo ideias e conectando-as com as próprias. Criando. Um indicador de criatividade é o número de patentes concedidas, e ele disparou: em 2019, o US Patent and Trademark Office, órgão responsável pela concessão de patentes nos Estados Unidos, concedeu 391.103 patentes, um aumento consistente em relação às 71.230 de 1969 — cinquenta anos antes. (A primeira patente norte-americana, concedida em 1790 e assinada por George Washington, foi em nome de Samuel Hopkins, para a fabricação de uma substância chamada potassa, usada em fertilizantes.)

Os últimos anos foram palco da ascensão de criadores de todos os cantos. Não estou falando apenas das sensações do YouTube e do TikTok que chamam a atenção fazendo truques com animais de estimação, mas de comunicações mais substanciais. Essas manifestações ilustram que o custo pessoal de lançar uma ideia é praticamente zero, mas o impacto potencial é gigantesco. Em dezembro de 2018, uma jovem de quinze anos chamada Greta Thunberg, de Estocolmo, ganhou um concurso de um jornal com um ensaio sobre as mudanças climáticas; ela postou suas ideias nas redes sociais e logo um milhão de pessoas se juntaram a ela para que fossem tomadas providências para lutar contra a crise climática. Pessoas como Greta Thunberg são um testemunho poderoso de como uma mídia pode estimular a criatividade de forma surpreendente: fazendo com que seja mais fácil errar, e, portanto, mais fácil tentar. Importante: esta referência a Greta Thunberg não é uma manifestação política, e este livro não é ideológico nem partidário. A criatividade não pertence a partidos ou ideologias.

É óbvio que criadores podem ser ideológicos, ou até mesmo criar novas ideologias. Mas a criatividade em si desafia o partidarismo.

O inovador da Tesla, Elon Musk, um conservador obstinado, está entre os maiores criadores de sua geração. E, ao final do livro, compartilho uma impressão sobre uma das ideias mais poderosas e inovadoras que já ouvi para forjar laços entre policiais e jovens negros nos Estados Unidos, por meio de excursões de pequenos grupos pelas praias da Normandia. Foi a proposta brilhante de um astro do rock aposentado, com tendências conservadoras e uma profunda gratidão pelo trabalho de militares e policiais, que descobriu que sua verdadeira vocação estava na reconstrução dos vínculos em sua comunidade.

Por falar em astros do rock, no início dos anos 1960, Bob Dylan foi convidado a discursar para o Emergency Civil Liberties Committee [Comitê de Direitos Civis Emergenciais], que presumiu que o músico compartilhava de suas visões progressistas. No palco, ele os deixou chocados.

"Não existe mais esquerda e direita para mim", disse Dylan. "Só altos e baixos, e baixos muito próximos do chão, portanto estou tentando subir sem pensar em coisas banais, como política."

E criatividade não é o mesmo que fama ou fortuna, nem de longe. Ela é essencial à natureza humana, enquanto a fama e a fortuna são tão passageiras que até mesmo as lendas têm seus dias contados.

No começo da pesquisa para este livro, estava jogando basquete na garagem com meu filho de onze anos. Eu disse a ele que queria entrevistar Bono para este livro.

"Quem?"

"Vocalista de uma banda muito famosa chamada U2."

"Ah", disse meu filho. "Bono é homem ou mulher?"

Mais adiante, você vai ouvir o próprio Bono falar sobre criatividade e legado enquanto arrisca propor uma hipótese sobre como o U2 se tornou uma das bandas de maior sucesso comercial de todos os tempos. A resposta não se baseia apenas no talento ou na criatividade, ele conjectura, mas no *timing*.

Então, não, a criatividade não é ideológica nem é sinônimo de sucesso. Na verdade, se este livro defende alguma coisa é a natureza democrática da criatividade como uma forma singular de liberdade e de expressão pessoal. Ao mesmo tempo, argumento que o elitismo, a ideologia superficial e a o brilho ofuscante do sucesso material podem minar por completo a capacidade de criação ao desestimular um comportamento autêntico.

Outro mito: o de que a criatividade é boa. Ela não é intrinsecamente positiva. O processo não é bom nem mau por si só, e "nem moral, nem amoral", conforme escreveu um grande pensador no campo da criatividade. Os fundamentos morais da criatividade não estão associados a uma criação específica, mas aos valores de seu criador e, mais precisamente, à forma como a criação é utilizada.

Enquanto eu caminhava rumo aos portões de Jerusalém, estava prestes a aprender esta lição na pele. Em pouco tempo pude perceber como nossas maiores criações podem se tornar letais.

Fiz sinal para um táxi e entrei.

A veículo deu um solavanco para a frente. O motorista pisou tão fundo no acelerador que tive a sensação de ter sido transportado para Nova York, terra dos taxistas mais impacientes do mundo. Voamos em direção à entrada dos portões. O motorista fez uma curva fechada à direita e circundou a fortaleza murada. Ele ziguezagueou pelas faixas, buzinando e xingando baixinho.

Então, de repente, ele começou a digitar no iPhone preso ao painel do carro. Pensei que talvez estivesse conferindo um mapa. Não estava. Ele estava vendo fotos de camisas e casacos, descritos em letras miúdas em árabe.

O motorista estava fazendo compras pela internet.

Eu teria pedido a ele para parar de fazer compras enquanto dirigia se o momento não fosse tão rico em termos jornalísticos. Que raios aquele homem estava fazendo?

"Uma pergunta: o que você está vendo aí no celular?", perguntei.

"Um amigo meu vende roupas. Ele recebeu uma nova remessa. O que você acha?"

Bom, que a gente está correndo risco de vida.

O táxi acompanhava o trânsito caótico — momentos de alta velocidade, mudanças rápidas de direção, freadas repentinas diante de um congestionamento. E meu taxista parou. Ele explicou que o amigo vendia roupas nas proximidades do bairro árabe e que não queria perder as últimas ofertas. Imagino que não passou por sua cabeça que não poderia fazer compras se ambos morrêssemos em uma batida.

Criações não são inerentemente boas ou más. Depende de como são usadas. Desde o instante em que o automóvel se tornou acessível às massas, pessoas começaram a morrer em acidentes de carro. Hoje, andar de carro está entre as atividades mais perigosas que realizamos, conforme atestado pelo nível de risco de ferimentos graves ou de morte. Agora, acrescente a isso o celular, originalmente comercializado como "o telefone do carro". Foi uma criação poderosa, no sentido de que antes as pessoas não podiam falar ao telefone enquanto dirigiam. Foi uma ideia terrível do ponto de vista da segurança, pelo menos ao considerar que seu uso durante a direção deixa o motorista desatento. Acrescente a tudo isso compras pela internet. Uma criação sensacional, não é? Não a cinquenta quilômetros por hora, cruzando a Cidade Velha na hora do rush.

O modo como as criações serão usadas e os nichos que vão ocupar não podem ser previstos por seus criadores. O cenário fica ainda mais imprevisível à medida que os sistemas do mundo se tornam cada vez mais complexos, com uma criação entrando em choque e fundindo-se com a seguinte. Informação, armas, ideias, tecnologia.

Enquanto contornávamos os limites da cidade, reparei na figura inusitada de um judeu hassídico, vestido com trajes antigos, tragando com força um cigarro eletrônico. A invenção dos cigarros eletrônicos tinha como objetivo, por parte de seus criadores, substituir os cigarros convencionais. Esta criação, adorada por muitos, tornou-se, no ano passado, fatal para os usuários devido a substâncias químicas inovadoras que, em teoria, tornavam sua fabricação mais barata, mas que acabaram matando algumas pessoas que inalaram os gases venenosos liberados por elas.

De maneira geral, esse é o paradoxo da criatividade. É a noção de que as nossas maiores criações podem ter efeitos colaterais perigosos, que, por sua vez, inspiram criações ainda mais potentes.

A criatividade, assim como a mutação celular, é uma operação confusa e desordenada em que a maioria das novas formas não cria raízes, e algumas são até nocivas. Nazismo, escravidão, gás venenoso. Hoje, enxergamos a maldade inerente a elas, mas alguém, em algum momento, pensou que eram boas ideias.

Algumas inovações se mostram tão poderosas que ainda não é possível dizer se, em última instância, serão mais úteis ou prejudiciais, como as armas nucleares, a economia movida a combustíveis fósseis, os antibióticos — instrumentos de tal dimensão que o tamanho de suas influências não pode ser compreendida senão ao longo de muito tempo.

Essas criações notáveis e duradouras nos fazem crer que a criatividade visa, sobretudo, melhorar ou salvar o mundo. Com certeza algumas inovações podem fazer isso. Ou talvez afetem sua família, comunidade, uma região inteira.

Assim, a criatividade define nosso mundo e reivindica o mais extraordinário dos nichos: o ponto onde a expressão e a realização do indivíduo vão ao encontro do significado e do avanço da sociedade. Ela contém a chave para a salvação pessoal e coletiva. Muitas atividades exigem que uma pessoa opte entre um propósito egoísta e o avanço comunitário. A criatividade, no entanto, nos permite alimentar nossa chama individual ao mesmo tempo em que contribuímos para mudar o mundo.

"A melhor forma de prever o futuro é inventá-lo", disse Alan Kay, que ajudou a criar o computador pessoal.

Parece um bom modo de se pensar a criatividade, como um bálsamo social. Outro enorme equívoco.

Como indivíduos, não criamos nada para salvar o mundo. Não a princípio.

A criatividade é pessoal. Ela tem origem, antes de tudo, na emoção da inspiração.

O clichê, claro, diz que a necessidade é a mãe da invenção.

Isso não é totalmente falso, mas é apenas parcialmente correto.

A verdade é que a necessidade é um subconjunto de algo mais abrangente: a autenticidade.

A centelha individual é o verdadeiro ancestral da criatividade humana. Em geral, criadores começam não com o desejo de resolver um problema, mas com uma inspiração mais individual, semelhante a uma mutação celular. Uma ideia desponta na cabeça. *Rá!* E inspira o indivíduo como uma musa, uma possibilidade prazerosa, empolgante e inédita. Um criador pode muito bem resolver um problema direcionando bastante energia mental para sua solução, e a ideia que emerge pode ter relação com ele. Mas algumas das pessoas mais criativas do mundo, entrevistadas para este livro, são testemunhas de que uma mente aberta proporciona ideias impressionantes que podem ou não ter a ver com um problema.

A experiência da descoberta e da criação pode ser bem emocionante e gratificante. As razões por detrás disso são primitivas.

A primeira: o processo de criatividade permite que as pessoas tirem um peso das costas. Pesquisas mostram que criadores têm a oportunidade de compartilhar o que sentem com o mundo. Eles podem fazer isso sem necessariamente compartilhar partes de si que consideram constrangedoras ou íntimas. Uma pesquisa aponta que, quando as pessoas pensam e criam "fora da caixa", podem se libertar de sentimentos de vergonha sem obrigatoriamente revelar a natureza direta de um segredo. A mesma pesquisa também argumenta que a criatividade pode melhorar a saúde física, porque ajuda o criador a se livrar do peso psicológico que atrapalha o esforço e o desempenho.

Da mesma forma, às vezes, o pensamento criativo é útil a uma alma inquieta, pois proporciona uma atividade ao cérebro — em resumo, alguma coisa para fazer. Um amigo que é escritor e um dos melhores editores que já trabalhou no *New York Times,* certa vez descreveu seu cérebro como um "triturador de madeira". Ele tinha que ser alimentado. Meu amigo inventava projetos criativos com regularidade, para que o cérebro não "triturasse a si mesmo". Criatividade pode ser o oposto da destruição de seu mundo particular.

Quando as inspirações são autênticas, honestas, elas permitem que o criador se conecte com os outros e, assim, lhes propicie uma fonte de alívio. Isso pode ser válido na arte, nos negócios, na política. Há momentos até em que a honestidade de um criador pode tocar a fundo outras pessoas, mesmo que esta jamais tenha sido a intenção dele.

Na época da Crise dos Mísseis de Cuba, Bob Dylan lançou uma música poderosa chamada "Hard Rain". O refrão diz "*a hard rain's a-gonna fall*" [vai cair uma chuva forte], e muita gente presumiu que Dylan estava se referindo ao terror da destruição nuclear iminente. O célebre jornalista Studs Terkel questionou Dylan sobre isso na televisão.

Não é uma "chuva atômica", disse Dylan. "É só uma chuva forte."

Anos depois, às vésperas da pandemia, Dylan escreveria e lançaria uma nova e poderosa música intitulada "I Contain Multitudes" [Eu contenho multidões].

"*I fuss with my hair, and I fight blood feuds*" [Eu ajeito meu cabelo, e me envolvo em rixas de família], diz a letra. Um pedante e um valentão, como existe dentro de cada um de nós, pontos de vista conflitantes, estilos complementares e contraditórios. "*I'm just like Anne Frank, like Indiana Jones, And them British bad boys, the Rolling Stones*" [Eu sou como Anne Frank, como Indiana Jones, e aqueles bad boys britânicos, os Rolling Stones].

Isso me conduz a uma verdade fundamental, abrangente e muitas vezes desprezada ao se falar de criatividade.

Que ela não vem de um tipo específico de lugar, ambiente ou circunstância. *Criadores não são uma única coisa.* Dentro de nós existem multidões, a semente da variedade, da novidade, da criação — canções, histórias, murais, discursos e políticas, remédios, tecnologias, receitas, maneirismos. São momentos distintos elaborados por indivíduos, tão vastos quanto a vida pode ser, tão naturais quanto o próprio instinto de sobrevivência.

32   INSPIRAÇÃO

A teoria de que temos tanto material dentro de nós mesmos para aproveitar deveria ser libertadora a criadores em potencial. Deveria permitir que cada um de nós recorresse ao próprio repertório eclético de humanidade para criar obras de arte, negócios e fazer novas ideias florescerem. Porém, as pessoas ficam presas a identidades, limitadas por medos que interferem nos impulsos criativos orgânicos e limitam o acesso às próprias capacidades naturais humanas. De certa forma, isso é bem compreensível; o ímpeto de restringir e afunilar é incontornável, e respostas simples podem ajudar a diminuir a sensação de caos da vida ao redor. Pode parecer que a segurança e o rigor proporcionam um santuário em meio ao violento redemoinho do século XXI. Sei disso por experiência própria, tendo resistido a impulsos criativos por anos, com medo das multidões dentro de mim, resistindo a elas — um desafio que me fez implodir emocionalmente, antes de encontrar minha voz.

Também aprendi o verdadeiro valor das multidões internas ao escutar os vários criadores que apresento neste livro. Um desses indivíduos notáveis está presente por toda parte.

Rhiannon Giddens é uma estrela pop emergente, com uma voz que rivaliza com a de Whitney Houston e uma sensibilidade folk. Seu sensacional álbum *Freedom Highway* se inspirou na fusão indissociável da esperança com o desespero, operada a partir da memória de seus ancestrais escravizados. Mas ela também escreveu uma música de sucesso para um videogame de faroeste chamado *Red Dead Redemption*. Ela está entre as tocadoras de banjo mais famosas do mundo.

Ela está trabalhando em um musical com o renomado roqueiro Elvis Costello, enquanto se prepara para a estreia de uma ópera escrita por ela chamada *Omar*, sobre um muçulmano-africano escravizado levado para Charleston em 1807. Seu parceiro é um pianista de jazz italiano educado em Haia. O meio-termo se mostrou ser a Irlanda, onde eles moram atualmente.

Quando Giddens recebeu um Grammy em 2016, ela parou no tapete vermelho para dar uma entrevista. Explicou que seu trabalho visava, em parte, prestar uma homenagem a todas as mulheres que vieram antes dela.

Nina Simone, Dolly Parton, Sister Rosetta Tharpe. Spirituals, soul, country. "Eu não queria ficar presa a um único gênero musical", disse Giddens à equipe de TV. "Pensei: a música norte-americana é maior do que um gênero. Fiz esse disco para mostrar o que penso sobre a música norte-americana."

Giddens é filha de mãe negra e pai branco; os dois se casaram na Carolina do Norte, pouco depois da legislação permitir casamentos inter-raciais. Mais tarde, eles se divorciaram quando a mãe se assumiu lésbica. Até Giddens completar oito anos, ela e a irmã viveram com os avós, cuja visão de mundo havia sido moldada pelo legado da escravidão, fazendo com que fossem extremamente protetores e afetuosos, e, às vezes, raivo-sos e violentos. Mas, apesar disso tudo, Giddens acredita que de todas as experiências que teve na infância, as que tiveram maior influência foram as intermináveis horas nas quais ela e a irmã brincavam ao ar livre, alternando entre tédio e inventividade, no quintal dos avós, em volta de um velho carvalho gigante.

A realidade de Giddens foi moldada por uma contradição após a outra — amor e raiva, liberdade e disciplina, sobriedade e vício, a cidade e o campo, ruas perigosas e colégios de elite, negros e brancos, héteros e gays.

Tudo isso levou à inspiração em 2020, durante a pandemia da COVID-19, e ao trauma incessante diante das mortes de homens e mulheres negros pelas mãos de policiais. Ela começou a temer muito pela vida do sobrinho, um artista da Carolina do Norte na linha de frente dos protestos. Giddens se inspiraria, como vou mostrar, e permitiria que suas multidões se manifestassem de formas bastante criativas. A história dela é a do nascimento de uma verdadeira criadora, mas também de como esse nascimento pode levar uma pessoa além da criatividade (e suas armadilhas, como a celebridade e o dinheiro) rumo à autoaceitação e à felicidade.

Quando falei sobre criatividade com outro talento notável, Carlos Santana, o lendário guitarrista, ele fez questão de que eu compreendesse os segredos da felicidade, da satisfação e do sucesso que eram provenientes da forma como ele manejava esse potencial. "O maior câncer deste planeta é que as pessoas não acreditam na própria luz", disse ele. É o que Santana chama de centelha criativa individual: a luz. "Estamos na era da iluminação, onde podemos deixar esse absurdo de lado", acrescentou o músico. "As chaves do paraíso advêm de nossa imaginação."

A linguagem dos criadores pode soar mística, e a da academia, científica demais. Espero atuar habilmente como tradutor de ambas, por ter trabalhado como jornalista no *New York Times* e passado parte da minha carreira entrevistando cientistas, mas também por ser escritor e músico. Sei o que é se sentir sobrecarregado por tanta inspiração, vivenciar o fracasso e o sucesso, viver os altos e baixos da fama e do reconhecimento público, e estar diante, inúmeras vezes, de uma verdade simples: o ato de criar é um fim em si mesmo — algo que proporciona mais satisfação do que as próprias criações que resultam dele.

A expectativa de vida aumentou, nossas necessidades materiais foram supridas como nunca antes. Mas a felicidade não cresceu no mesmo ritmo. Talvez o segredo não esteja nos produtos de nossa criatividade, mas no processo.

"Muitas pessoas se apegam à ideia de que não são criativas", disse a dra. Lynne Vincent, professora-assistente de administração na Universidade de Syracuse e parte de um número crescente de acadêmicos que estão, como ela mesma diz, "desmistificando e compreendendo o que significa ser criativo".

Um grande primeiro passo é "aceitar o fato de que você é uma pessoa criativa e entender o significado de criatividade".

Apesar de todos os esforços do taxista de Jerusalém para se distrair, ele me deixou em segurança no Airbnb que eu e minha família havíamos reservado através dessa maravilhosa criação que é a internet, a mesma coisa que permitiu que ele fizesse compras enquanto dirigia. Logo arrumamos nossas coisas para fazer uma visita ao norte.

Foi lá que me deparei com um criador fascinante: o Homem-Canguru.

Esta é a primeira história das dezenas que teço aqui nestas páginas, envolvendo acadêmicos, Giddens e Bono; Einstein; o técnico do Golden State Warriors, Steve Kerr; o diretor de cinema Judd Apatow; estrelas das redes social das quais você nunca ouviu falar, mas que seus filhos adoram; empreendedores da área de tecnologia que ganharam centenas de milhões de dólares com suas inspirações; um ganhador do Nobel que desenvolveu novos tratamentos contra o câncer — estes e dezenas de outros vão aparecer uma ou mais vezes para dar seu testemunho de como tudo isso funciona. Eles ajudam a compor uma perspectiva abrangente deste que é o mais fundamental dos traços humanos, tendo como pano de fundo um tempo e um espaço determinados: o agora.

Veja bem, um vírus terrível começou a se espalhar em Wuhan, na China, no final de 2019. Ele mataria milhões de pessoas e, além disso, criaria um vórtice semelhante a um buraco negro, que fez desaparecerem empregos e meios de subsistência. Foi também uma época de grande inquietação social, com um aumento do clamor contra as desigualdades raciais.

Os lados mais nocivos da biologia, da economia e da sociologia deram um nó — um vírus criado por uma mutação aleatória e um racismo sistêmico que tinha raízes na criação da escravidão. Ambos estavam prestes a explodir.

E eu falei dos incêndios florestais? No outono de 2020, a costa oeste dos Estados Unidos estava em chamas, depois a Austrália viu tempestades de fogo — milhões de hectares consumidos pelas chamas, o mundo natural reagindo ao calor de nossas criações. O céu ficou escuro e repleto de cinzas e poluentes que fizeram com que fosse mortalmente perigoso sair de casa, e deixou o ar das regiões tecnológicas mais avançadas do mundo o mais tóxico já visto. Essa não foi a primeira vez que nossa espécie esteve diante de desafios extraordinários. Na verdade, foram inúmeras as vezes em que os seres humanos criaram uma saída para as ameaças, das pequenas às que colocavam em risco nossa própria existência. Muito progresso foi feito graças às criações humanas — de remédios a ideais de justiça e igualdade, e leis que buscam aplicá-los. A história nos trazia uma boa notícia: criaríamos uma saída mais uma vez. Na bonança que antecedeu este momento histórico extraordinário, o Homem-Canguru estava todo empoeirado junto ao que criou, um homem realizado com uma história poderosa e cheia de significado sobre a inovação.

Salto de fé

A criatividade encontra um caminho, assim como a vida, mesmo em lugares onde parecem ausentes as condições e a cultura necessárias para prosperar.

Na manhã seguinte ao Dia de Ação de Graças, eu e minha família visitamos um *kibutz* chamado Nir David, cerca de duas horas de carro ao norte de Jerusalém. Tive primos que ajudaram a fundar o *kibutz* quando o estado de Israel começou a tomar forma. Aquela nação foi uma criação do mundo, em parte uma resposta ao antissemitismo. Não foi bem recebida pelos palestinos que viviam naquela terra. A criação de um homem é a ruptura, e até mesmo a destruição de outra.

Os palestinos atacaram o local em 20 de abril de 1936. Árabes palestinos, furiosos com a crescente população de judeus em terras então controladas pelos britânicos, invadiram os campos de Nir David, que ainda estava em construção na época, e atearam fogo às plantações. Mulheres e crianças se esconderam em um abrigo. Homens lutaram, aparentemente destinados ao massacre, até que as forças britânicas chegaram. O *kibutz* resistiu por pouco e, por diversas vezes ao longo das décadas seguintes, o coletivo agrícola ficaria marcado por sua capacidade de se manter de pé. Isso não deixou muita margem para a criatividade além do necessário à sobrevivência.

Na verdade, um *kibutz* típico tinha o brilho e a individualidade do Estado Soviético. A base do coletivo era o socialismo. Cada pessoa recebia aproximadamente o mesmo salário. Os moradores comiam a mesma comida em refeitórios monótonos, tomate e pepino no café da manhã, com as demais refeições carregadas de homus e pão pita. As habitações espartanas tinham formato de chalé, com camas e áreas de estar modestas, e um banheiro. As condições eram tão difíceis que era raro até mesmo avós levarem guloseimas para dar aos netos. Quando se tratava de carga de trabalho, as funções eram atribuídas no campo, na cozinha, na fábrica e no escritório de contabilidade. As crianças eram criadas com um grau de uniformidade. Passavam a noite com os pais, mas depois eram educadas coletivamente em creches e escolas, como se fossem dezenas de irmãos, por um grupo de babás, retornando à casa dos pais para dormir. Os pais não tinham tempo para brincar ou cuidar dos filhos; trabalhavam nos campos em nome do bem e da defesa comum.

É simplista demais olhar para esse cenário como um extremismo ideológico, da mesma forma que olhamos para o comunismo após sua derrocada. Aquilo era um pouco diferente, nascido da necessidade de dezenas de famílias, afastando a fome de um lado, o ataque armado do outro. Essas circunstâncias se agravaram após o Holocausto, quando membros pioneiros do *kibutz* viajaram para a Polônia para resgatar sobreviventes e integrá-los, ao mesmo tempo em que enfrentavam ataques cada vez mais hostis de nações árabes e de palestinos prejudicados pela forma como o mundo criou o Estado de Israel no rescaldo da Segunda Guerra.

Aquele era um lugar estéril. Não era um terreno fértil para um pianista ou um pintor, um empreendedor excêntrico, ou um formulador de políticas que extrapolasse o compromisso com a sobrevivência. Não era o tipo de lugar que, em teoria, daria origem a um criador. As condições não eram nada ideais para o surgimento do Homem-Canguru.

Seu nome é Yehuda Gat.

"As pessoas não acreditavam que eu seria capaz de fazer isso", disse ele, pouco depois de nos encontramos do lado de fora das jaulas cheias de cangurus que deixamos nossos filhos acariciarem. Os olhos de Gat brilharam, e peguei meu iPhone para gravar sua história. "Elas riram da minha cara."

Gat cresceu no *kibutz* e hoje está na casa dos oitenta anos. Por muitos deles, viveu dentro dos limites daquele coletivo, um jovem cumprindo seu dever de ir à escola para aprender sobre agricultura. Ajudou a criar perus lá. No exército — o serviço militar é obrigatório para os israelenses —, integrou uma unidade de paraquedistas. Passou algum tempo em Chicago a serviço do governo, divulgando o país para os norte-americanos que queriam se mudar para Israel. Lá, desenvolveu um profundo amor pelo Chicago Bears. Por volta de 1990, retornou ao *kibutz*, que tentava decidir qual seria o próximo trabalho dele. A sugestão foi de que ele cuidasse de duas cabras e duas ovelhas que as crianças pudessem visitar.

Gat estava com cinquenta anos na época, e sua barba espessa começava a ficar grisalha. A ideia das cabras não o atraiu, mas acendeu uma fagulha. Por alguma razão, Gat enfiou na cabeça que criaria um parque temático do Ursinho Pooh e um zoológico-fazenda, com potencial para atrair dezenas de milhares de visitantes — "algo diferente de tudo que eu havia feito e do que outras pessoas fazem: construir um zoológico para conectar pessoas a animais, não com jaulas, mas por meio da educação", descreveu.

Talvez isso não pareça uma ideia tão maluca nem tão inédita assim, mas sem dúvida era inusitada para aquela época e aquele lugar.

E quanto mais Gat pensava sobre aquilo, mais difícil era tirar a ideia da cabeça.

"Eu não ligava para mais *nada*. Era o zoológico e só. Fiquei maluco, não maluco de verdade, mas era impossível falar comigo sobre qualquer outro assunto", disse ele.

Os membros da comunidade acharam que talvez a ideia desaparecesse. "Ele teve uma ideia insana. Todo mundo disse que ia passar", disse Yael Ziv, uma prima minha que cresceu em um *kibutz* próximo e cujo marido foi criado em Nir David.

Nir David, sem saber o que fazer com aquele membro que ficou obcecado de repente, o colocou para dar aulas para pessoas que tinham interesse em iniciar projetos. Talvez assim a inspiração de Gat fosse passar. Depois de seis meses no projeto, Gat me confidenciou: "Meu tutor me disse que de jeito nenhum — *de jeito nenhum* — eu ia montar um parque do Ursinho Pooh".

Um amigo comentou que talvez ele pudesse limitar seu parque a animais australianos, como cangurus. Cangurus? Cangurus!

Sim, sim, sim, sim. Gat meteu a mão na massa e enviou faxes para mais de oitenta zoológicos da Europa, perguntando se poderia comprar um canguru. Um respondeu, dizendo que eles poderiam fornecer um único canguru, dos grandes, mas o alertou de que o animal hostil. O zoológico acabou mandando dois cangurus. "Eles eram muito, muito agressivos."

Gat não virou motivo de chacota, mas houve alguns risinhos. A certa altura, começou a plantar eucaliptos para alimentar coalas. "Bem no meio do campo", disse Oron Ziv, marido de Yael, que era o chefe das plantações na época e ex-comandante de tanques do exército israelense. "Esse cara deve ser doido mesmo", falou Ziv, verbalizando o que todos pensavam.

Gat insistiu que encontraria um jeito de criar uma indústria turística para receber vinte mil visitantes por ano em Nir David. A reação que sua visão provocou tomou forma pela primeira vez quando ele entrou no refeitório onde os membros do *kibutz* faziam suas refeições.

"As pessoas estavam pulando de um lado para o outro que nem cangurus", disse ele.

O que é criatividade?

São inúmeras as respostas.

"Criatividade é um termo guarda-chuva que engloba várias definições e perspectivas teóricas", é como um artigo recente no *Journal of Neuroimage* descreve a multiplicidade de respostas. "Pode ser definida como um produto, um processo, uma identidade ou um tipo de personalidade."

A associação que vi ser feita com mais frequência diz que a criatividade se caracteriza pela novidade, pela originalidade, pelo ineditismo. Uma segunda associação, mais comum, diz que um desenvolvimento criativo tem "significado". Em outras palavras, que a criação faz diferença.

É por isso que várias definições de criatividade se baseiam em uma explicação que inclui uma convergência entre novidade e valor. O valor é importante, "porque nos permite diferenciar o pensamento e o comportamento criativos do pensamento e do comportamento meramente excêntricos", observa o *Cambridge Handbook of Creativity and Personality Research* [Manual de pesquisa de criatividade e personalidade de Cambridge].

Para ser criativo, não basta um conceito ser apenas novo. Ele precisa ter algum significado, ainda que abstrato.

Alguns pesquisadores acrescentam um terceiro componente: a surpresa! Novidade, valor, surpresa!

Outros dizem que surpresa é apenas novidade seguida por um ponto de exclamação. Ou, como um pesquisador da criatividade altamente conceituado me disse, enfático: "Esse conceito é uma bobagem. Isso é só uma extensão da novidade."

Bem-vindo ao vasto mundo da pesquisa sobre criatividade, que despontou nos últimos anos, ficou mais refinado e, mesmo assim, como você vai ver, ainda tem recantos de incerteza e até de incoerência. Ou, se preferir uma versão mais direta dessa afirmação, foi assim que Arne Dietrich descreveu, em seu livro *How Creativity Happens in the Brain* [Como a criatividade acontece no cérebro], essa falta de coerência: "Por conta da capacidade irremediável que psicólogos pop e gurus de autoajuda têm de se expandir no vácuo, a criatividade se transformou em um caldeirão de bobagens inúteis, disparates obscuros e — para usar uma expressão refinada do filósofo Harry Frankfurt — estrume de vaca". (Falo mais sobre Dietrich no capítulo sobre criatividade e cérebro.)

Portanto, parto da afirmação mais básica e amplamente aceita de que a criatividade envolve novidade e valor ou influência. Para que fique claro, isso não se restringe de forma alguma à influência "positiva" apenas. Por exemplo: Hitler. Ou Pol Pot. As ações deles, de alguma forma, cumprem todos os requisitos em termos de novidade e valor, no sentido de que esses cretinos proporcionaram estrutura ou valor temporário para uma comunidade, apresentaram novidades em larga escala e, sem dúvida, surpreenderam a humanidade com seu grau de comprometimento com o genocídio e com o número inédito de combinações de ferramentas e táticas para colocá-lo em prática.

O que isso nos mostra é que a criatividade não deve ser interpretada, à primeira vista, como boa ou ruim. Ela é um processo. Os resultados são subjetivos.

Harold Cohen desenvolveu um programa de computador chamado AARON, que pintava quadros. Obras muito boas, que foram expostas em galerias. Sua filha, que é pintora, tem menos notoriedade e desenha coisas "pelas quais a maioria das pessoas não está disposta a pagar". De sua parte, Cohen "avalia a criatividade da filha como sendo muito maior que a de seu programa", de acordo com um artigo abrangente sobre as raízes evolutivas da criatividade publicado pela Royal Society de Londres.

O artigo observa como são variadas as definições de verdadeira criatividade. Alguns acham que o conceito deveria ser aplicado de forma exclusiva "aos grandes criadores de grande importância histórica".

Como você vai ler mais adiante, no entanto, não haveria lâmpada elétrica, vacina contra a varíola, Martin Luther King Jr., imunoterapia contra o câncer e várias outras coisas sem a "criatividade com *c minúsculo*" que as antecede. Em suma, um criador pode mudar o mundo, mas isso não é um requisito fundamental, segundo inúmeros estudiosos da área, para que uma pessoa seja considerada criativa.

Existe outra associação importante com a criatividade que tem menos a ver com o resultado e mais com a experiência pessoal do criador. Essa associação diz respeito ao conceito de autenticidade. Alguns estudiosos da área defendem a tese de que a criatividade muitas vezes nasce a partir de um desenvolvimento de ideias que surgem de experiências e emoções autênticas. Isso faz sentido. Uma criação de origem autêntica pode ter uma chance maior do que uma inautêntica ou falsa de tocar outras pessoas — e, portanto, de ter valor.

Quando as experiências são autênticas, elas podem ser prazerosas, honestas, verdadeiras. Isso significa que, muitas vezes, a criatividade pode estar associada a um prazer imenso.

Albert Einstein disse que a criatividade "é a inteligência se divertindo". Ele tinha mais de trezentas publicações em seu nome, muitas das quais abordavam os maiores mistérios sobre o funcionamento do universo, então Einstein sabia do que estava falando.

Ele também disse que "a lógica nos leva de A a B. A imaginação nos leva a qualquer lugar", o que parece sugerir que a inteligência não é um elemento tão importante quanto a diversão.

"A imaginação é mais importante que o conhecimento", disse ele. E: "É impossível resolver um problema no nível em que ele foi criado". Fica claro que Einstein acreditava que a criatividade estava entre os traços humanos mais essenciais.

Muitos acadêmicos com os quais falei concordam. Essa linha de raciocínio considera a criatividade a condição *sine qua non* da existência. Traduzindo: a criatividade é absolutamente essencial ao nosso dia a dia, à linguagem, ao progresso, e nenhum salto criativo profundo poderia ser feito sem os avanços universais cotidianos.

Então, farei um acréscimo a essa definição: a criatividade é absoluta, vital e absurdamente importante.

Novidade, valor, surpresa, autenticidade, diversão. Mas não necessariamente boa ou ruim.

Todas essas noções e nuances sobre a criatividade são válidas.

Conto a história do Homem-Canguru por inúmeras razões. Ela mostra como as pessoas podem se tornar criativas só depois de uma certa idade, e em ambientes que talvez não pareçam férteis para a originalidade. A história enfatiza um dos aspectos mais importantes da criatividade: para ser útil, uma ideia ou inovação não precisa abalar o mundo inteiro, reformar uma religião, curar uma doença nem nada parecido. Neste livro, você vai ler o relato de pessoas que fizeram coisas assim. O ganhador do Nobel que ajudou a criar novas e poderosas terapias contra o câncer nos deixa impressionados, por exemplo, mas mesmo para ele o ato foi o subproduto de um processo. Não era em si um objetivo. Os frutos da criatividade podem ser múltiplos. Às vezes, como mostra a história do canguru, podem ser surpreendentes.

A última (e mais importante) razão para eu ter decidido contar esse caso é ressaltar um aspecto da criatividade sobre o qual a maioria das pessoas não fala, que quase nunca é incluído nas definições.

Na verdade, é o primeiro aspecto que precisa ser compreendido, porque nenhuma busca criativa pode ir adiante sem que essa faceta da criatividade seja analisada.

Ela pode ser *assustadora*.

A história de Gat oferece um exemplo poderoso de como uma pessoa se encontrou por meio da criatividade e mudou seu lugar no mundo, e de como é difícil determinar seu verdadeiro impacto.

Sua história apresenta todo o arco do processo de um criador, que envolve superar a hesitação, abraçar a autenticidade e permitir que a inspiração vença os obstáculos, tanto internos quanto externos. Ela também nos mostra, através do exemplo e de dados científicos, que a criatividade inspira um medo inconsciente desde cedo na vida, que só pode ser vencido por meio de uma fé obstinada em si mesmo, um passo de cada vez; mas há uma conclusão perversa: o medo faz sentido porque os resultados das jornadas criativas são desconhecidos.

O Homem-Canguru encarou todos esses desafios, e valeu a pena.

Gat, ridicularizado, mas não envergonhado nem dissuadido, escreveu para a Austrália. Convenceu o *kibutz* a pagar sua passagem até lá. Viajou para o país seis vezes, visitou mais de duas dúzias de zoológicos, onde aprendeu a cuidar de cangurus, coalas, emus, vombates. Em 1996, sentou-se cara a cara com as autoridades australianas no sexto andar de um edifício do governo em Canberra. Por duas horas, descreveu sua visão. Antes de se despedir, ouviu que poderia ficar com todos eles — o panteão de animais exóticos para seu zoológico no *kibutz*, o primeiro fora da Austrália. Ao descer no elevador, Gat relembrou o que um de seus mentores na Austrália lhe disse que ele devia ter sido abençoado pelos céus.

"O anjo Gabriel tocou em sua cabeça quando sua mãe lhe deu à luz", citou Gat, lembrando que seu velho amigo era um cristão fervoroso. Gat acrescentou: "Não acredito no anjo Gabriel, mas não sei explicar o que aconteceu para fazer os australianos acreditarem em mim. Não faço a *menor* ideia, honestamente".

Ele falou: "Se eu fosse uma pessoa religiosa, o que não é o caso, diria que talvez o rabino, ou Deus, tenham me ajudado".

Pouco tempo depois, o primeiro zoológico de cangurus fora da Austrália foi inaugurado no *kibutz* Nir David. Tornou-se um sucesso, um sucesso estrondoso, com uma grande variedade de animais. Antes da pandemia, o parque recebia 140 mil visitantes por ano, vindos do mundo todo, uma ordem de grandeza bem acima da prometida por Gat. Quando operando em toda a sua capacidade, o zoológico arrecada seis milhões de xequéis por ano, aproximadamente dois milhões de dólares, dos quais cerca de 25% são lucros.

As autoridades australianas passaram a admirar Gat a tal ponto que começaram a cogitar o envio de três cangurus ameaçados de extinção, uma espécie rara que passa a vida nas árvores. Mais do que isso, o próprio zoológico se transformou em uma fonte de cangurus para outros zoológicos ao redor do planeta, em lugares como Letônia, Polônia, Jordânia, Bélgica, Canadá, China. Sua importância ficou ainda maior com as florestas australianas em chamas e milhões de animais mortos. Hoje existe outro lar longe de casa, em um *kibutz*, onde um dia o Homem-Canguru foi tachado de maluco.

Agora, Gat é um patrimônio da comunidade, mas que ainda vive enfurnado em seu mundo. Quando conversei com ele, junto à cerca de madeira do parque de cangurus, ele segurava na mão direita um balde com um pássaro morto que uma cobra não queria comer e, na esquerda, partes de um camundongo morto que a cobra também não achou palatável naquele dia. Atrás de Gat, no parque dos cangurus, ecoavam os gritos alegres de um ônibus cheio de crianças árabes que foram fazer um passeio para acariciar e alimentar dezenas de criaturas australianas.

Ziv, o antigo responsável pelas plantações do *kibutz*, foi convencido. "Ele tem visão. Precisou enfrentar outras pessoas e conseguiu. Às vezes, é necessário alguém assim para fazer as coisas acontecerem."

Perguntei a Gat seu segredo. Ele fez uma pausa, mas depois pareceu seguro em relação ao que o motiva. "Acho que tenho muita confiança no que faço. Eu sou apicultor, um apicultor amador. No momento em que decido que vou praticar apicultura, pratico apicultura. Há quatro anos decidi tocar jazz no saxofone, e hoje toco saxofone."

No entanto, sua inspiração só chegou depois de uma certa idade. Qualquer um pode fazer isso?

"Não", ele responde assertivo.

"Você tem que ser um sonhador, mas não pode se esquecer de manter os pés no chão. Nem todo mundo consegue fazer isso", disse Gat. "É preciso ter um brilho nos olhos. Ter a sensação de que vai acertar na mosca", disse ele.

Gat descreveu assim sua experiência: "Eu estava vivendo no limite". Ele tem razão? A criatividade é um clube para poucos?

A resposta mais curta é não. Mas entender o porquê disso exige dissecar a forma como um criador emerge ao confrontar desafios imensos, mas que escapam à vista.

Dúvida

Então você quer ser um criador?

Você tem ideias. Você pensa nelas antes de dormir. Você fala sobre elas em festas, com seu cônjuge, com amigos que já abriram negócios, com colegas engenheiros, com pessoas que tocam guitarra ou que fazem *stand-up comedy* em noites de microfone aberto. Você tem um parente que é roteirista. Você já se ouviu dizer timidamente: "Eu tenho uma ideia…" ou "Posso te contar minha ideia…" e então sua voz some.

Ou, talvez, você não tenha tanta certeza de que tem ideias. Sente apenas que tem uma ou duas inovações na manga.

Mas o que você sabe sobre criatividade? Que história é essa de criatividade com *C maiúsculo* e com *c minúsculo*? O que é que ela tem a ver com você?

Antes que eu lhe diga que você sabe mais do que pensa e que as etapas são muito mais acessíveis do que imagina, primeiro preciso falar sobre a barreira oculta. Estou me referindo àquela palavra com *D maiúsculo*, a Dúvida. E temos também a palavra que começa com *d minúsculo* — o desprezo.

Sim, pode ser que você sinta um desprezo pela criatividade, se for sincero consigo mesmo. Ela é assustadora.

Ela provoca náuseas, como uma substância tóxica.

Vamos dar uma olhada no que diz a ciência.

Uma pesquisa poderosa vem de Jack Goncalo, um pensador da criatividade extremamente inovador que, junto a dois colaboradores, se fez a seguinte pergunta: será que as pessoas gostam mesmo de criatividade e de criadores?

Parece uma pergunta idiota. Sério? Será que as pessoas gostam mesmo de criatividade? Será que elas gostam de sorvete, filhotinhos de cachorro, arco-íris?

Mas, no fundo, a pergunta é fantástica. Nos círculos jornalísticos, às vezes chamamos esse tipo de questionamento de "a pergunta idiota-genial". A relevância de tal pergunta é que ela pega uma questão sobre a qual achamos estar absolutamente seguros da resposta e nos perguntarmos se estamos, de fato, absolutamente seguros. Será que não estamos julgando como óbvio algo que não é?

Goncalo é, em minha opinião, um dos pesquisadores mais interessantes do campo da criatividade, um que, repetidas vezes, se faz indagações desse gênero. Ele fez inúmeras descobertas, tesouros sobre o processo e a psique dos criadores. Ele dá aulas na faculdade de negócios da Universidade de Illinois em Urbana-Champaign, mas, na época do estudo sobre criatividade e medo, estava alocado na Universidade Cornell, colaborando com pesquisadores da Wharton School da Universidade da Pensilvânia e da Universidade da Carolina do Norte. Às vezes, é preciso uma pessoa genial para que uma pergunta idiota-genial seja feita.

A pergunta que ele e seus colegas cientistas se fizeram em 2010 deu origem a um artigo publicado em 2012. No primeiro parágrafo, eles expõem a premissa: "As pessoas têm vontade de ter ideias criativas? A maioria dos pesquisadores responderia a essa pergunta com um óbvio 'sim', afirmando que a criatividade é o motor das descobertas científicas, a alavanca das mudanças positivas. Além disso, a criatividade é, em geral, associada à inteligência, à sabedoria, à bondade e à moral".

No entanto, continua a premissa, a pesquisa mostrou que empresas, centros de pesquisa, líderes e outros "rejeitam constantemente ideias criativas", e que professores "não gostam de alunos que manifestam curiosidade e pensamento criativo".

Talvez você já tenha feito a mesma coisa.

"Oferecemos uma nova perspectiva", dizem os pesquisadores, "para explicar esse mistério".

* * *

48 INSPIRAÇÃO

Minha primeira conversa com Goncalo aconteceu em 13 de janeiro de 2020. A essa altura, um vírus chamado simplesmente de "coronavírus" tinha começado a se espalhar, provocando algum grau de atenção, mas não histeria. Em 15 de janeiro, segundo o *New York Times*, duas pessoas haviam morrido na China e outras quarenta estavam contaminadas. Um punhado de casos do "misterioso coronavírus semelhante à pneumonia" surgira na Tailândia e no Japão. Havia a suspeita de que a doença tinha se espalhado a partir de "um mercado de peixe em Wuhan que vendia aves e outros animais".

Um organismo que provavelmente evoluíra havia algum tempo — uma criação da natureza de idade desconhecida — começou a encontrar um nicho no universo humano. Por ironia, ele teria muita coisa a nos ensinar sobre como a criatividade funciona e prospera. Mas, naquele momento, a doença ainda parecia algo distante. Mesmo sabendo que estava por lá, em algum lugar, nossa família voltou de Israel em um voo lotado, e a maior ameaça à segurança que senti foi o fato de nosso filho de onze anos ter ficado acordado por vinte horas seguidas para aproveitar os filmes gratuitos (sim, ele fez isso). Também fomos e voltamos de avião para Denver nas férias de inverno, e depois esquiamos em Steamboat Springs, onde me lembro claramente de conversar com turistas vindos da Itália, que logo se tornaria o epicentro daquele vírus extremamente contagioso.

Durante todo esse tempo, estava à espreita uma criação biológica que acabaria por evidenciar justamente o que Goncalo, agora professor da Universidade de Illinois, estava prestes a compartilhar comigo: a criatividade é algo aterrorizante, tanto que mentimos para nós mesmos sobre isso.

Goncalo e seus colegas cientistas fizeram dois experimentos. O primeiro dividiu os participantes da pesquisa em dois grupos. Um foi informado de que poderia receber um valor extra, que seria distribuído por meio de uma loteria. Talvez eles ganhassem algum dinheiro a mais, mas não havia como controlar o resultado. O outro grupo não recebeu nenhuma oferta de bônus.

Como consequência, o grupo da loteria se sentiu inseguro.

Os pesquisadores então usaram uma ferramenta de pesquisa para medir como cada grupo se sentia em relação à criatividade — não apenas como diziam que se sentiam em um nível consciente, mas também como se sentiam de forma subconsciente. Este o tipo de pesquisa que descobre algo chamado de "viés implícito". É o mesmo tipo de pesquisa, em termos gerais, que pode ser usado para estudar como as pessoas se sentem em relação a indivíduos de diferentes etnias. As pessoas dizem uma coisa sobre a criatividade, mas em um nível mais profundo estão em um dilema.

Os pesquisadores atestaram, por meio de um questionário, que os participantes expressavam sentimentos majoritariamente positivos quanto à criatividade. Aquele era o sistema de crenças "explícito" deles.

Em seguida, os pesquisadores tentaram desenterrar sentimentos escondidos abaixo da superfície. Usando um programa de computador, pediram aos participantes que reagissem rapidamente a determinadas informações, de modo que não tivessem tempo para pensar. Só para reagir.

Este estudo em particular envolveu a reação dos participantes a ideias como "novidade" e "originalidade", juntamente com ideias menos associadas à criatividade, como "praticidade" ou "funcionalidade".

Na pesquisa, essas palavras e ideias relacionadas formavam pares, lado a lado, com duas categorias diferentes de imagens na tela do computador. Algumas das imagens tinham associações positivas, como arco-íris, o Paraíso e bolo. Outras tinham associações indiscutivelmente negativas, como vômito, inferno e veneno. Quando os participantes do estudo responderam de maneira imediata, sem pensar, suas perspectivas subconscientes e ocultas sobre a criatividade vieram à tona.

Em um nível visceral, a criatividade parecia tóxica, revelou o estudo. "No fundo, as pessoas faziam uma forte associação entre o conceito de criatividade e outras imagens negativas, como vômito, veneno e agonia", me contou Goncalo.

O subconjunto dos participantes na categoria "inseguros" — que não sabiam se receberiam o dinheiro extra — foram ainda mais propensos do que o grupo-controle a fazer associações negativas com a criatividade.

O que isso sugere é que as pessoas dizem que gostam de criatividade, mas também de estabilidade. Então, quando as coisas parecem instáveis ou incertas, é mais provável que rejeitem a criatividade, porque sugere um caos ainda maior.

"As pessoas querem criatividade e estabilidade", disse Goncalo. Pode ser difícil ter os dois.

A criatividade é disruptiva. Criatividade significa mudar a forma como nos relacionamos com o mundo, como vivemos nosso dia a dia, o que comemos, ouvimos, assistimos, como interagimos uns com os outros. A criatividade muda comportamentos, tecnologias e contratos sociais básicos há muito tempo aceitos. Pode ser doloroso.

Embora isso pareça óbvio ao pararmos para pensar sobre o assunto, não é o que falamos a nós mesmos. "Dizer que não se quer criatividade é como dizer que não se gosta de esperança", observou Goncalo.

É difícil ignorar a relevância dessa descoberta em um mundo moderno cheio de mudanças e caos. Para falar a verdade, é possível até mesmo explicar, em parte, a ascensão de governos e líderes mais autoritários em alguns países como sendo uma reação a mudanças profundas e velozes demais. Os avanços e as inovações pelos quais as pessoas dizem que anseiam, e que em muitos casos é verdade, podem entrar em choque com o desejo concorrente que elas mesmas, e outros, têm por estabilidade.

Do ponto de vista biológico, essa tensão deriva de uma associação ainda mais profunda: criatividade é sinônimo de morte.

Novas ideias representam ameaça de extinção de duas maneiras distintas. Não é uma metáfora, há um embasamento biológico nisso. Vou desenvolver esse conceito mais tarde, quando apresentar biólogos eminentes neste livro. Por enquanto, em resumo, o ponto é que novas formas de vida e novas ideias estão quase sempre fadadas ao fracasso. Quando vírus ou bactérias sofrem mutações por acaso e quando novas combinações de células surgem dentro de nossos corpos, essas células quase sempre morrem, porque não se encaixam tão bem no ambiente quanto as formas de vida anteriores. Isso é válido para muitas ideias. A maioria não funciona. Elas morrem.

Há outro aspecto, entretanto, em que a mudança é sinônimo de morte. Quando novas formas de vida, ou novas ideias, são bem-sucedidas, elas transformam o que havia antes — e matam o passado. Novas ideias acabam com velhos costumes, negócios, estruturas de poder, empregos.

Quando eu tinha vinte e poucos anos, consegui um emprego em um pequeno jornal, ganhando dezesseis mil dólares por ano. Para complementar a renda, eu trabalhava no turno das seis da manhã em um posto de gasolina da Chevron, em um espaço chamado de "estação de serviço completo". Eu enchia os tanques de combustível e lavava os vidros dos carros. Então, surgiram as máquinas de cartão de crédito e outras tecnologias que acabaram com os empregos na estação de serviço completo. E junto à elas veio a internet, que acabou com muitos cargos em jornais, inclusive fechando aquele primeiro em que eu havia trabalhado.

No universo biológico, novas formas de vida podem destronar formas de vida mais antigas, menos adaptadas a um ambiente em transformação.

Você tem toda a razão em achar a criatividade assustadora. Assim como o chamado da inspiração.

Inclusive, uma de minhas histórias preferidas sobre como a inspiração pode ser assustadora está na Bíblia. É uma história que aconteceu não muito longe da terra do Homem-Canguru, quando, segundo as Escrituras, uma sarça ardente apareceu a Moisés.

"E Moisés disse: 'Agora me virarei para lá'.", diz a Bíblia.

Se você gosta de uma metáfora tanto quanto eu, a sarça pode representar a poderosa chama da maravilha da inspiração. Seria como a ideia moderna de uma lâmpada. *Eureca!* Liberte os escravizados. Moisés se foi.

Mas esse não é o fim da história. Deus disse a Moisés que ele deveria ajudar a libertar os escravizados. "Então Moisés disse a Deus: 'Quem sou eu para ir ao faraó e tirar os filhos de Israel do Egito?'."

Um estudioso da Bíblia me disse uma vez que isso era quase engraçado porque Moisés estava, de uma forma bem humilde, questionando o próprio Deus.

É sério? Eu vou ser o veículo para a libertação dos escravizados? Eu sou um mero pastor de ovelhas! Procure outra pessoa.

Deus se mostrou persuasivo, Moisés cedeu e o povo escravizado foi libertado.

Vale a pena observar que o próprio nome "Israel" significa "aquele que luta com Deus".

Embora essa ideia dê origem a várias interpretações possíveis, uma delas é a de que as pessoas estão enfrentando um criador, uma criação, o poder supremo.

Gerações a fio tiveram que sentir a inspiração, ouvi-la, render-se a ela e lutar contra a escravidão, sua e dos outros; a questão ressurgiria com uma força absurda em 2020, na luta contra o racismo sistêmico nos Estados Unidos, que remonta ao próprio pecado, não muito antigo, da escravidão.

Enquanto isso, Goncalo fazia mais descobertas que ajudaram a explicar por que as pessoas podem querer manter distância da criatividade.

Dada a descoberta de que as pessoas têm um viés subconsciente contra a criatividade, Goncalo e seus colegas pesquisadores fizeram uma segunda pergunta: será que isso significa que as pessoas podem ter dificuldade em reconhecer a criatividade quando se deparam com ela? Em outras palavras, se as pessoas associam o processo de criatividade a vômito, será que podem acabar confundindo criatividade com repugnância?

Foi exatamente isso que os pesquisadores descobriram quando apresentaram um novo tênis de corrida para dois grupos diferentes: um de pessoas que se identificavam como tendo uma considerável tolerância à incerteza e outro de pessoas com menos tolerância.

Aquele novo tênis de corrida, disseram os pesquisadores aos participantes do estudo, usa a nanotecnologia para "ajustar a espessura do tecido de modo a resfriar o pé e reduzir a formação de bolhas".

As pessoas do grupo de maior tolerância eram mais propensas a vê-lo como criativo, e as do outro, menos. Essa descoberta, embora não seja surpreendente, sobretudo devido aos resultados do estudo de viés implícito, reforça os tipos de condições e pessoas que são mais abertas à criatividade. A incerteza e a instabilidade proporcionam terreno infértil a novas ideias.

São inúmeros os exemplos históricos em que uma nova ideia que acabaria sendo aceita como extremamente relevante, até mesmo genial, foi vista como nociva a princípio.

Em 1872, Claude Monet apresentou uma pintura chamada *Impressão, nascer do sol*. É um amanhecer melancólico sobre as águas enquanto os pescadores remam na direção do mar, um sol tingido de vermelho nascendo ao longe.

Os críticos detonaram a obra.

"O esboço de uma estampa de papel de parede é mais bem-acabado do que essa paisagem marítima", escreveu um crítico em 1874 em um ensaio publicado em Paris. A crítica contundente se valeu do nome do quadro para batizar aquele estilo de pintura de "Impressionismo". Foi uma atitude sarcástica, como que dizendo: Monet, será que você consegue desenhar uma droga de um nascer do sol de verdade?

O quadro hoje está exposto no Musée Marmottan Monet, em Paris, um dos maiores museus de arte do mundo, que leva o nome do pintor, e Monet é tido como um dos maiores inovadores da história da arte. Você poderia comprar este esboço de estampa de papel de parede por cerca de 1 trilhão de dólares, se estivesse à venda.

Séculos antes, Galileu deixou as pessoas com tanta vontade de vomitar que foi condenado por heresia por ter declarado que a Terra girava em torno daquele mesmo Sol que Monet pintaria de forma tão criativa. Não é preciso dizer mais nada.

Em outros casos, a criatividade e a inspiração são compreensivelmente assustadoras, visto que as criações podem ter consequências conflitantes e imprevistas.

Para ilustrar isso, voltarei rapidamente à história do Homem-Canguru.

* * *

Em 2010, depois que o zoológico estava em funcionamento há bastante tempo, e Gat tinha mais de cinquenta cangurus, os animais começaram a sofrer do que é chamado de "doença da mandíbula inchada". As mandíbulas dos cangurus ficaram tão inflamadas e infeccionadas que eles não conseguiam comer. Então, ou morriam, ou tinham que ser sacrificados, para pôr fim àquele sofrimento. Isso não acontece com animais na natureza, apenas em cativeiro, e há muito tempo afligia também a Austrália. Não havia cura.

Gat e o veterinário de Nir David entraram em contato com cientistas da Universidade Hebraica. Um dos cientistas era Doron Steinberg, um microbiologista e farmacologista que, alguns anos antes, havia coinventado uma nova tecnologia para prevenir doenças gengivais em seres humanos, chamada PerioChip. Ela era encaixada nas gengivas e liberava um antisséptico que evitava a proliferação de bactérias. Steinberg lembra que quando teve a ideia, em parceria com o também professor da Universidade Hebraica, Michael Feldman, sua sensação foi de completo êxtase.

"O sentimento era de que estávamos fazendo uma descoberta que ia mudar o mundo", me disse Steinberg. Ele pensou em todas as dores físicas que seriam aliviadas e em todo o dinheiro que seria economizado ao substituir as cirurgias por aquela tecnologia. E não estava errado. A tecnologia é hoje amplamente comercializada no mundo todo e tem aprovação da Food & Drug Administration, o órgão que regulamenta a venda de medicamentos nos Estados Unidos.

Quando os cangurus começaram a ficar doentes, a dupla se inspirou em suas próprias ideias, trabalhou em conjunto com dois veterinários e desenvolveu um esmalte que pode ser aplicado nos animais e que, como planejado, erradicou os efeitos mortais da doença da mandíbula inchada.

Quando fiquei sabendo deste desfecho, pensei na hora em três lições que a história do Homem-Canguru ilustra.

A primeira tem a ver com a forma como ideias se apoiam umas nas outras, impulsionadas pela cooperação, pela comunicação, pelas afinidades intelectuais e pelo *brainstorming*. Steinberg e seu colega tiveram a ideia do PerioChip em uma brevíssima conversa — dentro de um elevador. "De um andar para outro. Foi muito rápido!", contou Doron. Esse tipo de momento eureca foi se tornando objeto de um número cada vez maior de estudos, que exploro mais adiante no livro.

A segunda lição é na verdade uma pergunta: afinal de contas, esse zoológico foi uma boa ideia? Ele proporcionou receita para um coletivo em dificuldades, trouxe alegria às famílias que o visitaram e ajudou a curar outros animais em cativeiro, mas às custas de manter os animais em cativeiro. Este não é o espaço para um debate sobre o assunto, mas, sim, para apontar que há um debate a ser feito — sobre se esta criação, e outras, são objetivamente boas ou más.

A última lição tem a ver com um assunto que já introduzi: que muitos, incluindo alguns criadores, acreditam que a criatividade não está ao alcance da maioria das pessoas.

Esse ponto ficou ainda mais claro para mim quando fiz a Steinberg a mesma pergunta que havia feito a Gat: qualquer um pode ser criativo?

"Não, não, não, não! Não quero parecer arrogante, mas é preciso um dom divino para isso."

"Como assim?", perguntei.

"Você precisa que isso esteja em seus genes: um modo de pensar, não temer o desconhecido. Quando as pessoas dizem: 'O que está fazendo? Você é maluco!', você precisa ser muito corajoso, e não ter medo. No entanto, tenho colegas que ouvem isso e se escondem de volta em suas tocas."

Quando regressei da viagem a Israel, pus essa hipótese à prova conversando com vários criadores fantásticos que tive o privilégio de conhecer. Fiquei impressionado com a contundência das respostas.

Uma dessas reações partiu de um dos escritores mais vendidos do mundo, que por acaso é uma das pessoas mais bacanas e um dos seres humanos mais solidários que já tive o prazer de conhecer. Quando perguntei a essa pessoa se qualquer um pode ser criativo, a reação foi rápida e severa, com um prefácio: "Não cite meu nome", disse a pessoa.

E então ela se soltou.

"Noventa e nove por cento das pessoas não pensam fora da caixa. Elas não conseguem. Suas opiniões vêm dos outros. Elas vivem de uma forma eficiente e maravilhosa, sem ter um único pensamento criativo ao longo da vida", falou. "Não acredito que a criatividade esteja ao alcance da maioria das pessoas."

Em minhas conversas, também descobri que mesmo pessoas que eu considerava altamente criativas não se julgam como tal, e que descartam a ideia de que possam empreender atividades que veem como criativas.

Várias conversas memoráveis que tive sobre esse assunto foram com um excelente jornalista e escritor, um repórter de negócios veterano do *New York Times* chamado David Streitfeld. Começamos a debater sobre a escrita de livros, e perguntei se ele alguma vez havia pensado em escrever um. Ele pareceu quase horrorizado.

"Por que eu escreveria alguma coisa quando tudo de bom já foi escrito?", respondeu Streitfeld. Ele é alto, de cabelo ondulado, discreto, engraçado e brilhante. Essa primeira conversa aconteceu muitos anos atrás. Nunca me esqueci dela. Recorri outra vez a ele durante a pesquisa para este livro, e disse que queria questioná-lo sobre seus comentários anteriores.

"Já estou com um pressentimento ruim sobre você me entrevistar para este livro, a menos que eu seja um exemplo de uma das pessoas menos criativas que você conhece. Mesmo assim, não sei por que alguém ia querer dar atenção a isso."

Comecei a rir diante de sua reação tão espontânea àquela simples proposta. O sujeito fazia parte de uma equipe que ganhou um Pulitzer.

Streitfeld também me disse: "Em suma, este é um assunto que me interessa porque não tenho, por alguma razão, essa habilidade, esse traço, que você tem e que cultivou, e sem o qual nada em termos de escrita é possível, enquanto com ela tudo é".

Acho válido analisar a perspectiva modesta de Streitfeld de duas formas. A primeira pode ser resumida com uma pergunta: por que se importar? Se uma pessoa não se sente inspirada, por que se importar em criar alguma coisa? Acho isso bem razoável. Uma pessoa sem inspiração não deve ser obrigada a agir de outro modo.

A segunda forma de olhar para a perspectiva de Streitfeld, porém, é um pouco mais científica. Ela sugere que a resistência que uma pessoa sente vem de um estado de espírito que não está talhado em pedra. A inspiração pode ser aprendida.

Streitfeld usou uma palavra-chave: ele disse que não "cultivou" o traço que estimula a criatividade a correr solta. É uma boa palavra. A criatividade pode ser cultivada, e o primeiro passo — o mais importante, sem dúvida — tem a ver com a dúvida, a hesitação e as expectativas externas, que muitas vezes ficam no caminho do impulso criativo.

Porque, para encerrar a questão, a dúvida é inerente à jornada criativa. É preciso lutar contra ela sempre. O que exige entender o momento em que ela surge.

Na infância, claro.

As sementes da dúvida

Os pesquisadores conseguiram identificar quando a dúvida se instala.

No quinto ano.

Em 1959, um cientista pioneiro chamado E. Paul Torrance tentou medir a criatividade de 350 alunos do ensino fundamental. Ele fez isso aplicando um punhado de testes cognitivos concebidos para avaliar habilidades tidas como cruciais à criatividade, como a flexibilidade de pensamento, o quanto os alunos eram capazes de elaborar conceitos e a capacidade deles de apresentar um grande número de ideias diferentes. Entre os acadêmicos que estudam a criatividade, esta última categoria é chamada de "fluência".

Torrance atribuiu aos alunos classificações por sua criatividade com base nesses parâmetros. Quando estavam nas séries mais baixas, os estudantes tendiam a ser máquinas de produzir ideias. Fabricavam uma ideia maluca atrás da outra, gerando pensamentos aleatórios, conceitos lógicos e insanos.

Torrance então esperou e observou o que acontecia à medida que os alunos envelheciam. Uma vez por ano, de setembro de 1959 a maio de 1964, ele aplicou aos alunos os mesmos testes.

Ao longo desse período, Torrance percebeu uma queda acentuada nos parâmetros de criatividade, sobretudo em sua fluência — a capacidade de gerar diversas ideias. A queda aconteceu no quinto ano.

"No sexto ano, muitas crianças apresentaram pontuações mais baixas do que tinham no quarto ano", diz seu emblemático artigo publicado na *Gifted Child Quarterly* em 1968. As pontuações dos alunos caíram 52% em termos de fluência com ideias, apesar de terem aumentado 21% na capacidade de elaborar as ideias concebidas. "De maneira geral", escreveu

Torrance, "a tendência mais forte é a do aprimoramento na elaboração, e a mais fraca na fluência".

As crianças, embora fossem capazes de elaborar um número maior de ideias, não conseguiam mais gerá-las no mesmo volume. Tinham se tornado menos ágeis em termos de criatividade.

Um dos aspectos mais marcantes do estudo de Torrance foi o nome que ele deu à descoberta que fez. Ele a chamou de "abismo do quinto ano". O nome parecia ter sido criado pelas melhores agências de publicidade da época. Além disso, Torrance era amplamente reconhecido como um dos pensadores mais originais e pioneiros do campo da criatividade, e, assim, seu nome acrescentou peso às descobertas.

"Aquilo pegou. As pessoas se referiam ao abismo do quinto ano como se fosse algo universal e inequívoco", disse Mark Runco, um dos principais pensadores contemporâneos da criatividade. Ele edita o *Creativity Research Journal*, dá aulas de criatividade na Universidade do Sul de Oregon e desenvolveu testes que ajudam a medir o potencial criativo.

Torrance tinha convicções arraigadas sobre os motivos pelos quais os alunos pareciam ficar menos criativos.

"Torrance disse que o problema era a educação", explicou Runco. "São incutidas um monte de regras: levante a mão, sente-se no lugar certo. A visão dele era de que, ao chegarem ao quinto ano, as crianças já haviam internalizado o pensamento convencional e a necessidade de seguir regras, o que, por sua vez, inibia a tendência a pensar de forma original."

A pressão para se ajustar a esse comportamento não vinha apenas dos professores, mas também dos colegas. Ideias que no terceiro ano pareciam divertidas, engraçadas, inofensivas ou vagamente conectadas agora podiam levar os professores a dizer "Sério? Não pode ser" ou os colegas a rirem. Pouco a pouco, de acordo com essa teoria, as crianças internalizavam as vozes externas que as condenavam ou zombavam delas, e, assim, desenvolviam um filtro preventivo. Uma ideia poderia até surgir, mas era rapidamente dissipada dentro do cérebro antes de chegar à boca ou antes que a caneta tocasse o papel. E se o professor achar que sou idiota? E se meus amigos acharem que sou idiota?

E, assim, o pensamento mais convencional finca raízes.

60   INSPIRAÇÃO

Runco cita um exemplo simples para mostrar como o modo de pensar das crianças muda ao longo do tempo. Nos primeiros anos, quando um aluno recebe a tarefa de desenhar uma árvore, pode achar natural pintar bolinhas nas folhas. "Nos anos mais avançados, de jeito nenhum isso vai acontecer: as árvores têm tronco marrom e folhas verdes", diz ele.

Uma metáfora bíblica se mostra poderosa aqui também. Ela tem a ver com a Árvore do Conhecimento do Bem e do Mal. O homem e a mulher no jardim foram proibidos de comer seus frutos. Quando o fizeram, perderam a inocência, perceberam que estavam nus, ficaram envergonhados. Isso se assemelha um pouco às crianças que aprendem, em algum momento, a sentir vergonha de si mesmas. (É fácil deixar essa metáfora fugir ao controle, então imploro aos leitores que apreciem a interpretação mais superficial.)

A ideia de que a mudança no pensamento ocorre precisamente no quinto ano vem sendo testada desde a pesquisa seminal de Torrance. Alguns artigos replicaram suas descobertas. Outros as refutaram. Então, o que importa não é se a mudança ocorre mesmo no quinto ano, mas o fato de que ela acontece nos anos formativos de uma criança.

Outros estudos recentes confirmaram essa tese.

Kyung Hee "Kay" Kim, professora de psicologia educacional na William & Mary Graduate School of Education, ganhou o Prêmio E. Paul Torrance em 2018. Ele é concedido pela National Association for Gifted Students [Associação Nacional de Estudantes Superdotados], em reconhecimento a trabalhos que ajudem a difundir e ampliar a criatividade, sobretudo entre as crianças.

Um ano antes, em 2017, Kim havia criticado o sistema educacional mundial por estar se tornando cada vez mais hostil ao pensamento criativo. Ela culpava o aumento do número de provas. Ela chamou o problema de "inferno das provas", e disse que ele havia aumentado exponencialmente nos Estados Unidos, que, desde o início dos anos 1990, adotara regimes de provas de outros países. Essa prática, segundo Kim, tinha se alastrado e tornado muito mais explícito o tipo de pensamento baseado em regras que Torrance havia identificado como implícito na educação décadas antes.

Kim, que tinha dado aulas de inglês na Coreia por uma década antes de se tornar pesquisadora e professora nos Estados Unidos, argumenta que, apesar da criação de regras implícitas das gerações anteriores, grande parte do ensino nos Estados Unidos se baseava no emprego da curiosidade e do pensamento independente como meios para o desenvolvimento de soluções interessantes. Em geral, escreve ela, esse ambiente "estimulava uma postura emotiva, compassiva, ponderada, sonhadora, autônoma, inconformista, sem viés de gênero e desafiadora".

Desconfio que o grau de veracidade dessa afirmação poderia inspirar um debate acalorado entre estudiosos, apesar de Kim ter uma boa reputação. Mas é óbvio que o grau com que alunos aprendem a pensar livremente depende do tipo de escola que frequentam.

Em termos gerais, o argumento mais convincente de Kim é o de que o ambiente educacional mudou radicalmente por causa das provas. Em seu artigo de 2017 (atualização de uma pesquisa publicada por ela em 2011 intitulada "The Creativity Crisis" [A crise da criatividade]), Kim alegou que as provas pareciam destinadas uma audiência diversificada: políticos que desejavam medidas objetivas de sucesso, universidades que queriam ter a capacidade de analisar os alunos com mais facilidade, pais que queriam uma forma clara e inequívoca de enxergar a classificação dos filhos e pessoas com um desejo social mais amplo de ver a juventude do país se equiparar a outras nações em termos de notas.

Nesse processo, argumentou Kim, provas com respostas concretas fizeram com que as crianças perdessem a curiosidade e a imaginação, desvalorizassem a paixão e a audácia e, por fim, sucumbissem diante do "conformismo do controle alheio".

O sistema "promoveu cada vez mais a conformidade, sufocando a individualidade, a singularidade e a originalidade tanto em educadores quanto em alunos", escreveu Kim. E ela me revelou em uma entrevista: "Se, desde cedo, você pensa primeiro na resposta certa em vez de pensar nas possibilidades, seu cérebro perde flexibilidade".

Algumas pesquisas preliminares em neurociência confirmam essa afirmativa. Pesquisas de neuroimagem mostram que, quando as pessoas respondem a perguntas usando a mesma metodologia de novo e de novo, ocorre uma atrofia em partes do cérebro associadas a um pensamento mais flexível. Vou aprofundar essa tese na seção dedicada à neurociência.

Enquanto isso, um dos estudos mais poderosos já publicados sobre a relação entre intelecto e criatividade mostra que crianças que se saem bem em testes de QI não necessariamente estão destinadas a ser criativas.

Em 1921, um psicólogo da Universidade Stanford chamado Lewis Terman embarcou em uma pesquisa espetacular. Ele reuniu cerca de 1.500 jovens com pontuações muito altas em testes de QI. Por enquanto, vou deixar de lado o debate sobre se essas pontuações são ou não uma medida precisa de inteligência e aceitar a ideia de que elas expressam um tipo particular de raciocínio estabelecido, voltado para a capacidade de solução de problemas e de pensamento abstrato. Os alunos de Terman tinham em média um QI de 147, o que os situava na faixa dos 1% de QIs mais altos.

O estudo de Terman acompanhou esses alunos ao longo de suas vidas, até 1986. A conclusão foi clara: as pontuações não se refletiam em realizações criativas no futuro. "O grupo Terman em geral foi surpreendentemente pouco criativo ao longo de suas carreiras", diz uma poderosa análise da relação entre intelecto e criatividade publicada em 2003 no *Journal of Research in Personality*. "Não emergiu nenhum grande escritor, artista ou cientista desse grupo de QI nível 'gênio.'" Há um epílogo, porém. Duas crianças brilhantes que não atingiram o QI mínimo de 140 para integrar o estudo ganharam um Nobel. Uma delas foi William Shockley, que inventou o primeiro transistor.

Isso não quer dizer que o intelecto não desempenhe um papel no sucesso. Ele simplesmente não é sinônimo de criatividade... Apesar disso, as provas foram se tornando cada vez mais um mediador na hora de aferir o desempenho dos alunos.

Uma das principais razões para a ascensão das provas é o advento e a disseminação do computador pessoal. Esses dispositivos tornaram possível aplicar testes às pessoas de maneira uniforme e em larga medida.

Sim, eles tornam possível criar, e de maneiras nunca antes possíveis. Mas a maneira como eles conduziram a cultura das provas mostra de forma direta que, mais uma vez, nossas maiores criações podem ter efeitos colaterais imprevistos e, em última instância, indesejados.

E então, os seres humanos contra-atacam com novas ideias.

Nesse aspecto, uma reação recente contra as provas parece estar revertendo a pressão de três décadas para que as crianças marquem a opção certa. Não admira que muitos dos grandes pensadores estejam defendendo que a natureza em rápida transformação de uma economia complexa demanda uma capacidade de pensamento mais flexível.

Enquanto isso, há várias ferramentas que uma escola pode utilizar para estimular a criatividade, mas estas não permitem que os resultados sejam medidos com facilidade.

Uma técnica simples é chamada de narrativa "E se?". É apenas um exemplo modesto, mas a brincadeira do "E se?" ilustra um exemplo bem mais amplo.

Alguns anos atrás, escrevi um livro infantil chamado *The Runaway Booger* [Uma meleca à solta]. É sobre uma família na qual o hábito de enfiar o dedo no nariz foge do controle, e uma meleca gigante é criada. Sim, é bastante nojento.

Após sua publicação, escolas e grupos comunitários começaram a me convidar para falar com as crianças sobre o livro e sobre criatividade. Fiz uma pequena pesquisa e, partindo da sabedoria de especialistas, montei uma brincadeira do "E se?".

Ela costuma começar depois que leio o livro para as crianças e uma delas pergunta:

"Por que você escreveu sobre uma meleca gigante?"

"Bem", respondo, "apenas comecei a me perguntar: e se você mexesse demais no nariz e acabasse com uma meleca gigante?".

Nesse momento, viro uma espécie de rei do jardim de infância (muito provavelmente de onde nunca saí).

"Por que vocês não tentam?", sugiro. "Tudo que precisam fazer é dizer: 'E se…' e então as crianças decolam, construindo frases e até histórias inteiras".

"E se", um aluno do jardim de infância propôs certa vez, "você desse a descarga no vaso e fosse parar no espaço sideral?!".

"E se", disse outra criança, "você desse a descarga no vaso de novo e fosse parar em outro lugar!?".

As crianças mergulharam no espaço e em suas imaginações. Eu não disse a elas que vaso sanitário é nojento, e que não se deve falar coisas nojentas. Não disse a elas que é impossível dar descarga no vaso sanitário e romper o contínuo espaço-tempo. Mas disse a eles que *talvez* eu roubasse suas ideias brilhantes.

Então, uma coisa notável aconteceu.

Uma das crianças sugeriu que, quando você desse descarga no vaso, voltaria para casa. Ela estava, no fundo, dando uma espécie de conclusão à história, ou um retorno à Terra, e aquilo, de certa forma, era consistente com o modo como alguém contaria uma história tradicional. O que achei mais fascinante foi que, embora os alunos tivessem deixado a imaginação fluir, eles também tinham algum senso de narrativa convencional, baseada em regras, que se infiltrou na narrativa.

Isso é digno de nota porque reforça um ponto muito importante sobre o quanto as regras que regem o mundo e os vários gêneros — arte, ciência, tecnologia — se integram ao pensamento pelo simples fato de existirem. Pessoas absorvem estruturas. À medida que os criadores aprendem mais sobre seus campos, eles se familiarizam com os princípios básicos da estrutura. Isso deveria fazer com que pais, crianças de todas as idades e educadores dessem mais espaço à imaginação, cientes de que ela não tira completamente as pessoas dos trilhos.

Menciono esse exercício do "E se" sem a intenção de dar qualquer tipo de conselho universal sobre como criar crianças criativas. Este não é esse tipo de livro de autoajuda. Quero mostrar que existem vários passos simples que ajudam a incorporar o processo e o estímulo da criatividade à comunicação com os jovens de forma a promover a inventividade em paralelo com outros conjuntos de habilidades.

Esse tipo de exercício visa a criar um espaço seguro para o pensamento completamente aberto. O deleite está na imaginação, compartilhada por professores ou pais. Esses exercícios não precisam substituir as provas nem outras métricas, e, sim, podem complementá-las.

Dito isso, seria muito simplista e extremamente injusto culpar apenas as escolas pelo abismo do quinto ano. Escolas refletem o clima político e os desejos das pessoas que as criam. Em outras palavras: nós, os pais.

As sementes da dúvida também germinam em casa.

"Não ponha o dedo no nariz."

"Não atravesse a rua correndo, não coma comida do chão, não fale em voz alta, não ande encurvado, não desenhe na parede com giz de cera, não use esse linguajar!"

Um percentual notável do processo de criação de filhos envolve o estabelecimento de limites. Isso é bom para a sobrevivência. É essencial. Conheça as regras ou morra. Uma criança que não recebe orientações inequívocas de não sair correndo para o meio da rua é uma criança que pode ser atropelada. Não há como deixar isso mais claro. Não. Corra. Para. O. Meio. Da. Rua.

O problema surge no momento em que os pais expandem o número e a natureza dessas regras e as aplicam a tudo. Quando há um excesso delas, as crianças começam a desenvolver o hábito de procurar pela regra e segui-la. Elas criam uma espécie de filtro automático — não apenas para ideias perigosas, mas para conceitos mais genéricos que podem ultrapassar algum limite. Desenvolvem um "não" instintivo.

No final da década de 1990, John Dacey, professor de pedagogia do Boston College (hoje professor emérito) decidiu estudar os lares de crianças que demonstravam ser criativas. Eram crianças que haviam sido apresentadas aos pesquisadores pelas escolas como tendo produzido coisas criativas — não apenas revelado potencial. Eram estudantes que, por exemplo, escreviam uma coluna para o jornal do colégio ou tinham criado um programa de rádio.

Dacey decidiu comparar a criação dada pelos pais e a atmosfera em suas casas com as de crianças que não exibiam nenhuma criatividade particular.

Os pesquisadores visitaram várias casas, armados com duas centenas de perguntas sobre várias facetas da vida. Uma área em particular proporcionou conclusões significativas. Os pais de crianças criativas estabeleciam bem menos regras do que os pais de crianças que não apresentavam criatividade.

Dacey me disse que, nas famílias das crianças criativas, havia uma regra do tipo "Seja *mensch*".

Traduzindo do iídiche: seja gentil.

Por outro lado, os pesquisadores descobriram que, nas famílias das crianças que exibiam menos criatividade, havia, em média, dez regras. A que horas dormir, a que horas chegar em casa, como se comportar em várias situações. "Eles não queriam que os filhos tivessem problemas nem que cometessem erros", disse Dacey. As famílias das crianças criativas "estavam sempre correndo riscos, deixando as crianças aprenderem com seus erros".

As diferenças nas regras e nas culturas às vezes se manifestavam na aparência dos lares — mais conformidade nas famílias menos criativas, menos naquelas que criavam filhos criativos. Uma casa que deixou Dacey impressionado era antiquada por fora, e por dentro tinha uma sala de jantar com antiguidades que pareciam ter séculos de idade, mas quartos cheios de móveis modernos. Outra família de uma criança particularmente criativa tinha uma coleção de 47 pássaros (curiosamente, disse Dacey, os pesquisadores descobriram que muitas das famílias de crianças criativas tinham coleções de algum tipo. Ele imaginou que, talvez, aquilo fosse um sinal de que as crianças haviam aprendido a alocar conceitos em diferentes categorias, o que pode ser visto como uma forma de associação de ideias).

O que Dacey concluiu a partir do estudo foi que muitos pais, em um esforço para proteger os filhos, acabam os sufocando, fazendo com que internalizem o conceito de limites, regras, divisas.

Isso não é uma apologia ao fim de todas as regras. A ideia aqui é perceber o poder das regras em consolidar um tipo de mentalidade. À medida que os pais vão moldando as redes neurais dos filhos, é possível ter regras e, ao mesmo tempo, inserir explicações e perguntas, despertar a curiosidade, permitir que as crianças façam questionamentos e busquem suas próprias razões sobre por que existem regras, quando elas se aplicam e em que circunstâncias podem ser flexibilizadas.

Uma forma pela qual os pais podem tolher a criatividade sem que percebam é por meio de uma linguagem sutil, que pode não parecer tão ruim, mas que acaba desestimulando o pensamento livre. Imagine, por exemplo, as perguntas "Não é assim que nós fazemos as coisas, não é?" ou "Nós não falamos essas coisas, não é?". Essas frases têm o impacto não apenas de desencorajar um determinado comportamento, mas também de desencorajar o pensamento independente. A ênfase está no que "nós" fazemos e não fazemos e, por conseguinte, no que é "certo".

O uso da palavra "certo" é outra ferramenta retórica poderosa, mas rudimentar, que pode fazer as crianças se limitarem a um padrão. A palavra é empregada para confirmar, de modo implícito, uma premissa de que não há espaço para se pensar de outra forma. Por exemplo: "Essas duas cores não combinam, não é? Logo, a casa deve ser pintada de amarelo".

A psicologia subjacente a essa orientação paterna pode ser mais complexa do que o simples medo dos pais de que uma criança se sujeite a perigos físicos caso não obedeça. Às vezes, as regras refletem o medo dos próprios pais de serem vistos como maus guardiões ou como fracassados. Esse medo pode ser amplificado, segundo Dacey, na era da internet, quando o erro de uma criança pode "viralizar". A cultura dos meios de comunicação de massa também pressupõe um risco maior de algumas ameaças, como de sequestro (ADOLESCENTE SEQUESTRADO! VEJA NO NOTICIÁRIO DAS ONZE!). Isso acontece com pouquíssima frequência, mas pode parecer algo próximo, aumentando a sensação de risco dos pais, o que acaba por exortar a conformidade, a criação de regras rígidas e seu cumprimento.

Mark Runco, o pesquisador que mencionei no início do capítulo, chamou minha atenção para o fato de que, à medida que as crianças crescem, os pais vão se tornando menos tolerantes com ideias que soam pouco convencionais, com receio de que elas possam acabar soando perigosas, ameaçadoras ou más.

Ok, não exatamente más, embora essa seja a palavra usada por Runco. Ele usou "mau" para se referir a ideias que fazem parecer que a criança seja amoral e, por consequência, que tenham um impacto negativo na reputação dos pais.

"Costumo conversar com pais e professores, e uma de minhas mensagens mais simples é que a melhor coisa que podem fazer pela criatividade é tolerá-la", disse Runco. "Não é tão fácil quanto parece."

Runco explica: "O melhor é estar aberto à hipótese de que eles terão uma ideia boa, mas também aberto ao oposto disso, de que algumas ideias podem ser vis. Como pai, o reflexo é dizer: esse não é meu filho. Esse não pode ser meu filho".

Às vezes, as crianças não captam essas mensagens explícitas. Mas existe um risco enorme, implícito, de elas entenderem que não correspondem às expectativas. Esse pensamento, por sua vez, pode limitar a disposição que uma pessoa tem de correr riscos.

Isso nos leva a um dos argumentos mais importantes que defendo neste livro: o inimigo número um da criatividade é o perfeccionismo.

Não há nem mesmo um inimigo em segundo lugar que se aproxime dele.

Se você não pode cometer erros, não tem como correr um risco criativo. Portanto, o oposto do perfeccionismo é a permissão. A permissão é um dos conceitos mais importantes da criatividade, o inimigo mortal do perfeccionismo.

A ideia central não é gerar o não conformismo por si só, mas alimentar um grau de permissão em torno da ideia de se desviar de um padrão que se aplica a todo mundo. Isso inclui afastar a perspectiva assustadora de que um filho cujas ideias não rendem vantagens práticas (ou notas altas) é um filho que deu errado.

"Se você quer ser criativo, precisa gerar muitas ideias — e escolher as melhores", disse Dean Simonton, um estudioso que dedicou a vida a estudar a genialidade criativa. "A questão é ser capaz de gerar ideias sem saber se elas vão dar certo."

Repetidas vezes, Simonton observa o mesmo padrão nos principais criadores: a quantidade de ideias supera a qualidade, sem medo de como serão percebidas ou se vão vingar. Sua pesquisa mostra que Thomas Edison tinha 1.093 patentes, e que Picasso "concebeu mais de vinte mil pinturas, desenhos e esculturas, enquanto Johann Sebastian Bach compôs mais de mil peças". Isso não significa que alta produtividade seja sinônimo de influência, mas sugere que suas chances de criar algo em que outras pessoas vão encontrar significado aumentam se você sentir o impulso de criação e correr o risco de seguir em frente.

"Se você quer ser uma pessoa criativa, não pode contar com uma solução antecipada", disse Simonton para mim. "Isso vale para qualquer gênio criativo. Sabe em quantos becos sem saída Albert Einstein se meteu? Um número astronômico — às vezes você comete erros muito, muito feios."

Simonton chama a atenção para uma questão relacionada que é vital: criadores perseveram sem saber se sua busca será bem-sucedida. Para muitas pessoas extremamente criativas, o ato de criar em si é o objetivo final, porque a natureza do processo é se aventurar no desconhecido.

Por outro lado, a criança que aprende apenas a cumprir requisitos — e teme não fazê-lo de forma correta — pode se sentir confusa mais tarde, quando a vida se tornar mais complexa.

O que pode acontecer quando uma criança internaliza esse tipo de pensamento é ela se tornar uma pessoa rígida, que, mais tarde na vida, tem dificuldade em lidar com situações que exigem criatividade ou flexibilidade. Dacey, antes de se aposentar e se tornar professor emérito, deu um curso sobre criatividade a uma turma de alunos de graduação. Para o projeto final, ele disse aos estudantes: "Vocês têm que fazer um projeto que me mostre que aprenderam bastante".

A tarefa deixou alguns alunos desesperados. "Eles diziam: 'Nós entendemos que não há regras, mas, por favor… *nos dê alguma orientação, dr. Dacey!'.* Minha sala estava cheia de alunos chorando, dizendo: Por favor, nos dê algum parâmetro."

Essa é uma posição muito difícil de se estar, à medida que a economia se torna mais variável e aberta — menos empregos em linhas de produção, mais trabalhos com ideias e cooperação e maior demanda por concepção de soluções do que juntando peças de forma preestabelecida.

Essa análise pode fazer parecer que os pais deveriam deixar seus filhos vagarem com um pouco mais de liberdade.

Mas não vou ser tão exclusivamente prescritivo. Permissão é importante. Assim como regras. Depois de fazer toda essa pesquisa, eu, enquanto pai, penso nesse equilíbrio como similar aos... talheres. Vejamos o garfo, por exemplo. Eu quero que meus filhos saibam como usar um garfo para comer. Também adoraria que eles se sentissem à vontade para pensar em outras quinze formas de usar um garfo. Como uma pá. Para coçar as costas. Abrir uma fechadura.

Isso não significa que eu ativamente faria com que eles usassem o garfo para procurar minhocas (talvez em um piquenique, mas não durante o jantar). Porém, se minha filha começasse a brincar com o garfo de forma criativa, eu também não diria: "Ora, Mirabel, não é assim que a gente usa o garfo, é?".

Se ela comesse o bife usando uma colher, eu poderia me perguntar se estava tramando alguma coisa.

E tem mais uma coisa: hoje, tento não achar que as ideias, observações e curiosidades maravilhosas que meus filhos proferem sejam um reflexo meu. Vejo pais que parecem ficar humilhados quando seus filhos dizem "a coisa errada". Claro, eles não devem chamar a tia Jane de velha encarquilhada. No entanto, podem brincar com inúmeras associações, por mais equivocadas que pareçam para mim. Essas conexões aleatórias não significam que fracassei em educá-los de forma adequada. Só dei espaço para que eles ligassem os pontos.

Acredito que a melhor forma de ver como essas questões são complexas no mundo real é testemunhar um exemplo do mundo real. O capítulo a seguir contém histórias de como os criadores ganharam forma. Esse processo pode ser caótico.

O criador ganha forma

No primeiro capítulo deste livro, apresentei Rhiannon Giddens, uma cantora e compositora que cresceu na Carolina do Norte. Ela nos oferece um insight marcante de como os criadores surgem e de como as mensagens conflitantes que os adultos enviam contribuem para a complexidade.

Giddens e sua irmã mais velha, Lalenja Harrington, cresceram em um ambiente com uma mistura variada de perspectivas e influências: pai branco e mãe negra, que mais tarde se assumiu lésbica, e uma profunda influência do legado da escravidão, vinda do lado materno da família. Essa influência gerou algumas regras muito poderosas, e, ao que parece, de bom senso. Devido ao legado da escravidão e ao racismo, os avós maternos das meninas tinham pavor da possibilidade de que, caso elas não se ajustassem — caso saíssem da linha —, poderiam enfrentar uma discriminação perigosa, até mesmo fatal. Eles eram divertidos, gentis e extremamente amorosos, intensos.

Esses avós moravam na zona rural da Carolina do Norte, em uma *shotgun house* — um tipo de casa estreita e comprida, muito popular no Sul dos Estados Unidos. Neste caso específico, o termo *shotgun*, "espingarda", assume um significado literal.

Um dia, quando Harrington tinha sete anos, ela testemunhou uma briga terrível. O vovô estava provocando a vovó.

"Eles tinham uma daquelas casas dos anos 1970, com painéis de madeira nas paredes", lembra Harrington. "Eu podia ver no corredor que minha avó tinha voltado para o quarto dela. Havia espingardas em todos os armários, e me lembro de ver o cano de uma entrar pela porta." A menina gritou e aquilo "trouxe a vovó de volta a si"; o vovô escapou do pior. "Pelo que entendi, meus gritos salvaram meu avô naquele dia."

Ambos os avós lidavam com alcoolismo. Ambos tinham um temperamento difícil. Ambos sofriam muito com as feridas profundas e duradouras da escravidão e com o racismo sistêmico que se seguiu. O que as feridas tinham ensinado aos avós era que pessoas negras que se sobressaíam acabavam chicoteadas, ou pior, na forca.

Por exemplo, quando a avó das meninas era jovem e não seguia as regras da família, seu próprio pai a pendurava pelos braços na viga do celeiro e a espancava. Ele estava a apenas uma geração da escravidão e, às vezes, se sentava na varanda da frente com uma espingarda no colo para impedir que negros de pele mais escura cortejassem sua filha.

Quando Giddens e Harrington eram crianças, a avó dava aula em escolas. Era a única professora negra. Ela contava às netas como os meninos talhavam "KKK" em seus braços e deixavam cicatrizar. "Eles levantavam o braço e ficavam olhando para ela", contou Giddens.

"Se você falasse alguma coisa para a pessoa errada, podia ser morto", disse ela. "Havia uma disciplina severa nos lares de famílias negras nos Estados Unidos, uma herança visível do trauma."

Ela só entenderia tudo mais tarde, claro, pois que criança seria capaz de compreender aquilo? Na época, parecia ao mesmo tempo normal e assustador. A mensagem era óbvia: andem na linha, meninas. Nada deixava a avó mais feliz do que quando suas amigas iam jogar bridge e, após horas de preparação, as duas garotas estavam todas embonecadas para serem exibidas.

Por outro lado, uma vez, Harrington cortou o cabelo curto. A avó não gostou. "Ela ficou sem falar comigo por um mês." Harrington tinha onze anos na época.

Quando Giddens era ainda mais nova, cometeu o grave erro de mostrar a língua para a avó. No fim das contas, a avó mandou a irmã de Giddens sair e pegar um açoite. Isso era melhor do que quando o avô pegava o cinto.

Não que os avós não fossem amorosos. Mas eram rígidos em relação a muitos comportamentos e seguiam essas regras com firmeza.

Se essas fossem as únicas influências na vida das meninas, não estaria claro de onde vem a criatividade que cada uma delas exibe hoje.

(Harrington é uma acadêmica altamente criativa que desenvolveu técnicas de ensino para crianças com deficiência intelectual.)

O que pode muito bem ter instigado as meninas a evoluir para além do abismo do quinto ano foi um punhado de influências em suas vidas que estimularam um modo mais livre de pensar.

Mesmo na casa humilde dos avós, havia liberdade — mas ela vinha da imaginação, além das paredes da casa real. Nos fundos, um carvalho gigante crescia em direção aos céus, com raízes enormes que brotavam do chão como veias ou pequenas ilhas. As irmãs passavam horas inventando brincadeiras, como fingir que a terra ao redor da gigantesca árvore era um mar cheio de tubarões. A avó delas gritava: "'Vão lá para fora, vão. Não podem voltar para casa até a hora do jantar.' Ficávamos tão entediadas que fazíamos pistas de pouso usando folhas mortas. Era isso. Sentíamos esse tipo de tédio — completo e absoluto", disse Giddens.

Ela e a irmã acreditam que o tédio as forçou a desenvolver vibrantes poderes de imaginação.

As duas também eram estimuladas a pensar de forma independente dos pais — uma mulher negra e um homem branco —, rebeldes por natureza, amantes corajosos em tempos perigosos.

Quando eles se casaram, o avô paterno deserdou o pai delas, David, privando-o das terras que outros da família herdariam. E o professor de canto de David, um alemão, o dispensou como aluno.

"Minha mãe o chamava de Velho Nazista", disse Giddens. "Meu pai tinha uma bela voz de barítono, uma voz séria." Perder o professor de canto o deixou "de coração partido".

Os pais das meninas acreditavam no *éthos* da época, de que a verdade individual e o progresso do mundo *precisavam* andar de mãos dadas.

"Meus pais sempre adotaram essa abordagem — permissão e comemoração, e isso tem um grande valor", disse Harrington. "Parte do que herdei de meus dois pais foi esse incentivo para tentar, para correr riscos, por mais que me sinta desconfortável."

74   INSPIRAÇÃO

A mãe delas, ao contrário da avó, não sonhava com as filhas entrando na alta sociedade ou coisa parecida.

As meninas também receberam incentivo da avó paterna. Ela era uma mulher branca de um mundo branco que parecia não ver cores. "Vovó Giddens. A mulher mais doce do mundo", lembra Giddens. Essa avó não rejeitou o filho nem as netas; amava todos incondicionalmente. Desta forma, afirma Giddens: "Ela mudou uma família inteira sozinha".

Em suma, as duas meninas adquiriram essa mescla de influências — rigidez e disciplina, tolerância e comemoração, o medo de ser estranho e a sensação de acolhimento. Volta e meia, também viviam à beira da pobreza, ao mesmo tempo em que se destacavam nos estudos e conseguiam vaga em escolas de alta qualidade. Elas oscilavam entre ambientes completamente diferentes.

"Era como falar dois idiomas distintos", disse Giddens.

Giddens vivia isso a fundo. Durante a escola primária, ela conta que passou metade de um ano almoçando com as meninas brancas e a outra metade almoçando com as meninas negras. Preferia a companhia dos meninos à das meninas. Mas também passava bastante tempo sozinha, lendo livros de ficção científica enquanto caminhava pelos corredores. Passava horas desenhando, cavalos na maior parte das vezes. Sonhava em ser animadora da Disney. "Eu consigo desenhar um cavalo razoavelmente bem até hoje", ela me falou.

Nossa conversa se voltou para o ensino médio, e de repente Giddens começou a chorar.

"Fiquei deprimida de verdade; foi um momento muito difícil. Não gosto voltar a esse lugar, é isso", disse ela. "Não aconteceu nada de relevante, minha casa não pegou fogo ou coisa assim. Só não foi um momento fácil", disse Giddens. Ela era sete anos mais nova que a irmã, que era seu anjo da guarda, a pessoa que a penteava e a abraçava, e ela tinha ido para a faculdade. "Ela ajudava a suavizar as coisas para mim, de várias formas, e minha mãe já estava muito nervosa, agressiva e deprimida."

A mãe se assumiu lésbica e trabalhou como assistente social para usuários de drogas. Ela era uma artista frustrada; frequentava os Alcoólicos Anônimos. Quando estava irritada, não era fácil. Rhiannon se lembra dela jogando um copo contra a árvore nos fundos da casa. O bairro nem sempre era seguro. Às vezes, bêbados desmaiavam no quintal delas. Mas então, graças às suas habilidades acadêmicas, Rhiannon conseguiu uma vaga em um colégio interno de elite voltado para matemática e ciências. Conheceu outros nerds como ela. Descobriu um novo segmento da sociedade.

Foram muitos estímulos. Ela fazia alguma ideia de que essas diferentes experiências estavam exercitando os músculos da criatividade ao levá-la para ver as ricas texturas do mundo?

Não muito.

Ela se ateve aos livros e às ilustrações e ansiava pela volta da irmã.

Mas a vida encontra um caminho. Para Giddens, isso se deu por meio de diversas experiências. Uma delas envolveu a música. Antes de seu último ano no ensino médio, ela participou de um acampamento de canto de coral. Pela primeira vez na vida, esteve junto a pessoas que amavam música. Fez seu primeiro solo e, sim, ela sabia cantar. Foi uma sensação boa. Era apenas uma ferramenta na época, não para criatividade, e, sim, para o som que poderia fazer ela e outras pessoas se sentirem bem.

Um pouco mais tarde, ela começou a interpretar a própria trajetória. As experiências da mãe e dos avós começaram a fazer sentido. As atitudes deles, longe de serem estranhas, podiam ser explicadas. Talvez fossem até mesmo corriqueiras. Aquele material de vida não podia ser desprezado. Deveria ser entendido, ela precisava extrair alguma coisa dele.

"Quanto mais eu estudava História, mais fácil era entender de onde vinham algumas daquelas coisas — e a coragem necessária para tentar romper com aquilo", disse ela. "Eu parei de sentir rancor da minha mãe, parei de esperar ter uma mãe diferente da que eu tinha. Isso me permitiu aceitar todas as coisas bonitas que ela me dera, e ter a sabedoria de enxergá-la como ela era."

O que começou a acontecer com Giddens foi uma aceitação de suas multidões interiores. Quanto menos lutava contra essas partes de si mesma, mais elas foram tomando a forma de um todo coeso, de uma criadora.

* * *

76 INSPIRAÇÃO

Nos anos seguintes à formatura no ensino médio, Giddens tirou proveito de seu talento musical inato, tanto instrumental quanto vocal. Foi aceita no Oberlin College and Conservatory, uma escola de música de elite. Ela ficou desesperada, em parte porque não sabia ler partituras — não tinha treinamento formal, ao contrário de outros alunos —, mas também porque não sabia ao certo o que queria. Fora levada por uma espécie de impulso irracional. Ela se esforçava porque era isso que achava que deveria fazer — aceitando todos os trabalhos que conseguia encontrar relacionados à música, enquanto a dúvida se insinuava de várias formas. Certa vez, ela apareceu em um teste e tinha esquecido um pé do sapato. Depois do conservatório, ela ficou esgotada e tinha um caminho incerto pela frente.

"Nunca me senti uma pessoa verdadeiramente criativa", disse ela.

Anos depois, ficaria amiga de Yo-Yo Ma, um dos maiores músicos do mundo, e ele lhe contou que uma vez se viu nessa mesma situação.

"Ele me disse que tocava violoncelo desde pequenininho, e que quando atingiu uma certa idade, ali pelos vinte, trinta anos, percebeu que precisava *escolher* ser violoncelista", disse ela. "Foi isso que fez — até então, ele tocava só porque era o que sempre tinha feito. Depois dessa decisão, passou a ser muito mais feliz em relação à vida."

A princípio, porém, o mundo escolheu Giddens, não o contrário. Ela formou uma banda chamada Carolina Chocolate Drops, e seu álbum de estreia, produzido por uma gravadora pequena, incluía dezesseis covers — *folk* e *hoedown*, banjo e violino. O disco chamou alguma atenção. O terceiro álbum da banda, *Genuine Negro Jig*, lançado em 2010, ganhou o Grammy de melhor álbum de *folk* tradicional naquele ano. Em 2012, a banda lançou *Leaving Eden*, com Giddens como vocalista e tocando violino, banjo e cello-banjo.

Eles eram músicos trabalhando arduamente. Não havia nada garantido. É muito difícil ganhar a vida como músico — "viver o sonho", como disse Giddens.

Ela estava infeliz — bem infeliz.

"Eu quase sempre me sentia péssima. Chegava a hora de retomar a turnê, e eu só sentia vontade de chorar", disse ela. Então pensou: "Eu sou boa nisso, eu deveria fazer isso", acrescentando que as pessoas "se cercam de outras que lhes dão tapinhas nas costas, isso proporciona dinheiro, e você fica preso a esse sistema".

Ela começou a ficar doente de verdade, fisicamente doente. Desenvolveu síndrome do intestino irritável. Entrou em depressão.

"O corpo nos diz tudo", disse ela.

O que o corpo estava dizendo era que, apesar do fato de que, por fora, Giddens parecia uma artista, uma autêntica criadora, ela não estava criando de forma fiel a si mesma. Por causa da visão coletiva e comercial da banda, ela tinha a sensação de estar escondendo a forma como realmente queria contar histórias. Achava que a banda estava fazendo algo "importante", mas cada vez mais isso soava como uma obrigação, como algo que destoava do rumo de seus impulsos artísticos.

Ela enxerga a si mesma naquela época como parte de uma tendência maior.

"Nossa cultura não valoriza o autoconhecimento. Muitos de nós atravessam a vida feito zumbis, olhando para fora à procura do que deveria ser buscado dentro. É por isso que a indústria do entretenimento é tão grande. As pessoas são pacificadas pelas produções dos outros, em vez de encontrar a paz expressando suas próprias coisas."

Ela era uma daquelas pessoas que pacificavam os outros, produzindo coisas que soavam bem e que pareciam vir de um lugar autêntico.

"Percebi que estava fazendo aquilo só pelo dinheiro."

Este é um momento crucial na história dela, e um ponto-chave do exemplo de como surgem criadores. Repetidas vezes ouvi histórias de criadores, e dos acadêmicos que os estudam, sobre a distinção entre uma pessoa com ferramentas criativas e um criador de verdade. Ambos podem criar. Esse material pode ser criativo. Mas não é autêntico. A diferença pode parecer irrisória para quem vê de fora. Não é. Sobretudo para o criador. Porque o criador que dança conforme a música de outra pessoa muitas vezes é infeliz, até mesmo miserável. O criador pode se sentir como um simples mímico, alguém que só pensa no resultado, que está sempre em busca de aprovação. Então, uma voz pessoal luta para vir à tona, e o criador faz uma escolha. Validação externa. Ou liberdade. No fim das contas, a história de Giddens — e de muitos outros criadores — tem a ver com a felicidade.

Uma motivação profundamente pessoal começou a se formar para Giddens. Durante as longas viagens entre os shows do Carolina Chocolate Drop, ela entrou em contato com uma versão mais plena de sua voz. Era uma voz que vinha das circunstâncias únicas que tinham dado origem à própria Giddens.

Nessas viagens, ela estava lendo e aprendendo sobre mulheres escravizadas. Essas narrativas a tocaram de forma profunda, e uma história em particular: era sobre uma conversa entre uma mulher escravizada e a mulher que a possuía enquanto os exércitos do Norte se aproximavam da fazenda.

"A certa altura, a patroa diz: 'Quando os soldados chegarem, você pode esconder esse prato em sua cabana e dizer que é seu?'. E a mulher escravizada responde: 'Você vendeu quatro filhos meus para comprar esse prato, então, de certo modo, é verdade'."

Giddens leu aquela história "e ela não ia embora, não ia embora de jeito nenhum. E fiquei pensando em todos os negros sem nome da história que jamais vamos poder conhecer".

A música "Julie", sobre a decisão angustiante da mulher escravizada de deixar a fazenda e tudo que ela conhecia aparece na tela e soa para mim como o momento em que Giddens encontrou a si mesma, pelo menos uma versão próxima à com que se parece hoje (ela ainda está em forte transformação). Sua voz e seus olhos carregam uma poderosa mistura de empatia e desafio, traços que considero profundamente autênticos.

Foi como uma festa de debutante para Giddens. Ela começou a ouvir sua verdadeira voz. "Foi a primeira vez que tomei consciência disso", falou. "Eu não me considerava uma compositora de forma alguma."

Ela também não estava totalmente pronta para se aceitar como uma. Mas começou a desfrutar de tal sucesso externo que aquilo a impulsionou.

Em 2015, lançou o álbum solo *Tomorrow Is My Turn*, que continha principalmente *covers*, incluindo uma música de Dolly Parton. A revista *Rolling Stone* o listou entre os cinquenta melhores discos do ano. Ela abriu shows para Faith Hill e Tim McGraw. Conseguiu um papel regular na série *Nashville*.

No Country Music Awards de 2016, ela se apresentou com Eric Church em um momento country-rock. Giddens estava à beira do estrelato, e faltavam apenas alguns pequenos passos para ela se tornar um nome amplamente conhecido.

Essa validação, no entanto, estava em conflito com uma voz interior que apontava para um conjunto diferente de escolhas. "Eu estava vivendo o sonho, e muitas vezes me sentia péssima."

Pode ser sofrido aprender a ouvir a própria voz em meio ao barulho do mundo.

Por enquanto, ofereço outro olhar sobre um criador diferente que emergiu de um casulo da infância. É uma história que conheço bem, porque é a minha história.

O escritor ganha forma

Este livro não é um livro de memórias, e não pretendo me aprofundar demais em minha própria experiência. Vou mencioná-la brevemente em alguns momentos, começando por aqui, porque posso falar em primeira mão sobre a jornada de um criador. Não comecei assim. Passei por uma transformação significativa: primeiro, ignorando minha voz, depois ouvindo e por fim a expressando. *Este livro*, em parte, é resultado de minha própria curiosidade sobre a criatividade.

Quero caçar a resposta para a mesma pergunta que um diretor de Hollywood vencedor de vários Grammys me fez: "Qual é o propósito da criatividade?".

De onde vêm esses picos de inspiração? Como podemos nos apropriar deles?

Comecei a fazer essas perguntas básicas depois que me senti aberto a esses picos. O que é essa transformação?

Como disse, falo por experiência própria. Nem sempre foi divertido.

Cresci em Boulder, Colorado, uma cidade universitária um tanto pequena que, na época, era majoritariamente de classe média, e não muito mais. Meu pai, Murray, era um professor de direito que se tornou juiz. Ele era um homem grande e enérgico, intelectual, que acreditava em Grandes Ideias, e um leitor de livros de não ficção sobre momentos marcantes da história, grandes guerras e pensadores, como Churchill, Kennedy e Gandhi. Dizia a mim e a minha irmã que poderíamos, e deveríamos, ser o que quiséssemos ser, mas deixei essa mensagem passar e o que ouvi em grande parte era que havia um único modo de ser: uma espécie de mistura de JFK com Mickey Mantle. Grandes realizadores, que amavam crescer a cada dia, como meu pai.

Ele também plantou em mim enormes sementes de curiosidade. Meu pai tem o entusiasmo típico de professor que atrai as pessoas à medida que elas vão aprendendo, e não é propenso a dar sermões. Na mesa de jantar, ele perguntava a mim e à minha irmã nossas opiniões sobre seus casos jurídicos, criando uma versão doméstica do método socrático, uma ferramenta usada para estimular o pensamento analítico profundo na faculdade de direito e no meio jurídico. Quando surgia um desafio na escola, ele me forçava a ter minhas próprias ideias, não a imitar as dele.

Minha mãe, por personalidade e pela conjuntura, ocupava muito menos espaço. Isso se devia em parte porque ela abria mão da atenção para meu pai, mas também devido à própria experiência com um pai emocionalmente abusivo. Ele era bastante controlador, rígido ao extremo. Talvez, para não ter que lidar com seu julgamento severo, ela se manteve discreta. Além disso, ora de maneira natural, ora pela prática, buscou obter um controle rígido sobre suas características físicas e suas emoções. A sensação dela era de que a vulnerabilidade poderia ser atacada como uma fraqueza, ou talvez essa fosse uma impressão minha. Então, quando eu era criança, tive contato com uma mãe que era afetuosa de forma passiva, não afirmativamente afetuosa. Ela nunca dizia para mim ou para minha irmã que nos amava. Mais tarde, ela me disse que achava que essas palavras poderiam não soar autênticas.

Ao mesmo tempo, ela queria nos dar algo que desejava: a liberdade de tomar nossas próprias decisões. Nesse sentido, minha mãe é uma das pessoas mais abertas que conheço; ela quer que as pessoas sejam quem são e que se expressem como desejam. Isso nos proporcionou certo tipo de liberdade, mas também permitiu que ela não se sentisse conectada demais a nós de uma forma que pudesse prejudicá-la. O resultado é que não tenho certeza se posso dizer o quanto ela se importava comigo. A única vez que eu sabia com certeza que tinha toda a atenção da minha mãe era quando ela ria. Ela tem uma risada linda e, quando eu a faço rir, sei que tenho toda sua atenção.

O resultado disso tudo foi que eu prestava bastante atenção a duas coisas: os afetos de minha mãe e as aspirações de meu pai. Talvez eu devesse ser como ele. Ou talvez devesse simular a aparente confiança dos atletas que eram meus amigos e colegas de equipe na escola. Eu usava uma fachada, metade atleta e metade piadista, um falso durão calado na maior parte do tempo, sobretudo quando se tratava de perceber ou expressar muita coisa em forma de pensamentos, observações e sentimentos autênticos.

Isso não é nada parecido com o que Giddens e sua irmã vivenciaram no caminho do legado da escravidão nem com a ferida aberta do racismo presente no dia a dia e o impacto que isso teria mais tarde na expressão individual e na criatividade.

Por outro lado, ela tinha um legado de criatividade em sua família. Eu não conseguia ver nenhum na minha. O que eu havia herdado, assim como Giddens, eram sementes de dúvida e de criatividade — por meio da curiosidade e da permissão para ser eu mesmo —, mas essas sementes lutaram entre si por bastante tempo.

No geral, passei por um tipo de desafio simples para alcançar a autoaceitação, que compartilho neste livro justamente por ser tão corriqueiro. Uma pessoa não precisa ter passado por um trauma explícito para ter dificuldades de ouvir a própria voz. Eu não conseguia ouvir a minha.

Daí veio meu colapso.

Em 1991, trabalhando em um pequeno jornal, eu estava correndo em uma rua arborizada quando me senti tonto. Foi a primeira de muitas crises que comecei a ter por causa de alguma doença misteriosa. Fiz dezenas de tratamentos com antibióticos. Mas não era uma infecção. Incapaz de identificar um único problema físico, procurei o divã de um psiquiatra, suspeitando de que a coisa estava na minha cabeça. Mas não era só isso.

Passados dois anos, eu já havia me debulhado em lágrimas e tentado de todas as formas encontrar a chave de minha infelicidade. Nesse processo, transformei minha vida em terra arrasada. Eu implorava ao psiquiatra para me dizer o que havia de errado. Eu era um enigma para mim mesmo, encolhido em posição fetal. Quem era eu? Por que estava chorando?

Um dia, parei de perguntar. Percebi que aquele cara não tinha mais respostas para mim do que eu mesmo. Minha voz era não apenas tão válida quanto a de qualquer outra pessoa, como era aquela que deveria, e seria, meu guia principal.

Talvez eu esteja superestimando essa experiência. Talvez estivesse apenas atravessando a fase dos vinte anos. Por sorte, ela terminou, e eu fiquei, majoritariamente, com um punhado de emoções básicas e elementares. Desde então, descobri que isso faz parte das fundações de muitas pessoas que criam.

Uma dessas emoções é a gratidão. Acima de tudo, me senti grato por não estar mais sofrendo. Por sua vez, isso fez com que me sentisse grato por tudo. Pelas coisas grandes, como ter um teto e um emprego, mas também pelas coisas pequenas, como pelo ótimo taco que comi em um *food truck* e por uma boa noite de sono. Por meus amigos e minha família. Tudo parecia estar no lugar certo. Por vezes, quase me tornei grotescamente otimista por ainda estar vivo, por não me sentir tão mal, e o que viesse além disso era lucro.

Isso se conecta de maneira bem direta à criatividade, porque me fez olhar de forma diferente para o fracasso. Se eu escrevia alguma coisa e ninguém gostava, ainda tinha os tacos do *food truck*, e eles eram muito bons.

Também emergi do fundo do poço com um forte senso de humildade. Eu tinha visto demônios terríveis, implorado a outras pessoas para que me explicassem e me dessem aprovação, me prostrado e clamado por misericórdia. Hoje, sei que jamais posso julgar outra pessoa. Ter me tornado ciente de minha própria fragilidade me deixou menos ideológico; comecei a perceber que não tenho como conhecer uma pessoa ou uma ideia sem ouvi-las de fato, assim como seria impossível que outra pessoa me conhecesse de verdade quando eu parecia "bem-sucedido" por fora, apesar de estar um caos por dentro.

Isso também está diretamente ligado à criatividade. Quanto menos eu julgasse, mais poderia explorar, sem medo, informações e estímulos de várias fontes. Pistas e insights relevantes podiam vir de qualquer lugar, e parei de ver essas informações como algo ameaçador.

Mas o modo mais significativo pelo qual essa experiência se liga à criatividade é que eu não estava mais me julgando com tanta severidade e estava bem menos sujeito ao julgamento alheio. O que eu dizia e o que pensava, as ideias que surgiam, tinham o simples valor de serem os pensamentos de um ser humano normal. As decisões que tomava passaram a ter mais a ver com o que parecia certo para mim, e menos com o que poderia ser considerado a coisa certa a se fazer de acordo com padrões externos.

Segue um exemplo.

Em 2000, depois de uma década trabalhando em jornais menores, o *New York Times* me ofereceu um emprego. Eu poderia continuar morando em São Francisco. No ano seguinte, o jornal mudou de ideia e disse que eu tinha que me mudar para Nova York em 1º de outubro de 2001. A essa altura, já havia conhecido a mulher que se tornaria minha esposa e começado a sentir sementes de inspiração — tanto no que escrevia para o jornal quanto em outras criações que se seguiriam: uma história em quadrinhos, romances, músicas.

Peguei um voo para Nova York alguns meses antes do fim do prazo para minha mudança. Tive uma reunião com um editor sênior e apresentei meus argumentos para continuar morando em São Francisco.

"Eu estou feliz", disse a ele. "E acho que você está feliz com meu trabalho."

"Muito", respondeu o editor. "Mas não tem a ver com felicidade. Tem a ver com o que todo mundo faz."

Eu disse a ele que ia pensar. Mas aquilo era tudo o que eu precisava ouvir. Eu não iria me mudar para Nova York. Não se tratava de mera felicidade. Tinha a ver com ser eu mesmo. Com confiar em minha voz.

Em 1º de outubro, quando deveria estar em Nova York, me sentei no escritório em São Francisco e fiquei esperando que meu chefe fosse me ligar para me demitir. A ligação nunca aconteceu. Estou aqui até hoje.

Não há nada de heroico nisso. Eu tinha emergido do abismo e sabia como era ser livre. Durante grande parte de minha vida, tinha estado sempre em fuga. Minha adrenalina estava nas alturas, minha reação de lutar ou fugir se debatia como se eu estivesse fugindo de um leão. Mas o leão era uma invenção minha, construído com base na minha percepção do julgamento dos outros e na percepção de que tudo que havia a temer era o próprio medo.

Também comecei a sentir toques de inspiração que comparei a uma sensação de euforia. As ideias vinham, e pareciam tão perfeitas que tomavam conta de mim. Eu acreditava nelas com uma fé que deixava as pessoas que conviviam comigo um pouco desorientadas. Pouco antes de ser contratado em tempo integral pelo *New York Times*, contei ao meu pai que queria criar uma tira em quadrinhos. Até hoje, ele me diz como aquilo soou insano, mas eu estava convencido. Ainda que não soubesse desenhar. Encontrei um ilustrador. Ele também acreditou no projeto. Em 1º de setembro de 2001, um mês antes de eu ter que me mudar para Nova York, segundo o *New York Times*, nossa tira em quadrinhos, chamada *Rudy Park*, passou a ser publicada diariamente em jornais de todo o país. A distribuidora, United Media, estava entre as maiores empresas de mídia do mundo, e ser representado por ela era como se a HBO decidisse exibir um programa de TV seu.

Eu escrevia a tira todos os dias, deixando os personagens vagarem sem rumo em minha cabeça, muitas vezes sentindo um aperto de certeza de que eu estava criando algo bonito e relevante, fosse verdade ou não.

Foi nessa época que ouvi uma história que começou a dar forma ao fascínio pela criatividade e pelo processo criativo que, em última análise, deu origem a este livro.

A história é sobre Charles Schulz, o criador do Snoopy. A editora da tirinha que eu escrevia também era a mesma que a de Schulz. Um dia, pedi a Amy que me contasse uma história sobre ele, chamado de Sparky pelos amigos. Ela me contou o que ele havia contado a ela.

Todo dia, Sparky acordava, começava a trabalhar em sua tira e era atingido por uma ideia. Como um raio. Ele pensava: "Consegui. Tive uma ideia para uma tirinha perfeita!".

E passava o dia todo trabalhando nela, dando vida a Charlie Brown, Lucy, Snoopy, observando sua visão matinal ganhar forma. Na manhã seguinte, acordava e olhava para o que tinha feito. E pensava: "Não ficou muito bom". Então parava e pensava: "Mas, espera aí! Consegui! Hoje, sim, tive uma ideia para uma tirinha perfeita!".

Sua crença era tal que superava qualquer que fosse o custo de energia de empreender uma nova criação.

Ouvi vários criadores contarem uma versão desse sentimento. "É uma euforia, sem dúvida uma euforia", me disse Mark Romanek. Ele é um dos diretores de videoclipes mais famosos do mundo. Trabalhou com Taylor Swift, Jay-Z, Michael e Janet Jackson, Nine Inch Nails, Johnny Cash. Ganhou mais de uma dúzia de MTV Video Music Awards e vários Grammys. Por coincidência, também é tão fã de Charles Schulz e seus personagens que tem uma tatuagem do Linus no antebraço.

Quando a euforia chega, uma ideia toma conta dele. Foi o que aconteceu com seu filme *Retratos de uma obsessão*.

"Três atos inteiros vieram de uma vez só em minha cabeça. Eu me lembro desse momento como uma sensação física."

Caro leitor, esse sentimento, essa certeza, uma pulsão eufórica que se apossa de tudo, é o tipo de sensação que começou a aparecer para mim. O que era aquilo? De onde vinha? Por que eu estava tendo aquilo com tanta frequência?

Ao me recusar a ir para Nova York, estava tentando sustentar minha própria voz e as circunstâncias que permitiram que ela prosperasse. Não tinha muita confiança de que seria capaz de trabalhar em um lugar como a sede do *New York Times* e lidar com o volume e a influência das vozes externas que tinha certeza de que haveria por lá. Eu tinha receio de não conseguir mais me escutar.

Isso daria mais trabalho.

Eu também estava aprimorando cada vez mais minha escrita. Isso costuma acontecer também, mas expertise ou mesmo habilidade básica não é o mesmo que criatividade.

Hoje em dia, entendo que inúmeros criadores têm dificuldades para lidar com o desafio da voz, incluindo os mais bem-sucedidos criadores de nossos tempos.

* * *

Um dos exemplos mais poderosos que ouvi é o de Taylor Swift. Um documentário intenso sobre ela, *Miss Americana* — em si uma criação incrível — descreve como Swift vivia aprisionada ao julgamento alheio. "Era o sistema de crenças completo e total em que eu fui inserida na infância", diz ela no documentário. "Faça a coisa certa, faça o que for bom. A principal coisa que sempre tentei ser foi, tipo, apenas uma boa garota."

Ela continua. "Fui treinada para ser feliz quando recebia muitos elogios", diz ela. "Aqueles tapinhas nas costas eram a razão de minha existência."

Não que ela não estivesse criando. Aos dezesseis anos, havia composto 150 canções, incluindo todas as músicas de seu álbum de estreia, que alcançou o primeiro lugar nas paradas musicais. Ela criava, e vinha de dentro. Mas ainda não tinha confiança naquilo, e isso a conduziu a um período trágico em sua vida.

"Quando você se alimenta da aprovação de estranhos, e é daí que obtém toda alegria e satisfação, um único contratempo pode fazer tudo desabar."

O filme explora como e quando esse desabamento aconteceu para ela — um distúrbio alimentar e um afastamento completo da carreira e do público —, como foi seu acerto de contas. "Tive que desmontar todo um sistema de crenças, para minha própria saúde."

O documentário, em última análise, mostra que ambição e público podem existir em paralelo com a criatividade — somos multidões —, mas que existe uma paz e uma pureza na criatividade que são fruto do indivíduo abraçar a própria voz. Essa voz fica ali, perturbando até ser ouvida. Ignorá-la pode gerar dúvidas que prejudicam qualquer valor que o sucesso externo possa ter, a ponto de alguns criadores questionarem a importância de seus trabalhos, visto que não lhes parece certo.

Swift é uma combinação das mais raras — a capacidade inata de escrever uma história, transformá-la em música, interpretá-la com enorme sutileza e uma voz vinda dos céus. O que mais se destaca para mim, ao vê-la revelar seu processo, é a forma como ela parece absorta. Ela pega uma ideia, senta-se ao piano, deseja mais ideias, canaliza tudo, tem acesso instantâneo, joga fora, e é atingida, tomada, capturada por uma espécie de necessidade que grita: "Sim, é isso, é isso, é isso, é isso!".

Foi quando a loucura da pandemia da COVID-19 estava começando, no início de 2020, que Swift, de forma discreta, sem alarde e praticamente em segredo, gravou seu oitavo álbum de estúdio. Chama-se *Folklore*. A intimidade e o tom inquisitivo difere de seus trabalhos anteriores. É o tipo de criação que leva as pessoas a dizerem que uma artista "se reinventou mais uma vez". Essa é uma frase horrível, que sugiro que seja apagada do vocabulário da criatividade porque sugere que Swift queria, em primeiro lugar, elaborar uma nova aparência. Duvido disso. Ela se permitiu ouvir e expressar partes de si mesma de formas que a inspiraram, naquele momento, daquela maneira.

Ouvi em primeira mão outra ótima história sobre um criador que aprendeu a ouvir sua própria voz. David Milch criou as séries *Hill Street Blues* e *Deadwood*, este último um western ambientado na Dakota do Sul, no qual o diálogo ritmado, compassado, profano e demasiado humano faz a tela da televisão pegar fogo. Eu deixava minha esposa furiosa quando pausava, voltava e ouvia de novo uma fala após a outra, da mesma forma que meu filho assiste a um vídeo de um skatista no YouTube ou a Steph Curry, pensando: "Como um ser humano fez isso? Que criação incrível!".

Milch foi muito bem pago, tendo recebido mais de cem milhões de dólares, de acordo com um perfil da revista *New Yorker*. O artigo também aponta que ele perdeu uma fortuna — talvez 25 milhões de dólares em jogos de azar, vício que, às vezes, o seduzia, assim como a heroína. Ele tinha muitas ideias, e nem todas funcionavam em termos comerciais. Algumas séries que escreveu, como *John from Cincinnati* — uma história que se passa em uma cidade de surfistas e gira em torno de uma figura ingênua e messiânica —, fracassaram por completo.

Então, Milch foi acometido pelo Alzheimer. No verão de 2019, à medida que a doença progredia, falei algumas vezes com ele por telefone, sobre criatividade. Ele continuava lúcido, por mais que a demência estivesse se alastrando, e eu precisava me manter ciente de que ele estava com a energia limitada e que não deveria tirar proveito de seu estado fragilizado — fazendo, por exemplo, perguntas indutoras. Tinha a sensação de estar diante de uma versão despojada, bruta, de um contador de histórias de nível internacional, e foi em nossa segunda conversa que ele me contou uma história de seus tempos de juventude, sobre como ele aprendeu a ouvir e a confiar na própria voz.

"Eu tinha um amigo muito próximo, que eu chamava de Excelência — porque o avô dele tinha sido juiz da Suprema Corte Estadual", disse Milch. "Excelência era alcoólatra, e gostava de beber em quantidade absurda comigo."

Milch falava de um jeito hesitante, quando sua esposa, Rita Stern, se juntou à ligação, dando apoio ao marido enquanto ele vasculhava a mente por aquela história — "perdida nos bosques da lembrança", segundo o próprio.

"Enquanto estou falando", disse Milch, "me vem à lembrança como era meu amigo. Excelência era o bêbado mais autêntico que já conheci em quinze anos de vida — e ele se comunicava sem nenhuma trava. Nós tínhamos catorze anos. Estávamos no porão da casa de Excelência. Eu bebia uísque. Ele bebia a primeira coisa que aparecesse".

Milch então começou a ganhar embalo, as ideias começaram a florescer — pelo menos era assim que parecia —, mas também tomaram uma forma que ainda não conseguia compreender. Aonde ele queria chegar com aquilo?

"Eu me dei conta de que o talento para mentir, para contar histórias", disse ele, "tinha uma inesperada relação com a bebida".

A dupla começou a contar grandes histórias, do jeito que meninos costumam fazer. E, à medida que aquilo foi crescendo, David teve a sensação de que sua inibição diminuía, como acontece quando se está bebendo.

"É prazeroso de uma maneira que dá uma sensação de ordem, significado e presença", disse ele. "A palavra que eu queria usar é alívio. Você sente um alívio nesse processo de conexão com seus ouvintes. É uma versão paradoxal de estar bêbado, na qual você entra em conexão com seus ouvintes — que talvez, no fundo, seja o extremo oposto da conexão que existe de fato entre você e eles."

Eles contavam histórias um para o outro, e conversavam, desinibidos, às vezes contando grandes mentiras, e Milch sentia um alívio. "Se você está com alguém que considera um amigo e a comunicação entre vocês é uma fonte de consolo, ordem e alegria, não tem coisa melhor", disse ele.

Enquanto Milch falava, eu conseguia ouvir o narrador dentro dele se aproximar de um desfecho, que ele logo apresentou. Com o tempo, Milch aprendeu que a criatividade era algo semelhante à forma desinibida de se expressar que tinha aprendido quando bebia com Excelência.

"É quando você não sabe o que vai dizer em seguida, mas confia o suficiente em si mesmo para dizer ainda assim. Esse é um dos elementos constitutivos da amizade e também da inspiração. Quando você junta os dois, tira a sorte grande."

Vale a pena repetir este elemento central da inspiração: quando você não sabe o que vai dizer em seguida, mas confia o suficiente em si mesmo para dizer ainda assim.

Isso é, em sua forma mais básica, a voz. Sua voz.

Em essência, a voz a que me refiro não é uma forma pura de cientista, contador de histórias, músico, empresário, político, professor. Essa voz profundamente pessoal é apenas aquela que pode ouvir sem julgamento as ideias que são despejadas pelo cérebro. Essas ideias quase nunca são completas, e, sim, rompantes de informações, emoções e palavras, em vez de frases inteiras, muito menos parágrafos ou pensamentos completos. São sementes. Mas são suas sementes. Elas são você.

Ninguém que eu tenha ouvido resume a revelação do abraçar a si mesmo e da liberdade como Bruce Springsteen — um poeta laureado, cheio de autenticidade e de poder emocional bruto.

Em um espetáculo da Broadway que ficou em cartaz em Nova York por vários anos, Springsteen fala de um momento específico, de uma "noite normal de domingo", que o ajudou a ouvir sua voz. Ele começa sua história de gênese criativa usando a linguagem bíblica, com sua humildade e seu senso de humor característicos.

"No princípio, havia um mar profundo coberto pelas trevas", ele conta ao público no pequeno teatro. "Havia um buraco negro sem vida que sugava tudo — dever de casa, igreja, escola, dever de casa, igreja, escola, vagem, vagem, a porra da vagem." "Então", ele diz, "houve 'um clarão ofuscante de luz divina' e um 'novo tipo de homem dividiu o mundo em dois'.". Springsteen, um simples garotinho de Nova Jersey, tinha visto Elvis Presley no *Ed Sullivan Show*. "De repente, um novo mundo surgiu", diz ele fazendo uma pausa, "aquele abaixo de seu cinto", outra pausa, "e aquele acima de seu coração".

Ele continuou: "Uma existência mais livre explodiu em lares inocentes de todo os Estados Unidos em uma noite normal de domingo. O mundo mudou em um instante, e tudo o que você precisava fazer para ter um gostinho dele era arriscar ser seu verdadeiro eu".

Essa é sua prateleira de temperos, a parte que é exclusivamente você — que não é tão inacessível quanto pode parecer. É mais fácil recorrer a ela se a pessoa se sente encorajada desde o início da vida. E, por favor, não interprete errado a lição da história de Springsteen. Ele teve que lutar para ouvir a voz dele também, como explica de forma eloquente em sua autobiografia, descrevendo o conflito com a voz repressora do pai. Em uma entrevista à *Vanity Fair*, perguntaram a Springsteen se seu pai alguma vez dissera que o amava. "Não", respondeu Springsteen. Mas se Springsteen dissesse: "Te amo, pai", às vezes ouvia de volta: "É... eu também".

Springsteen aprendeu a abraçar a própria voz e também a aceitar as multidões que abrigava. "Quem quer que você tenha sido e onde quer que tenha estado, isso nunca sai de você", disse ele na entrevista à *Vanity Fair*. "Sempre imagino isso como um carro. Nossos eus estão nele. Um novo eu pode entrar, mas os velhos não têm como sair. O importante é saber quem está com as mãos no volante."

Seu rico repertório é típico de uma pessoa que aprendeu a ouvir essas diferentes partes de si, e que permitiu que todas elas, em um determinado momento, estivessem ao volante.

O testemunho desses ícones, minha própria humilde experiência e muito do que já foi escrito sugere que esse embate é uma parada obrigatória no caminho para nos sintonizarmos com nós mesmos e, por fim, com a criatividade. Como era de se esperar em um mundo que grita por conformidade, pode dar trabalho ouvir nossa própria voz.

Eu também queria deixar claro que muitas pessoas lutam, sejam elas criadoras ou não, e que criadores podem ser mais propensos a descrever sua jornada em voz alta. Então, já que vai sofrer, por que não extrair algo de bom disso — um acerto de contas honesto com sua prateleira de temperos particular?

Mas há uma questão mais básica em jogo. Será que é preciso mesmo tanto esforço para ouvirmos nossa voz interior? É correta a suposição de que, para se chegar à Estação Final Criatividade, é inevitável passar pela Cidade do Sofrimento?

A resposta mais curta é: não.

Não é preciso um sofrimento nem próximo do que alguns criadores experimentam para encontrar sua voz. Não envolve uma luta de vida ou morte. Não requer encarar seus medos em um confronto com sua alma, nem desenvolver um distúrbio alimentar, e tampouco é preciso desabar.

Porque muitas vezes não existe leão algum.

O despontar da voz

Há ameaças de sobra. Eis a lista — morte, amor fracasso, oportunidades perdidas e dificuldades materiais excruciantes. Pandemia e racismo sistêmico. Mas existe uma grande diferença entre ameaças reais e indiscutíveis à sobrevivência e ameaças menores, aquelas que imaginamos, inventamos, e que extrapolam os limites do razoável. São elas os "leões" da metáfora, os terrores que nos perseguem em nossa imaginação e que fazem com que a gente se encolha e viva com medo. Elas podem afetar nossa criatividade.

O que muitos criadores aprendem à medida que despontam — e aprendem a ouvir suas vozes — é a ouvir essas vozes e impulsos sem julgamento nem medo das ameaças, porque estas são fruto da imaginação. Este capítulo apresenta e ensina uma forma de ouvir sem medo.

Para entender como funciona esse processo, recorri a uma das especialistas mundiais na área, uma pesquisadora chamada Emma Seppälä. Quando olho para o calendário, vejo que nossa conversa teve início no final de janeiro de 2020. Naquele momento, a ameaça da COVID-19 estava cada vez maior, mas permanecia distante. Um artigo publicado no começo de fevereiro na revista *The Lancet* dizia que 41 pessoas haviam dado entrada em um hospital em Wuhan. O *U.S. News & World Report* trazia a manchete RISCO DE TRANSMISSÃO HUMANO-HUMANO DO NOVO CORONAVÍRUS PARECE POSSÍVEL, DIZEM FONTES OFICIAIS CHINESAS.

Entretanto, quando falei com Seppälä entre fevereiro e março, tratamos menos das ameaças reais e mais dos leões metafóricos, aqueles que assombram a imaginação e podem afetar a criatividade. Era um tema com o qual ela havia se deparado depois de trabalhar com veteranos das guerras em curso no Oriente Médio. Curiosamente, sua experiência com veteranos que sofriam de transtorno de estresse pós-traumático (TEPT) oferece um exemplo perfeito para explicar o que acontece em termos físicos e psicológicos à medida que os criadores emergem e começam a ouvir a voz, a musa.

Seppälä começou contando uma história.

Muitos anos atrás, ela estava conversando com um veterano da guerra do Afeganistão. Ele servira em uma unidade de inteligência, extraindo informações de prisioneiros.

"Eu era muito bom", disse ele a Seppälä. "Fiz um cara se cagar nas calças." O trabalho dele pode ter sido vital, mas, no momento, isso não vem ao caso. Esse veterano voltou para casa e, assim como muitos dos que haviam servido, sua experiência o deixou em um estado de pavor quase que permanente. Ele se sentia muito confuso ao ser elogiado pelo que tinha feito e desenvolveu tendências suicidas, soterrado pelo peso de atitudes que pareciam necessárias na época e agora eram totalmente desumanas.

"À noite, não consigo dormir. Apenas deito no sofá e fico esperando amanhecer", disse ele a Seppälä. "Eu tomo zolpidem, e isso só piora as coisas."

Ele tinha ido à pessoa certa. Seppälä é uma especialista que trabalha em Stanford e em Yale prestando assistência a veteranos com TEPT. A experiência que ela ganhou nessa área a levou a trabalhar com algumas das maiores empresas do mundo — Google, Apple, Facebook, Ernst & Young e outras. Seu trabalho ajuda indivíduos a fazerem as pazes consigo mesmos, a se tornarem mais produtivos e, em última instância, serem mais criativos. Esses conceitos — superar o medo infundado e se tornar criativo — estão intimamente conectados, e Seppälä demonstrou isso por meio de anedotas e da neurociência.

No caso do oficial de inteligência que serviu no Afeganistão, Seppälä comenta que ele aprendeu a respirar. Quer dizer, ele sabia como respirar — todo mundo sabe —, mas não como respirar da maneira que Seppälä estuda, o método que exerce um poder extraordinário que muda a forma como o cérebro processa informações.

* * *

O tipo de respiração de impacto que Seppälä ensinava aos pesquisadores envolvia respirações ritmadas em um ciclo específico, que permite que o cérebro entre rapidamente em um estado meditativo. Depois de poucas sessões, o soldado começou a mudar de maneira significativa. Passou a se relacionar com suas memórias de outra forma. Mais especificamente, suas memórias não desencadeavam mais uma reação típica no corpo chamada de "resposta simpática".

A resposta simpática é uma reação bastante primitiva do corpo a um perigo real ou a uma *suposta* ameaça. Essas duas coisas são bastante distintas, claro: o risco de voar pelos ares enquanto se procura por explosivos na beira de uma estrada no Afeganistão é bem maior do que a suposta ameaça que assombra um soldado depois que ele já voltou para casa, ao estar sentado em sua sala de estar, ouvir um carro buzinando lá fora na rua e se jogar debaixo da mesa, com medo de haver um explosivo na beira da estrada.

Uma outra forma de olhar para isso é em termos muito primitivos que se aplicam a todos nós, não apenas àqueles que lidaram com um trauma profundo, como uma guerra. Uma boa analogia compara essas ameaças a leões.

Em tempos remotos, se nossos antepassados fossem ameaçados por um leão, seus corpos desencadeariam uma poderosa reação de lutar ou fugir, a resposta simpática. Em termos biológicos, isso envolve o disparo de hormônios que fornecem poderes de curto prazo muito importantes. A adrenalina sobe, o foco aumenta, a frequência cardíaca e a pressão arterial disparam. É ótimo poder contar com isso quando necessário. Mas essa explosão de benefícios pode, como você é capaz de imaginar, ser perigosa e até mesmo fatal se prolongada. As substâncias químicas fazem com que seja difícil dormir, deprimem o sistema imunológico e desviam todo o foco para as (supostas) ameaças externas.

Esse é um preço válido a se pagar quando você está diante de um leão de verdade. Mas não quando a ameaça não é real, apenas uma suposição, ou quando as reações primitivas de seu corpo supervalorizam uma ameaça relativamente modesta. Digamos, por exemplo, que seu chefe ligue para seu celular, e, antes mesmo de saber do que se trata, você experimenta uma poderosa descarga desses hormônios. Você, então, interpreta a conversa como uma ameaça maior do que deve ser, e a resposta de lutar ou fugir se torna mais intensa. O mesmo pode acontecer quando você discute com seu cônjuge, quando uma criança tira uma nota baixa, quando você fica doente e precisa faltar ao trabalho alguns dias ou quando é parado por excesso de velocidade.

Essas ameaças podem ter consequências sérias, mas muitas vezes acabamos por superestimá-las, enxergando um grau de ameaça maior do que o necessário. Não há leão. Talvez nem mesmo um filhote de leão. Ainda assim, os sistemas primitivos entram em ação. Isso ocorre, em parte, porque a natureza das ameaças mudou, ao passo que nossos mecanismos primitivos de resposta permaneceram praticamente inalterados. Não houve tempo para que nossos organismos se adaptassem às ameaças quase constantes, mas de baixo risco, que podem não causar mal algum. Às vezes, as pessoas ficam ainda mais sobrecarregadas por causa da preocupação, o que eleva a resposta simpática a um grau desproporcional à ameaça real.

Isso provoca a perda do senso de proporção. Traduzindo: a pessoa que experimenta uma resposta simpática enxerga uma ameaça maior do que a existente, e talvez até veja ameaças que não existem.

Seppälä e outros pesquisadores formularam uma hipótese. E se, eles perguntaram, conseguissem provocar um curto-circuito nessa poderosa resposta primitiva quando ela não fosse útil? Em outras palavras, eles queriam desvincular a *percepção* de uma ameaça da resposta simpática. E se fosse possível que um veterano escutasse a buzina como sendo o que é — uma buzina —, não uma bomba? E se fosse possível não desencadear a resposta do leão quando não há leão algum — nem uma bomba na beira da estrada?

Isso é o que Seppälä e outros pesquisadores mostraram que pode acontecer por meio da respiração e de outras técnicas de atenção plena.

* * *

Depois de algumas semanas dessa prática simples de respiração, os veteranos começaram a mostrar alterações tanto na resposta fisiológica quanto na percepção da ameaça. Isso aconteceu por meio da interrupção da resposta simpática. Respirar daquela forma específica tinha como consequência retardar a descarga hormonal e, dessa forma, suspender o disparo da reação de lutar ou fugir.

Assim, os soldados traumatizados tiveram tempo de ponderar sobre as circunstâncias reais e calibrar a ameaça real. Quando o alarme de um carro disparava ou uma porta batia, isso não desencadeava mais uma resposta simpática instantânea que perpassava todo o organismo do soldado. Ele se tornou capaz de enxergar a ameaça externa pelo que era — um ruído inofensivo.

A pesquisa mostra que essa prática promove benefícios duradouros, de tal forma que o corpo e a mente se acalmam mesmo quando o soldado não está fazendo os exercícios respiratórios. Isso não significa que eles tenham apagado as terríveis lembranças que os atormentam. Porém, agora, são capazes de separar o passado do presente.

O soldado que havia torturado prisioneiros para obter informações disse a Seppälä: "Eu me lembro de tudo, mas consigo seguir em frente". Ele também voltou a dormir. "Dormi sem meus remédios. Peguei no sono antes de me lembrar de tomá-los!", contou animado a Seppälä. Ela afirma que a pesquisa empreendida por ela e outros colaboradores tem ampla aplicação.

Esses conceitos estão profundamente ligados à criatividade.

"Se você quer inovar, precisa de segurança psicológica", disse ela. "Precisa ter uma sensação de segurança, seja no trabalho ou em casa."

E o que significa segurança?

Entre outras coisas, segurança significa que uma pessoa não se sente ameaçada pelo mundo exterior. Tem menos medo de um leão, do cônjuge, do chefe. Menos medo do julgamento alheio. Este é o ponto onde tudo isso começa a convergir. Embora a maioria tenha a sorte de não ter vivido o trauma de uma guerra, todos nós já passamos pelo trauma do julgamento. Começa quando somos bem pequenos, é a própria essência da adolescência para muitos, e o que acontece com nossos cérebros é justamente o que acontece com os cérebros dos soldados: começamos a desenvolver uma resposta instintiva de lutar ou fugir — até mesmo em reação a nossas próprias ideias.

Ei, que tal isso…?

Bobagem.

Ei, que tal aquilo…?

Bobagem.

Tive uma ideia para um livro…

As pessoas vão detestar.

Tive uma ideia para um negócio…

Some com ela antes que você faça papel de idiota.

Essas reações simpáticas instantâneas se tornam ainda mais intensas quando as ideias são extremamente pessoais. Isso pode ser verdade na arte, na ciência ou nos negócios — uma ideia que expõe *suas* esperanças, *seus* anseios, *seus* medos, *seus* amores e *suas* paixões pode ser a mais assustadora de todas, porque o julgamento da ideia vai soar como um julgamento a *você*.

E, no entanto, é justamente isso que torna uma ideia única, singular, poderosa. O indivíduo, alheio ao ruído externo.

"É preciso deixar de lado as inibições", disse Kay Kim, a professora da William & Mary Graduate School of Education que apresentei em um capítulo anterior.

Ela publicou algumas pesquisas criativas sobre o assunto, e confesso que não sei bem se concordo com elas, embora Kim defenda com propriedade um argumento envolvendo a conexão entre sexualidade e criatividade.

Kim reuniu evidências que apontam para uma correlação entre os vencedores do Nobel e uma maior aceitação e experimentação da liberdade sexual. Países como Israel, Suíça e Estados Unidos, que têm uma parcela desproporcional de ganhadores do Nobel, também mostram maior aceitação da experimentação sexual e da homossexualidade. Mais do que comentar sobre a pesquisa, me sinto impelido a dizer que, pelo menos, suas observações sobre a supressão da inibição são consistentes com todas as outras pesquisas que apresento. Isso mostra que a criatividade e a euforia criativa são construídas sobre uma base de aceitação e de engajamento com a autenticidade.

Já que cheguei ao tema do sexo e da inibição, talvez valha a pena mencionar brevemente o papel das drogas na promoção da criatividade. Muitas pessoas afirmam que o uso de drogas as ajuda a ouvir suas próprias vozes e a explorar a imaginação. Mas será que ajuda mesmo?

Quem melhor para discutir a ideia do que Carlos Santana, o lendário músico que mencionei no Prólogo? Ele também é lendário pelo uso de substâncias. Ora, ele lançou sua própria marca de cannabis. Essa conversa ocorreu em janeiro de 2020, ou seja, quando a crise da COVID-19 estava se aproximando. Na época, Santana falou comigo sobre os poderes de expansão da mente pela maconha, e sobre como essa ideia tinha sido central para ele e toda uma geração de criadores, como os Beatles, Eric Clapton, Jimi Hendrix e muitos outros.

"É muito útil abrir as janelas da percepção e acreditar que sua imaginação é sua porta de entrada para o futuro", disse ele. No caso dele, disse Santana, isso o ajudou a se transformar em alguém que acreditava em si mesmo. "Isso afasta você do 'coitadinho de mim, sou uma pobre vítima, não tenho o que fazer'. Por fumar maconha naquela época, percebi que poderia ganhar a vida fazendo as músicas que faço."

Mas quando insisto no assunto, Santana admite que parou de fumar maconha completamente de 1972 a 1982, e que, durante esse período, foi intensamente criativo. Ele disse que havia encontrado uma tática diferente: a meditação. "Ela me dava uma onda maior do que qualquer erva no mundo", disse ele. "A meditação proporciona clareza sobre quem você é."

Mais tarde, quando voltou a usar maconha regularmente, disse que isso serviu como um atalho para a "prática" da meditação.

Este é o ponto de vista de um indivíduo.

Os dados científicos sobre o assunto não corroboram a ideia de que o uso de drogas e a criatividade estejam interligados. Um artigo publicado em 2016 no *International Journal of Mental Health and Addiction* se debruçou sobre as conclusões das principais pesquisas sobre o assunto.

O artigo concluía: "Os estudos não conseguiram demonstrar que o uso de substâncias entorpecentes contribui diretamente para o aumento da criatividade nem como estímulo aos processos artísticos criativos".

Para o criador emergente, o uso de drogas, assim como a desinibição sexual, pode indicar alguma intimidade com a ausência de conformidade. Mas não prova que isso seja uma porta de entrada para os mecanismos físicos e psicológicos que promovem uma mente criativa.

Enquanto isso, a pesquisa de Seppälä mostra que a segurança que alimenta a criatividade vem da eliminação da experiência instintiva do TEPT cotidiano — o medo implícito do julgamento. É por isso que as ideias surgem no chuveiro, ou quando estamos dirigindo, momentos em que nos sentimos desarmados, longe de ameaças, relaxados. Pesquisas neurológicas preliminares, diz Seppälä, confirmam a hipótese de que grandes ideias são geradas quando "você está acordado, mas extremamente relaxado, quando a mente está à deriva". É neste estado que as ondas alfa são geradas no cérebro — um meio-termo entre a vigília e o sono. É um cenário em que não tememos o julgamento externo. Não estamos em alerta.

"Inovação, criatividade, intuição — tudo isso vem de um lugar além do intelecto", disse ela. "O intelecto é útil depois que você teve uma ideia criativa. O intelecto ajuda você a colocá-lo para fora." Mas, primeiro, "seu cérebro precisa estar preparado para ter a ideia".

Lembra-se do abismo do quinto ano?

Uma forma de pensar sobre o conceito de preparar o cérebro é permitir que ele se desfaça das lições rígidas e das vozes externas que se desenvolveram nesse período. Então, à medida que o tempo passa, a experiência de uma pessoa evolui em diversas áreas — sejam elas profissionais ou hobbies. Mas o verdadeiro poder dessas ferramentas aplicáveis à criação vem da inspiração, a mais pura possível. Preparar o cérebro, da forma como acredita Seppälä, é proporcionar a ele essas ondas alfa, aquele estado entre o sono e a vigília, a hora do banho — a oportunidade de um momento eureca!

Existem dezenas de técnicas que buscam permitir isso. Este não é um livro de autoajuda desse tipo, como já falei, portanto, não vou entrar em detalhes.

Existem aplicativos que oferecem meditação guiada, outros que têm barulho de chuva. Algumas pessoas se concentram na respiração. Quando pratico esses exercícios — o que faço com regularidade — penso nas palavras "inspirar a calma" quando inspiro, e, quando expiro, penso em "expirar o estresse" ou "expirar o medo".

Ou conto minhas respirações. Às vezes, conto até quatro e então volto ao um. Outras vezes, quando minha cabeça está particularmente desordenada e os pensamentos agitados, procuro contar até vinte respirações. Cada vez que percebo que minha mente divagou em um pensamento que não o número, recomeço a contagem. Depois de algum tempo, não muito, consigo chegar ao vinte enquanto me concentro na respiração e na contagem.

Essa prática não deixa as pessoas entorpecidas ou burras. Ela não o afasta de você mesmo nem elimina seus sentimentos. Ela ajuda a fazer conexões entre sentimentos e experiências, ideias e inspiração, sem se sentir tão ameaçada a ponto de ficar paralisada.

Há outra razão crucial para adotar práticas como essa. Elas ajudam a desacelerar as percepções, de modo que um criador em potencial possa avaliar se uma informação tem valor.

É muito comum ouvirmos: "Parece que a vida está voando". As pessoas falam isso com tristeza. Mas, no fundo, não sei ao certo se todo mundo se importa com isso. Quanto mais rápido o tempo passa, quanto mais nos distraímos e rodopiamos, mais fácil é ignorar as experiências, emoções, complexidades e ideias autênticas que podem causar danos a curto prazo, o terror das garras afiadas de um leão imaginário. Minha tese não é um tiro no escuro: escrevi exaustivamente sobre como o turbilhão de informações, sobretudo quando vêm por meio de dispositivos móveis a uma velocidade vertiginosa, pode criar distrações atraentes e até mesmo bem-vindas.

Não há leão, mas existe um valor enorme em experimentar o silêncio que permite que as pessoas prestem atenção a emoções e sentimentos autênticos sem medo do significado deles.

102 INSPIRAÇÃO

Desacelerar para ouvir a própria voz não tem a ver apenas com emoção à flor da pele ou com ingredientes que normalmente são associados à arte em suas inúmeras formas. Tem a ver também com a ciência, a lógica e até com a guerra.

Uma mente desacelerada permite que o criador tenha acesso a informações mais puras, elementos com os quais ele pode criar soluções mais autênticas, específicas, novas, interessantes e criativas. Os estímulos se mantêm em um ritmo que não apenas permite que uma pessoa crie; permite também que essas criações tenham impacto em outros indivíduos.

Por quê?

Porque uma criação em sintonia com os estímulos do mundo real promove uma conexão mais profunda. Isso é válido para os negócios, a arte, as políticas públicas e a guerra.

Aprendi o quão poderosas essas ferramentas podem ser com o general Walter Piatt, que hoje é diretor do Estado-Maior do Exército dos Estados Unidos, no Pentágono. Ele é um veterano condecorado, que comandou as forças da coalizão no Iraque e liderou a renomada Décima Divisão de Montanha. Esses títulos não o definem por completo. Ele é um inconformista. É poeta e escritor.

"Me perguntaram há pouco tempo se meus soldados me chamam de General do Mundo da Lua", ele me contou quando eu estava escrevendo um artigo para o *New York Times*. O artigo era sobre o uso da respiração, da meditação e de outras práticas de atenção plena nas forças armadas. "Existe um estereótipo de que te deixa apático. Pelo contrário, isso mantém você atento."

O artigo foi publicado em abril de 2019. Menos de um ano depois, pouco antes de o mundo ser assomado pela COVID-19, voltei a falar com o general Piatt. Disse a ele que estava trabalhando em um livro sobre criatividade e fiquei curioso para saber se ele via alguma conexão entre o uso da atenção plena e a criatividade.

"Há uma conexão enorme", disse ele. "Ela permite que você veja as coisas como são, e não como foi ensinado a ver. Vejo isso o tempo todo no Pentágono", que ele disse estar cheio de pessoas extremamente brilhantes, algumas com ideias ou medos preconcebidos. "Alguém pode ter uma ideia sensacional e, mesmo assim, ninguém se anima", disse ele. Para ser criativo, "é preciso ter a mente aberta".

Até agora, descrevi o despertar de vários pensadores criativos em diferentes campos. Tentei apresentar alguns dos obstáculos que os criadores enfrentam, algumas das maneiras pelas quais eles aprendam a ouvir uma voz que é fiel a quem são e como, por fim, abraçam suas multidões interiores.

Há outras pessoas que nascem com esse dom. Elas crescem com aquela rara mistura de confiança e humildade, e confiam em si mesmas sem serem arrogantes. O general Piatt me pareceu ser esse tipo de pessoa. Mas até ele aprendeu a tirar proveito das ferramentas de aprimoramento da criatividade para ampliar sua capacidade de criar, ouvir a si mesmo e ligar os pontos sem medo do julgamento alheio. E fez isso em meio a uma guerra. Ele deu ouvidos a ideias e inspirações que lhe permitiriam, como disse certa vez aos soldados de sua unidade, "ganhar a guerra sem matar uma única pessoa".

O objetivo, falou ele aos soldados, era fazer com que eles "buscassem formas de vencer abordando as causas fundamentais do conflito".

"A guerra", o general me falou, "é a pior invenção do homem. Se você vestir uma armadura contra as emoções, vai se perder de si mesmo".

Conto a história dele porque ela mostra que as evidências científicas mencionadas, além das presentes mais adiante no livro, se aplicam ao criador que ainda não surgiu, ao que ainda está surgindo e também ao que já floresceu.

Piatt nasceu em 1961 em Pittsburgh, na Pensilvânia, e "queria pular de aviões, então me alistei no exército". Em 2003, ele era comandante de um batalhão no Afeganistão, quando conversou com um sargento sob seu comando. Eles tinham acabado de passar por uma "dura batalha" para chegar a uma aldeia, e o sargento estava arrasado. Ele começou a se abrir.

"O homem estava tomado de ódio, desumanizando o inimigo", disse Piatt. "Era um bom soldado, um bom sujeito e um cristão devoto. Mas tinha me dito: 'Não consigo sentir nada além de ódio'. Eu estava pronto para lhe dar alguns conselhos, mas antes que pudesse dizer qualquer coisa, ele falou: 'Mas você gosta deles, não?'."

"Aquilo despertou uma ampla gama de emoções e pensamentos, porque parte de mim gostava mesmo. Eu era capaz de ver o lado humano. Talvez não tivesse ódio suficiente para liderar e ordenar a morte do inimigo."

Piatt resolveu colocar seus pensamentos no papel. Disse que tentou não julgá-los. "Eu estava sentindo mesmo todas aquelas coisas. Não era um deslocamento. Não estava tentando explicá-los. Estava apenas aceitando."

Ele usou suas anotações como parte da luta para não vestir a armadura emocional. Tinha receio de que essa armadura o fizesse perder seu profundo apreço pela vida, de ambos os lados do conflito.

Isso deu origem a algumas ações criativas.

Pouco tempo depois, Piatt e vários soldados estavam em um veículo, dirigindo por uma estrada, quando um menino correu e atirou uma granada neles. Ninguém se feriu. O menino desapareceu. Mas membros do vilarejo local, quando ordenados a apresentar o responsável, levaram o menino e o pai até os soldados. Os membros do povoado disseram a Piatt: "O menino é jovem demais. Vamos lhes dar o pai".

"Eu vi meu próprio pai naquele homem", disse Piatt. Em vez de ordenar sua prisão ou qualquer punição, ele apresentou ao menino o soldado que havia sido o alvo mais direto da granada. Estabeleceu-se um diálogo entre os soldados e a família, e ficou claro que o menino havia lançado a granada porque os extremistas haviam dito às crianças da aldeia que seriam tiradas de suas famílias e colocadas na escola religiosa se não fizessem aquilo.

Em uma missão posterior, Piatt e sua companhia estavam em uma base remota, perto de um vilarejo, em território extremamente hostil. Para manter uma distância segura do vilarejo, fizeram uma cerca de arame farpado. Veio então a notícia: uma ovelha que estava pastando havia ficado presa na cerca. Os soldados no perímetro, seguindo procedimento padrão, detiveram o pastor do animal, um menino. O comandante Piatt recebeu o relatório e foi em frente.

"Prendemos o menino", o comandante que virou general me disse. "Ele ficou apavorado, e a ovelha estava toda enroscada no arame farpado."

Os contornos de um problema mais amplo vieram à tona. Os habitantes do vilarejo estavam acostumados a permitir que suas ovelhas pastassem naquela região. Mas as regras de engajamento proibiam a presença delas. O comandante Piatt permitiu que sua mente divagasse, deixou a questão assentar e teve uma ideia: o exército comprou ovelhas, burros e camelos, os colocou para pastar na terra mais próxima à cerca e colaborou com os moradores para que seus animais pastassem um pouco mais distante. Os afegãos, disse o general, respeitavam o fato de o exército estar usando a terra para pastagem de animais "que porventura daríamos a eles". Desta forma simples, nasceu uma paz.

Durante todo esse tempo, Piatt escrevia contos e poemas, processando aquilo. Ele era criativo no papel e no front, enfrentando ideias complexas. Então, descobriu uma ferramenta que acredita ter ampliado bastante sua capacidade de ouvir a si e aos outros com maior clareza.

Em 2010, ele foi apresentado à atenção plena por pesquisadores que estavam estudando se essas práticas poderiam ajudar soldados. Se dominassem a atenção plena, os soldados poderiam ponderar melhor as informações durante situações de vida ou morte? Se deveriam disparar ou não? Se deveriam reagir ou se conter?

Piatt, predisposto a experimentar coisas novas e criativo por natureza, disse que descobriu uma ferramenta que mudou sua vida. "Ela permite que você preste atenção e perceba o que é real, o que é verdadeiro, sem julgamento." Após começar uma prática diária de respiração — que poderia chegar a oito minutos e meio por dia —, ele viu os resultados. A título de exemplo, contou uma história que aconteceu quando era comandante das forças no Iraque. Havia um encontro marcado entre ele e uma poderosa líder de um povoado local. Ele sabia de antemão que seria uma conversa delicada. Antes de pegar o helicóptero para ir ao encontro, sentou-se debaixo de uma palmeira e fez seus exercícios de respiração profunda, como os que Seppälä descreveu. A experiência, disse ele, eliminou as expectativas e as vozes externas de sua mente, permitindo que ele se preparasse para ouvir sem prejulgamentos.

Durante o encontro, Piatt percebeu o quanto havia de autenticidade em suas respostas e que a líder do povoado havia valorizado aquela postura.

"Eu não fiz anotações. Mas me lembro de cada palavra que ela disse. Eu não estava pensando no que iria responder, estava apenas ouvindo", disse ele. Quando a líder terminou, "falei com ela sobre cada um dos tópicos, e tive que ceder em alguns. Eu me lembro da expressão no rosto dela: essa pessoa é alguém com quem podemos trabalhar".

Piatt assumiu um cargo no Pentágono apenas alguns anos depois, onde ocupou o poderoso posto de diretor do Estado-Maior do Exército, posição em que ainda estava quando a conturbação social tomou conta da capital. Piatt escreveria um poema intenso sobre os desafios desse período.

Quero sublinhar a ideia que Piatt ajuda a ilustrar: criadores são fruto de um processo. Não é algo que acontece do dia para a noite. Mesmo entre pessoas já predispostas a abraçar e desenvolver a autenticidade e as multidões interiores, certas circunstâncias e práticas podem ajudar a amplificar e a impulsionar a criatividade. O general também lança luz sobre uma lição importante: o caminho para ouvir a própria voz é silenciar o ruído ao redor. O grito da internet, a rigidez das noções preconcebidas, as regras do partidarismo e a crença arraigada de que determinados pensamentos e sentimentos são proibidos. Respirar fundo e tirar essas vozes da mente pode permitir que sua própria voz se manifeste — junto com a harmonia de suas multidões.

Essa não é a única técnica, tampouco o fim da jornada. Sua voz e suas ideias não são a mesma coisa. As ideias ainda vão surgir. Uma forma de descobri-las — ou melhor, de descobrir o que já está dentro de você — é por meio da divagação mental. Não é tão fácil quanto parece.

Divagação mental

Anos depois de eu ter começado a ouvir a inspiração, olhei para minha infância e percebi que estive escrevendo histórias o tempo todo. Muitos leitores provavelmente tiveram uma sensação parecida. Costuma acontecer antes de as pessoas pegarem no sono.

A mente divaga, e as pessoas começam a contar histórias para si mesmas. Por exemplo, quando eu tinha cerca de dez anos e ia me deitar, sempre fantasiava que estava em uma loja de artigos esportivos com quinhentos dólares na mão. Na fantasia, me diziam que eu precisava gastar todo o dinheiro em uma hora, e saía correndo com meu carrinho pelos corredores pegando bolas, luvas de beisebol, cestas de basquete e outras coisas que minha família não podia comprar com essa facilidade toda.

Mais tarde, durante a adolescência, passei alguns anos tendo uma fantasia regular sobre guerra. Eu estava em uma cabana, armado até os dentes, tentando afastar uma horda de inimigos através das frestas que habilmente fiz nas paredes, como parte de meu esforço solitário para salvar a mim e ao mundo.

De certa forma, estava começando a pescar temas supostamente aleatórios dos confins de meu cérebro. É daí que vêm as ideias, quando podem ser transmitidas sem julgamento nem medo. Neste caso, eu estava relaxado, prestes a pegar no sono, então esse era meu eu não filtrado.

Conto essa história porque os leitores podem se identificar com a experiência de deixar o cérebro divagar antes de dormir. Não algo feito de modo premeditado, mas, sim, um fluir livremente, que mais se assemelha a uma viagem em um tapete voador que pode ir para qualquer lugar.

108 INSPIRAÇÃO

Esse tipo de experiência, ou exercício mental, está um passo além do exercício de limpeza mental que descrevi no capítulo anterior. O estado meditativo, sem julgamentos, pode dar origem à divagação mental.

Isso é bom para a criatividade. Como a ciência nos mostra.

Um estudo revolucionário publicado em 2017 mostrou como o simples ato de deixar a mente divagar pode gerar ideias. O estudo abrangeu um grupo de 53 escritores profissionais e um grupo de 45 físicos. Cada participante do estudo respondeu a um questionário por e-mail, com o objetivo de explorar os momentos em que esses pensadores criativos tinham suas ideias mais inovadoras. Todas as noites, os criadores enviavam uma descrição da ideia mais criativa que haviam concebido naquele dia, depois respondiam a várias perguntas complementares.

"No que você estava pensando quando lhe veio a ideia?", sendo as opções: "Estava pensando em algo não relacionado à ideia ou ao problema geral" ou "Eu estava imerso na ideia ou no problema geral".

Uma segunda pergunta ia mais a fundo: "O que você estava *fazendo* quando lhe veio a ideia?" (grifo meu, para fins de ênfase e clareza). As opções eram: "Me dedicando ativamente ao projeto", "Me dedicando a outro problema, outro projeto ou outra ideia com relação ao trabalho" ou "Fazendo algo não relacionado ao trabalho (como pagando uma conta, por exemplo)".

O estudo também pediu aos participantes que avaliassem a natureza da inspiração. Havia sido um momento eureca? Isso poderia ser respondido com sim ou não. Os participantes também podiam avaliar a importância da ideia em uma escala de 1 a 7 — de "baixa" a "extremamente importante" — e usar uma escala semelhante para classificar se ela era um pouco criativa ou muito criativa.

Conclusão: cerca de 20% das ideias tinha surgido em meio à divagação mental, quando o participante não estava se dedicando à tarefa em questão. É importante notar que a divagação mental proporcionou um número ainda maior — 26% — de ideias de valor particularmente alto, porque forneceu uma solução criativa para um problema que o participante acreditava ter chegado a um "impasse".

"Essas descobertas fornecem a primeira evidência direta de que uma proporção significativa das ideias de indivíduos criativos ocorre quando a pessoa está envolvida em um tipo particular de divagação mental: a divagação mental espontânea, não relacionada a nenhuma tarefa."

Além disso, os participantes descreveram os pensamentos ocorridos durante o momento de divagação mental como contendo uma "maior sensação 'eureca'", concluiu a pesquisa.

Claro, isso também significa que grande parte das ideias surgiu quando os participantes estavam focados na tarefa em questão — aproximadamente 80% das ideias criativas veio por meio do esforço direcionado. Um dos autores do estudo é Jonathan Schooler, um dos principais pensadores sobre a relação entre divagação mental e criatividade. Ele ainda considera a conclusão fascinante.

As pessoas eram criativas "quando não estavam ativamente buscando ideias — no banho, cuidando do jardim ou pagando contas. Tinham o mesmo nível de criatividade de quando estavam trabalhando, o que é muito surpreendente", disse ele. "Em quantas coisas você é capaz de ser igualmente bom, independentemente de estar ou não tentando?"

Perguntei a Schooler se ele poderia dar um exemplo concreto do fenômeno da divagação mental e da solução criativa. "O exemplo clássico é a sensação 'na ponta da língua'", disse ele. Ela ocorre quando você está tentando lembrar o nome de alguém e, quanto mais você insiste, mais desesperado e ansioso fica. "Se você simplesmente relaxa, o nome vem."

Para aqueles que preferem um exemplo do mundo dos grandes criadores, Schooler conta uma história sobre Salvador Dalí e Thomas Edison, que, segundo ele, "encontraram de forma aleatória uma técnica semelhante" para encontrar soluções criativas. Cada um pegava um objeto — no caso de Dalí, uma colher (o que mais poderia ser?) e, no caso de Edison, um rolamento — e começava a pegar no sono. Quando cochilavam, o objeto caía no chão, eles acordavam e "ambos descobriam que tinham tido uma ideia".

Schooler chama isso de "estado hipnagógico", que se situa entre o sono e a vigília. Schooler também o define como o "espaço entre o consciente e o inconsciente".

110   INSPIRAÇÃO

É aqui que ocorre a conexão com a mente divagante ou, em outras palavras: sonhar acordado. Vigília e sono, consciente e inconsciente.

É interessante ver como isso acontece no mundo real, com um gênio contemporâneo.

Garry Trudeau, o vencedor do Pulitzer e criador de *Doonesbury* (e de muitas outras coisas sensacionais) conversou comigo sobre o valor que uma mente sem direção, quase ausente, tem para sua criatividade. O mesmo vale para sua esposa, Jane Pauley, escritora e personalidade emblemática e criativa da televisão.

"Meu processamento de ideias me parece estar no auge durante o banho que tomo assim que acordo. Uma vez, escrevi uma semana inteira de tiras durante um único banho, então sempre tenho um Post-it por perto. Arcos narrativos e trechos de diálogos surgem sem nenhum esforço ou estímulo, mas duvido que isso seja algo raro. A maioria dos escritores que têm uma rotina parece preferir as manhãs. Quando Jane estava trabalhando em seus livros, ela corria para o computador assim que acordava, 'para ver o que meus dedos estão sabendo'. Uma vez, ela usou a analogia do sapateiro — que passava o dia inteiro apenas cortando pedacinhos de couro e, na manhã seguinte, acordava e dava de cara com os sapatos prontos, deixados pelos duendes. Você provavelmente já ouviu falar na pesquisa do sono que explica o processamento noturno, mas parece que o cérebro, longe de descansar, está na verdade trabalhando no turno da noite, transmitindo pedaços de experiência de um lado para o outro e, no caso do humor, conectando informações de formas inesperadas. O cerne do humor é a surpresa — não tem nada mais decepcionante do que uma piada que você adivinha o fim e nada melhor do que uma que faz você jogar a cabeça pra trás de tanto rir. Meu exemplo preferido é o de Sarah Silverman: 'Minha melhor amiga é negra... nesta história'. Então, a noite, para mim, parece reiniciar meu cérebro, de modo que fique mais fácil para identificar incongruências e integrá-las ao personagem."

Trudeau também não descarta o valor que a pressão tem sobre a criatividade, e acho importante frisar que o aperto diante de um prazo pode ajudar algumas pessoas a dar forma aos pensamentos. Pessoalmente, não gosto nem um pouco dessa experiência, pois penso que a descarga de adrenalina produz ideias menos autênticas e mais forçadas — ideias que, às vezes, servem, e precisam servir, diante da realidade que é a pressão dos prazos em nosso mundo. Muitas vezes, as ideias que tive dessa forma não me pareceram capazes de tirar uma nota maior do que oito. Falei isso para Trudeau.

"A adrenalina, para mim, é um gatilho da criatividade. Ela me obriga a me concentrar e a colocar a cabeça em ordem. Quando estava fazendo a tirinha diária, sabia exatamente até onde tinha que ir quando me aproximava de um prazo. Nos primeiros dias, isso era estressante (sobretudo porque também estava fazendo uma pós-graduação), mas, com o tempo, aceitei essa estrutura — ela fazia sentido em meu dia. E, como você sinalizou, essa pressão pode estar relacionada ao controle de qualidade. As ideias são submetidas a uma prova de fogo imediata. Isso era complicado, por conta de minha tendência de fazer as tirinhas fora de ordem. Se eu já soubesse qual era o arco narrativo, ia juntando as peças à medida que as ideias surgiam, o que muitas vezes me obrigava a repensar o que vinha antes. Se o que me vinha primeiro era uma ideia para a quinta-feira, partia dela, porque nunca há tempo de sobra para se jogar fora uma boa ideia. Eu deixava para pensar no gancho da quarta-feira depois.

Montar o avião durante o voo tem sido uma boa prática para o trabalho de roteirista. *Tanner* ['88] foi toda escrita em cima da hora — às vezes, eu mandava as páginas por fax para o produtor na noite anterior à filmagem da cena —, e os roteiros da *Alpha House* foram entregues apenas uma ou duas semanas antes de as gravações começarem. A tirinha me preparou para esse tipo de pressão, e, depois de um tempo, os atores e a equipe confiavam que eu ia dar conta. E eu, com ou sem razão, confiava que as ideias iam funcionar. Editava ou reescrevia pouco, acho que não consigo melhorar as coisas se fico dando voltas e voltas. Esse hábito mental específico vem de anos fazendo tirinhas, sabendo que não dá para reescrever uma tirinha que já saiu para tentar melhorar, você só tem uma chance. O objetivo de trabalhar com a pressão do prazo já foi descrito por meu amigo Roger Rosenblatt como 'excelência contínua'. Mas, para mim, a excelência contínua é mais uma ambição do que uma realidade; na prática, costumo mirar no 'razoável.'"

Então é fácil assim? Infelizmente, não.

O que a pesquisa sobre a divagação mental nos mostra é que as pessoas não gostam de deixar seus cérebros divagarem sem um limite. O motivo disso é o medo. É o mesmo tema que reaparece inúmeras vezes na história da criatividade e, mais uma vez, é a ciência que nos conta essa história.

Em 2010, dois pesquisadores de Harvard começaram a explorar a forma como as pessoas sentiam e vivenciavam a divagação mental. Eles fizeram isso interrompendo pessoas em horários aleatórios ao longo do dia, por meio de mensagens de texto enviadas para os celulares delas (com o consentimento para interrompê-las). Receberam respostas de 2.250 adultos.

As mensagens de texto que enviaram faziam um punhado de perguntas. Uma delas era "O que você está fazendo agora?", e essa pergunta podia ser respondida com um número de 1 a 22, que correspondia a várias atividades comuns do dia a dia — caminhando, trabalhando, cuidados pessoais, fazendo tarefas domésticas, brincando com os filhos, transando. (Antes de qualquer coisa, vamos deixar de lado a piada de que, para muita gente, o sexo não é uma atividade tão cotidiana quanto elas gostariam. De qualquer forma, este não é esse tipo de livro de autoajuda.) O que é digno destacar sobre o sexo é que esse era, de longe, o momento menos provável para a mente dos participantes do estudo divagar. As pessoas estavam, podemos dizer, com a mão na massa.

Entretanto, o mesmo não era verdade com as outras atividades. Uma descoberta importante, fundamental, do estudo foi que a mente das pessoas divagava, em média, 47% do tempo, pelo menos durante todas as atividades, com exceção do sexo.

"A frequência da divagação mental na amostra cotidiana foi considera-velmente maior do que costuma ser visto em experimentos de laboratório", constatou a pesquisa. "Surpreendentemente, a natureza das atividades tinha apenas um impacto modesto em relação ao potencial de divagação da mente."

É uma atividade natural, parte da conexão de ideias, e que tem um papel no que, às vezes, é chamado de "viagem no tempo". A divagação mental permite que as pessoas reconstruam eventos passados e imaginem eventos futuros, um ato absolutamente humano que, até onde sabemos, não acontece entre seres menos evoluídos.

Mas o estudo também descobriu que essa atividade, por mais natural que seja, deixa as pessoas muito infelizes.

Essa foi a reviravolta na história.

A primeira pergunta feita pelos pesquisadores de Harvard não era sobre divagações mentais, mas sobre humor. A pergunta era: "Como você está se sentindo agora?". Os participantes respondiam em uma escala de 0 a 100, na qual zero que significava "Muito mal", e 100 significava algo como "Fantástico!".

Então, depois que os participantes respondiam o que estavam fazendo e se suas mentes estavam vagando ou não, eram questionados sobre a natureza do assunto em que estavam pensando. Suas mentes tinham viajado em direção a um tema "agradável", "neutro" ou "desagradável"?

Os pesquisadores descobriram que, cerca de metade do tempo, a mente das pessoas vagava para um tópico agradável. Nesses casos, os participantes se descreviam como se sentindo nem mais felizes, nem menos felizes do que quando não estavam experimentando divagações mentais. Em outras palavras, uma pessoa que está sonhando acordada sobre algo agradável não se sente necessariamente mais feliz.

Enquanto isso, na outra metade do tempo (em média), os participantes disseram que suas mentes estavam divagando sobre assuntos neutros ou desagradáveis. Em ambos os casos, essas pessoas se sentiam infelizes.

"Em conclusão", escreveram os pesquisadores, "a mente humana é uma mente que divaga, e uma mente que divaga é uma mente infeliz. A capacidade de pensar sobre algo que não está acontecendo é uma conquista cognitiva que tem um custo emocional".

Em suma: as pessoas não estavam apenas divagando, elas estavam se preocupando.

Estavam ruminando enquanto suas mentes voavam.

Schooler enfatizou essa noção ao se referir a um estudo fascinante de 2014 — e, neste contexto, a palavra "fascinante" pode ser substituída por "dolorosa". O estudo tinha como objetivo analisar o quão confortável as pessoas se sentiam ao ficarem a sós com seus pensamentos. A resposta: desconfortáveis. Inclusive, as pessoas se sentem tão desconfortáveis que preferem se dar um choque elétrico do que ficar sentadas em silêncio por quinze minutos em uma sala. No estudo, os participantes foram deixados a sós em uma sala com um botão que poderiam usar para aplicar um choque em si mesmas. Esse teste em particular foi feito após uma série de estudos que exploravam cada vez mais fundo o quão confortáveis as pessoas se sentiam a sós apenas com seus pensamentos, e depois que os participantes responderam a um questionário em que diziam que prefeririam pagar a levar um choque. E, ainda assim, 67% dos homens e 25% das mulheres se aplicaram choques em vez de ficarem sentados em silêncio por quinze minutos.

Existe uma forma menos dolorosa que muitas pessoas podem usar para evitar que suas mentes divaguem: o entretenimento. Assistimos a séries ou trocamos mensagens em nossos celulares, criando estímulos constantes que permitem que nossa atenção paire um pouco acima do campo da autoconsciência e da descoberta, que pode ser a força vital da criatividade.

O que isso significa?

Pessoas que se tornam criativas aprendem a deixar a mente divagar sem julgamento. Elas permitem que as ideias despontem dos confins de suas mentes e, às vezes, as que chegam à consciência se tornam a semente de uma solução criativa. Elas precisam ser capazes de fazer isso sem medo de que as ideias se tornem uma fonte de angústia. Na criatividade, o medo é inimigo do criador.

Essa é uma ideia na qual venho insistindo. Ela contém um paradoxo, que descrevo no capítulo final desta seção. Seu título é bastante adequado: Medo.

Às vezes, ele é um grande acelerador da criatividade, um amplificador da inventividade praticamente sem paralelos.

Medo

Até aqui, procurei explicar como os criadores emergem por meio do desenvolvimento de uma confiança, desprovida de medo, nas ideias e emoções que lhes ocorrem.

Às vezes, porém, o medo é o melhor amigo do criador.

Às vezes, existe, sim, um leão.

Este capítulo visa a fazer uma distinção fundamental entre o medo da autoexpressão e do julgamento externo, que são prejudiciais, e o medo de ameaças reais. Essas ameaças estão entre os mais poderosos motivadores de todas as criações humanas.

Por exemplo, é preciso admitir que a varíola foi uma criação maligna, assassina e repugnante da natureza. Ela foi também um impulso para uma resposta criativa ainda mais potente.

A varíola matou 300 milhões de pessoas apenas no século XX, e incontáveis milhões antes disso. Ela se embrenhava em cada interação humana, cada tosse e espirro, cada conversa, deixando as pessoas desesperadas de medo a cada segundo de suas vidas.

Ao longo dos séculos, ideias para impedir a propagação do contágio brotaram como erva daninha, ou talvez lúpulo e cevada: um médico do século XVIII tentou dar às pessoas "doze garrafinhas de cerveja a cada 24 horas" como tratamento, segundo um relato. Outras ideias, criatividades com *c minúsculo*, envolviam manter as janelas abertas para evitar a propagação. A melhor dessas ideias, chamada "variolação", envolvia expor uma pessoa que não estava doente e que ainda não havia sofrido de varíola a uma pequena amostra da doença, a partir de uma pústula madura, de modo a ajudá-la a desenvolver defesas. Isso nem sempre deu certo, e por uma boa razão: as vacinas, sabemos hoje, funcionam ao expor uma pessoa a uma versão enfraquecida da doença. Com essa abordagem, as defesas podem ir se desenvolvendo sem sobrecarregar o sistema imunológico.

Sabemos disso em parte graças à criação com *C maiúsculo* do dr. Edward Jenner, que observou que as mulheres que ordenhavam vacas não contraíam varíola depois de terem sido expostas à varíola bovina. Essa versão, viemos a saber depois, era suficientemente parecida — e ao mesmo tempo distinta — para inocular os seres humanos. Nascia a primeira vacina do mundo. Inspirada pelo medo.

Tão importante quanto a inspiração, porém, era a pessoa que estava sentindo o medo — uma pessoa com tendências que hoje sabemos serem essenciais para a criatividade.

O dr. Jenner era muito curioso. Ele projetou balões a gás de hidrogênio, compôs poesia e música, tocou violino em clubes, fez estudos inovadores sobre os cucos (a ave) e ajudou a "classificar" animais trazidos de uma viagem pelo capitão Cook (o crédito por esses detalhes pertence ao dr. Stefan Riedel, um patologista de Boston, Massachusetts, que redigiu uma biografia concisa do dr. Jenner em uma revista médica).

O dr. Jenner também ficou órfão aos cinco anos de idade. Pesquisas nos mostram que esse tipo de trauma de infância — falarei sobre isso mais tarde — pode levar as pessoas a verem e interpretarem o mundo de uma forma distinta de seus pares.

Por enquanto, a questão é que, quando se tratava de varíola, o dr. Jenner tinha medo de que as pessoas morressem, mas não tinha medo de experimentar. Ele fez observações, ouviu a si mesmo e desenvolveu algo novo, valioso e surpreendente. Um remédio oriundo de uma vaca.

Quando os transtornos da pandemia de 2020 chegaram, o número de vacinas, calcadas no trabalho de figuras emblemáticas como Jenner, havia se multiplicado enormemente. A espécie humana é hoje capaz de combater a catapora e a difteria, o sarampo e a caxumba, a gripe e poliomielite, entre outras. Graças a Jenner e à motivação do medo da morte, havia bases sólidas muito bem estabelecidas para uma explosão criativa diante da COVID-19, quando laboratórios em todo o mundo tentaram elaborar vacinas em tempo recorde.

O medo de forças legitimamente perigosas não inibe a criatividade. O problema é um tipo particular de medo: o medo de expressar ideias, sobretudo aquelas que surgem de forma natural. Esta é a distinção fundamental entre o medo e a dúvida.

A dúvida pode matar a criatividade ou pelo menos inibi-la. Em contraste, a criatividade pode ser inspirada pelo pavor — o pavor diante do desejo, de perder uma oportunidade, de um ataque iminente ou possível, da falta de segurança, do cuidado com os filhos. Estes são medos legítimos. São diferentes do medo da autoexpressão ou do medo da autoexploração e do silêncio que eles podem provocar.

"O medo pode ser um motivador inicial, mas você não pode ficar o tempo todo nesse estado", foi a forma eloquente que Gregory Feist, um conceituado estudioso de criatividade, usou para expressar essa ideia de forma mais ampla.

Por isso discordo do ditado de que "a necessidade é a mãe da invenção". A sugestão por trás disso é que a criatividade ou a inovação são inspiradas, majoritariamente, por alguma grande necessidade ou desespero. Mas a questão é que muitas pessoas enfrentam situações terríveis e desesperadoras e não encontram uma saída. As pessoas que o fazem são as que conseguem ouvir suas ideias e têm os meios para correr atrás delas. O medo desempenha um papel, sem dúvida, mas este papel é mais o de acelerador ou amplificador do impulso criativo autêntico. É uma razão ou uma desculpa para criar.

E talvez seja a mais poderosa de todas as razões para um autêntico criador agir. O medo, inclusive, nos conecta intimamente aos nossos antepassados genéticos, aos animais e até mesmo aos organismos celulares com os quais compartilhamos o mundo. Não estou insinuando que as células podem sentir medo. (Então, por favor, não me escreva indignado fazendo esse tipo de insinuação, como temo que façam.) O que quero dizer é que a ameaça de extinção — o medo mais primitivo de todos — impulsiona a mudança naqueles que são predispostos a criar.

Criadores abraçam esse medo como um ingrediente da prateleira de temperos, como uma das multidões que um criador tem dentro de si. Eles exploram o medo como uma emoção, um estado subjacente, uma coisa a ser ouvida ou explorada, regada, cuidada, da qual colher frutos.

Uma das melhores histórias que ouvi sobre o uso do medo para criar algo envolve um engenheiro da General Electric chamado Doug Dietz.

Dietz recebeu a tarefa de repensar o projeto de uma máquina de ressonância magnética, de modo que fosse mais fácil usá-las com crianças. O problema é que a máquina de ressonância magnética é um tubo branco gigante que exige que uma pessoa seja deslizada para dentro dele, envolvendo a pessoa e permitindo que ondas de rádio percorram o corpo dela, para determinar o que está acontecendo em seu interior. É uma inovação fantástica para descobrir e diagnosticar doenças e lesões, mas com um efeito colateral: a pessoa dentro do tubo pode se sentir claustrofóbica a ponto de ficar apavorada e agitada. Há outro aspecto da experiência da ressonância magnética que é assustador para as crianças: os sons altos de pancadas e batidas que a máquina faz.

Quando Dietz, o engenheiro da GE, descreveu sua tarefa, ele começou a chorar.

"Eu não deixava nunca de pensar naquela criança assustada que lidava com um câncer ou outra questão grave", disse ele em um vídeo sobre a experiência. "Isso é uma coisa muito difícil para a criança e também para a família."

Para encontrar uma solução, Dietz não tinha a opção de reinventar a máquina de ressonância magnética. Ele só podia atuar naquele espacinho apertado e aparentemente aterrorizante. Então, resolveu atacar aquilo que tinha como mudar: a percepção do dispositivo. O medo.

Ele decidiu correr atrás de uma forma de tornar a experiência da ressonância magnética... divertida?

Divertida.

Divertida!

Dietz conseguiu fazer isso sem nem mudar a máquina. Ela continua a ser um tubo monolítico. Mas a experiência é bem diferente agora, porque Dietz mudou a história e deu às crianças uma sensação de controle. Hoje, quando vão fazer um exame, elas escolhem a experiência da ressonância magnética que querem ter. Elas gostariam de fazer o papel de pirata, de princesa ou de capitão de um submarino? Então vestem uma fantasia na sala de exames, cuja decoração parece feita por Walt Disney. Chiados e zumbidos? Claro! Por que não? Todo pirata enfrenta desafios que exigem bravura.

"Não precisavam de uma máquina nova", me falou um especialista em criatividade. "Precisavam de uma história nova."

Empresários inovadores são um grupo particularmente fascinante quando se trata de medo, porque muitos empreendedores são otimistas por natureza. Contudo, eles conseguem se relacionar com o medo e capitalizar em cima dele.

Para analisar isso, alguns estudiosos fazem uma distinção entre a forma como empresários e cientistas buscam inspiração no medo e a forma como artistas reagem a ele.

"De modo geral, artistas internalizam emoções e lutam para extrair significado delas por meio de seus trabalhos", disse Feist, o acadêmico que mencionei antes. "Em contrapartida, cientistas e empreendedores também sentem as garras do medo, mas são um pouco menos emotivos. Eles lidam com problemas externos a eles", diz Feist. O que os grupos têm em comum é uma "fé irracional, sem limites, nas próprias perspectivas". "Eles são capazes de seguir adiante mesmo quando escutam alguém falar 'você é um idiota, isso é bobagem, é ridículo'", disse ele. Inclusive, os céticos em geral têm razão, e a maior parte das ideias criativas não dá em nada.

"É isso que diferencia as pessoas criativas", disse Feist. "Elas não se deixam afetar pelos fracassos."

Um exemplo interessante do poder do medo como motivador vem de um empresário chamado Michael Monsky. Ele é um dos inúmeros criadores de que poucas pessoas ouviram falar, mas cujas inovações afetam milhões de vidas.

* * *

Muitos anos atrás, Monsky ficou profundamente incomodado com um dos objetos mais imundos que uma pessoa pode ter nas mãos: o controle remoto da televisão de um quarto de hotel. Ele decidiu fazer algo a respeito.

Criado em Nova Jersey, Monsky era filho de um viciado em notícias que todo dia comprava o *New York Times*. Monsky lia o jornal desde criança e acompanhar as notícias se tornou um hobby para ele. Ele tinha também um talento especial para eletrônicos e, quando foi procurar emprego, acabou encontrando uma empresa que consertava controles remotos. Não era particularmente inspirador, mas era um trabalho honesto e rentável, porque muitos dos milhões de televisores no mundo têm um controle remoto específico, e, se o controle quebra, precisa ser consertado ou substituído. "Estou no ramo dos controles remotos há tanto tempo que não sei dizer", Monsky revelou para mim. "Desde antes da internet."

E, então, veio a internet. Um amigo criou um site para Monsky. "O primeiro site que vi foi o meu. Era apenas uma página que falava sobre como tínhamos controles remotos originais, e um número de telefone para as pessoas ligarem. Só isso. E, cara, elas ligavam mesmo."

Uma vez que estava capitaneando o próprio navio, Monsky começou a pensar até onde isso poderia levá-lo. As ideias vinham das notícias. Uma reportagem que chamou sua atenção havia sido publicada logo após a virada do século, e então ele começou a reparar em um monte de histórias atuais sobre um novo tipo de bactéria, mais resistente. No mundo inteiro, as bactérias tinham começado a desenvolver resistência aos antibióticos. Podemos dizer, com justiça, que as bactérias tinham se tornado criativas, em um esforço para sobreviver.

"Eu lia todas aquelas histórias. Era tipo a quarta principal causa de morte — mais do que acidentes de carro e câncer de mama —, e me lembro de pensar: 'O que a área da saúde está fazendo?'. Eu não conhecia nenhuma forma de limpar um controle remoto", disse ele. Como em hospitais, consultórios médicos ou hotéis. "Isso me fez refletir."

"Mas o que me levou ao limite foi quando meu filho deixou cair manteiga de amendoim no controle remoto, e eu não consegui tirar a manteiga de amendoim de lá de jeito nenhum."

Isso aconteceu em 2005. A família havia se mudado para Tampa, Monsky viu seu filho estragar o controle remoto e começou a avistar as bactérias resistentes. E foi tomado por aquilo, como um raio.

"As duas ideias se fundiram naquele instante."

Manteiga de amendoim e bactérias resistentes a antibióticos! (Não manteiga de amendoim e chocolate.) Ele começou a desenvolver o que chamou de Clean Remote [Controle Remoto Limpo]. Demorou quase dois anos — "Não acredito que levou tanto tempo para eu desenvolver um protótipo", disse ele —, e, em 2007, ele tinha um controle remoto com uma superfície plástica, fácil de limpar, com os botões por baixo da cobertura. Bastava um paninho e lá se iam a manteiga de amendoim e outras coisas gosmentas, junto com qualquer bactéria resistente deixada pelo último surfista de canais.

Monsky tinha um contato próximo na Clorox — que faturava bilhões com inovações que ajudam a eliminar do ambiente bactérias que, com razão, nos apavoram. Monsky marcou uma reunião com o CEO na sede da empresa em Oakland, Califórnia.

"Uma semana depois, eu estava lá", disse Monsky. "Eles ficaram apaixonados."

A criação de Monsky recebeu o suporte de uma das maiores empresas do mundo. Era como se um músico assinasse um contrato com a maior gravadora, um roteirista conseguisse um contrato de duas temporadas com a Netflix ou um programador conseguisse o apoio da General Motors ou da BMW para desenvolver um software para um carro sem motorista. Monsky teria entrada em qualquer grande empresa com o endosso da Clorox, que era sinônimo de credibilidade imediata e vendas gigantescas.

"Então o CEO teve um ataque cardíaco fulminante", falou Monsky. O sujeito deixou a empresa.

O CEO que veio a seguir não percebeu o valor da parceria com o Clean Remote. Monsky não era menos criativo do que antes, mas, de repente, o mundo não iria mais descobrir sua criação. A empresa conseguiu vender um número razoável de Clean Remotes para hospitais. Mas a mudança assusta e custa caro. Os hotéis não queriam substituir os controles remotos que já tinham. O negócio não decolou. Os próprios funcionários de Monsky imploraram para que ele desistisse, depois que ficou claro que não havia um mercado tão grande para controles remotos recobertos por uma membrana não porosa e de fácil limpeza.

"Por que você está jogando fora nosso tempo e dinheiro com isso?", ele se lembra de os funcionários perguntarem.

Monsky, destemido, inspirado como um criador fica, insistiu, em uma jornada solitária. Ele descobriu que não havia apenas restos de comida e bactérias resistentes nos controles remotos. "O controle remoto é a pior coisa em um quarto de hotel — 30% deles tem sêmen", disse Charles Gerba, virologista ambiental da Universidade do Arizona, cuja jornada criativa o levou a fazer todo tipo de estudos sobre germes em hotéis e sobre como eles criam raízes e vão sendo levados de um quarto para o outro.

Toda vez que Monsky fazia uma apresentação de vendas, ele usava a estatística do sêmen — aquilo enojava as pessoas, até mesmos enfermeiros dessensibilizados pela rotina de hospital — e falava sobre o *Staphylococcus aureus* resistente à meticilina (SARM) e todos os demais germes. "De vez em quando, eu dizia a minha equipe: 'Pode ser que a gente esteja salvando algumas vidas'.", disse Monsky. "Achava que aquilo tinha mérito e que nossa hora ia chegar."

E estava mesmo prestes a chegar, como explico mais adiante — pois logo Monsky receberia uma enxurrada de encomendas. Isso porque ele tinha tido o instinto criativo de perseverar, o que traria um retorno durante a pandemia, assim que começaram a chover pedidos das maiores redes de hotéis e sistemas de saúde do mundo.

Enquanto isso, durante a escrita deste livro, fiquei sabendo de outra história sensacional sobre como o medo havia motivado um empreendedor moderno. A história vem do Vale do Silício, onde os empreendedores prosperaram explorando as necessidades emocionais das pessoas e criando tecnologias de acordo com elas. Às vezes, esses criadores acertam em cheio. Foi o que aconteceu com Michael Lee, que viveu um fluxo criativo de mais de uma década depois de passar por um medo comum: ele não queria parecer acima do peso no smoking de seu casamento.

A história começa em 2003, muitos meses antes do casamento com sua futura esposa, Amy. Lee era um sujeito grandalhão, de 1,90 metro, e mais de cem quilos na época. Chegou à conclusão de que aquilo era demais, então ele e Amy se matricularam na 24 Hour Fitness, no centro de São Francisco.

Um instrutor entregou a eles um livreto que listava as calorias de três mil alimentos diferentes. A dupla deveria anotar suas refeições e contar as calorias.

"Eu sou da área de tecnologia. Então, pensei: 'De jeito nenhum vou fazer isso com papel e caneta'. Acho que antes de sair da academia já tinha esquecido."

Direto para o lixo.

O breve esboço biográfico de Lee é coerente com a trajetória de um criador. Ele nasceu em Providence, Rhode Island, em 1970, filho de imigrantes coreanos. Seu pai fez doutorado em metalurgia na Universidade Brown e depois conseguiu um emprego na General Electric em Schenectady, no interior do estado de Nova York — uma empresa e um lugar ricos em energia criativa. "O lugar onde cresci era absolutamente improvável. Havia centenas de pessoas com doutorado e ganhadores do Nobel", disse Lee. "Eu achava que todo mundo tinha doutorado."

Os amigos da família eram de todas as partes do mundo, e a escola onde ele estudava estava cheia de gente de lugares que pareciam extravagantes, como a Lituânia. E havia fácil acesso a computadores, doados pela GE. Lee aprendeu programação, aprendeu a ser curioso por conta dos indivíduos que o rodeavam, e seus pais deram espaço para que ele seguisse suas paixões.

Em 2004, Lee havia se mudado para São Francisco e estava casado (mais magro do que antes). Trabalhava na Palm, mas continuava a sentir um desejo de correr atrás dos próprios projetos. Enquanto ouvia sua história, não me pareceu que ele soubesse, na época, que já estava montando seu contador de calorias. Ele via aquela ideia como um hobby, mas era um hobby que o atormentava com uma inspiração constante. Por exemplo, Lee percebeu que a maioria dos contadores de calorias existentes exigia que os usuários pesquisassem todos os dias os alimentos que consumiam, ainda que consumissem os mesmos de forma regular. Havia um sentimento legítimo conectado àquela experiência: "Sou preguiçoso demais para fazer isso".

"Não sou a única pessoa que sofre com isso", disse ele, rindo. "As pessoas quase sempre comem as mesmas coisas. Elas tomam o mesmo café da manhã todos os dias. Isso deveria ser bem fácil de ficar gravado."

Ele analisou bastante a forma sobre como os indivíduos se comportavam, não como "deveriam" se comportar.

"Perder peso é difícil. Muito. Você tem que mudar um monte de hábitos, ler um monte de informações. A última coisa que você quer é que as ferramentas que ajudam a perder peso sejam difíceis de usar", ele falou para mim.

Em 2005, Lee lançou um site chamado MyFitnessPal. O programa fazia tudo que Lee achava consistente com a ideia de facilitar as coisas. Ele disse a Amy, que, àquela altura, era a responsável pelo sustento financeiro da família, que talvez aquilo "pudesse se tornar um negócio na indústria do bem-estar", no qual ele monitoraria o site, responderia a alguns e-mails dos clientes e tomaria conta das crianças. Lee não parou de trabalhar. Cada novo desafio se transformava em uma nova inspiração para aprender e encontrar uma solução. O medo de parecer acima do peso no dia do casamento — e a percepção de que ele e tantos outros eram preguiçosos demais para contar calorias à moda antiga — tinham ficado para trás, como os propulsores de um foguete que agora entrava em órbita.

"Amy me zoa o tempo todo: 'Você nunca trabalhou tanto na vida. Cadê aquela história de indústria do bem-estar?'."

O negócio começou a crescer, e algumas cinturas, a diminuir. Ele surfou nessas ondas. *Só para você saber, perdi quase quinze quilos.*

Lee não sabia ao certo se aquilo significava que ele tinha um negócio de verdade. Estava tratando o site como um hobby. Ele sabia o quanto era difícil fazer um negócio prosperar. Uma coisa que pode ser dita com segurança sobre a criação de um novo negócio é: ele provavelmente vai dar errado — se a medida do sucesso for ficar rico. O mesmo vale para os escritores. A maioria absoluta dos livros mal será lida, quanto mais comprada. Isso se aplica também a todos os cientistas cujas pesquisas, apesar de serem desenvolvidas com ardor, não serão vistas como capazes de mudar o mundo ou de ganhar um Nobel.

O Bureau of Labor Statistics é o órgão que mede a sobrevivência das empresas nos Estados Unidos, e o ano em que Lee colocou seu site no ar, 2005, não fugiu à regra: de todas as 679 mil empresas abertas naquele ano, 20% desapareceu no espaço de um ano e metade morreu em cinco. Elas haviam sido abertas pelos inspirados, criativos, corajosos e livres. De acordo com as estatísticas, eles fracassaram.

Lee, por fim, decidiu mergulhar fundo e montar um negócio, em colaboração com o irmão, Albert, um cara bem-relacionado por natureza. Depois que o iPhone foi lançado, "nossos usuários não paravam de pedir um aplicativo". Então, eles desenvolveram um. O negócio não parou de crescer.

No início de 2013, a *Consumer Reports* elegeu o aplicativo como um dos principais "planejadores de dieta do tipo faça-você-mesmo". A essa altura, quarenta milhões de pessoas haviam usado a tecnologia desde que Lee embarcara no que achava ser apenas um hobby. Nesse mesmo ano, os irmãos venderam parte do negócio para dois dos mais proeminentes grupos de capital de risco, Kleiner Perkins e Accel Partners. Em 2013, esses investidores injetaram dezoito milhões de dólares na empresa. Além dessa cifra, Lee e o irmão obtiveram um lucro de vinte milhões de dólares.

"Al e eu dividimos ao meio", disse Lee. "Eu me lembro do dia em que eles depositaram o dinheiro em nossa conta. Tive que ir até o caixa eletrônico e ver o extrato. Pensei: 'Isso é loucura'."

Pois ia ficar ainda mais louco.

Em 4 de fevereiro de 2015, a Under Armour, fabricante de material esportivo, anunciou a aquisição do MyFitnessPal, que chamou de "a maior comunidade digital de saúde e fitness do mundo". Havia agora oitenta milhões de usuários registrados e a capacidade de contar calorias de cinco milhões de alimentos e combinações de alimentos.

Valor da compra: 475 milhões de dólares.

Pude conhecer Lee a fundo, e garanto que ele jamais imaginou uma recompensa dessa magnitude quando deu início ao empreendimento. Desconfio, inclusive, de que ele não queria parecer acima do peso no dia do casamento, mas também não queria ter que se esforçar demais para emagrecer.

O medo o impulsionou, mas logo deu lugar à inspiração.

Em contraste, o medo também inspirou muitas obras de arte extra-ordinárias. Porém, no caso da arte, o processo e a criação podem acabar caminhando mais próximos do medo. Isso se dá porque o artista pode ter que internalizar seus sentimentos mais a fundo, para então ser capaz de enfrentá-los.

"Medo" é o nome do primeiro capítulo de uma das maiores obras sobre a questão racial nos Estados Unidos, um livro chamado *Filho nativo*, de Richard Wright, publicado em 1940. O romance conta a história de Bigger Thomas, um jovem de vinte anos que vive no sul de Chicago e é definido pelo terror por ser negro. Esse medo o sufoca, a prisão que é ter que agir de uma determinada forma para sobreviver — dizendo "sim, senhor" e "sim, senhora" para os brancos, de cabeça baixa —, mas, mesmo assim, não há polidez que chegue para tirar a família do apartamento de um cômodo infestado de ratos. Ele não pode se dar ao luxo de odiar os brancos, pois isso não vai servir para nada, então Bigger a princípio se volta contra sua família e seus amigos, a ponto de fazer seu amigo Gus lamber a faca que Bigger segurava contra seu pescoço. Então, acidentalmente, por negligência, ele mata uma mulher branca. Bigger diz a si mesmo que não foi um acidente, porque percebe que encontrou a liberdade. Ele se torna um novo homem, que, segundo ele, deixou de ser cego como todas as pessoas negras ao redor. Ele enxergou a verdade. É livre para fazer o que quiser, é capaz de ver o mundo ao mesmo tempo em que é praticamente invisível para os brancos. Irving Howe, crítico literário e socialista, costuma ser citado como tendo dito: "No dia em que *Filho nativo* surgiu, a cultura norte-americana mudou para sempre".

Mas não foi aí que este romance teve início, em um esforço para mudar o mundo. Ele começou como verdade pessoal, uma experiência tão profunda que o enredo "estava pronto, por assim dizer", escreveu Wright. "Tinha passado anos aprendendo sobre Bigger, como se tornou quem era, o que queria dizer."

O primeiro livro publicado de Wright, por outro lado, foi mais focado nos resultados. Chamava-se *Os filhos do pai Tomás*, uma coletânea de contos com inclinações por vezes idealistas. Um deles terminava com brancos e negros marchando juntos contra o racismo.

Os contos davam uma amostra de seu enorme talento como escritor, mas não prosperaram comercialmente.

Wright optou pela verdade nua e crua em *Filho nativo*.

Filho nativo não era bonito, mas vendeu 250 mil exemplares.

Essa história, em determinado nível, retrata de maneira primorosa a experiência que é ser um homem negro nos Estados Unidos. Há uma lição aqui, porém, que transcende a questão racial e que considero particularmente cativante no contexto da criatividade. O que Bigger vivencia — o medo abjeto da impotência e da invisibilidade mais brutais — acomete várias pessoas para além de qualquer grupo. "Havia literalmente milhões como ele, por todos os lados", escreveu Wright.

É por isso que o livro é tão marcante, pelo menos para mim. O que Bigger sente ecoa em nossos ossos da mesma forma que uma grande canção, ou uma confissão, ou uma onda de sofrimento. Quaisquer que sejam as falhas do livro (alguns críticos acham que não é suficientemente literário, outros dizem que é bastante hostil com as mulheres), lê-lo é como assistir a uma emoção bruta ser transformada em um enredo lógico, interconectado como se fosse uma nova forma de vida.

Rhiannon Giddens também havia composto uma obra fundamental sobre injustiça racial antes da chegada do ano de 2020. Muitas vezes, sua motivação tinha sido o pavor absoluto.

Giddens estava sentada no banco do carona de um Honda Civic em 2017, rumo a Nova Orleans para uma apresentação de *zydeco* com uma amiga.

Seus pés estavam em cima do painel do carro, e ela e a amiga conversavam, quando Giddens teve uma ideia para uma música. Era sobre seu sobrinho, Justin. Ela tinha medo de que ele fosse assassinado.

Justin Harrington, filho de sua irmã Lalenja, morava em Greensboro. Ele tinha vinte anos, uma alma artística com aspirações de se tornar um ator, compositor e músico, que parecia bem mais velha em termos de introspecção e autoexpressão. Quando era adolescente, tinha sido um garoto comum em muitos aspectos — mas um adolescente negro nos Estados Unidos. Portanto, ele passou por momentos difíceis, como quando tinha quinze anos, andando na rua depois de meia-noite com amigos, e policiais começaram a persegui-los. Ele me falou: "Spencer, meu amigo branco, me disse para continuar andando".

Então um dos amigos se assustou e saiu correndo. Os policiais pararam os meninos.

"Vocês estavam bebendo? Cadê as drogas?", um policial perguntou.

Eles tinham bebido. Não estavam com drogas. O plano daquela noite era andar oito quilômetros até o McDonald's para comer um McLanche Feliz. Os policiais os liberaram.

Enquanto Rhiannon estava sentada no carro naquela noite quente de Nova Orleans, conversando com a amiga, sua mente correndo solta, uma música surgiu em sua cabeça, sobre os riscos que seu sobrinho corria por ser um jovem de pele escura.

You better get it right the first time. É melhor acertar de primeira.

Essa foi a frase que a arrebatou, em torno da qual construiria a canção de mesmo nome. Existe pouca ou nenhuma margem de erro, ela pensou, quando a cor de sua pele depõe contra você na cabeça de algumas pessoas. É melhor você acertar de primeira.

Dois anos antes, depois de seu primeiro álbum solo, *Tomorrow Is My Turn*, um crítico da NPR disse que o álbum "repensa os padrões do country, do soul, do gospel e do blues. Suas influências musicais são inúmeras, mas, diante de uma dor tão insuportável, ela, assim como muitos viajantes forçados a se afastar daquilo que é familiar, se apoia no universal".

Giddens estava destinada ao estrelato. Estava tudo aos pés dela, a participação na série *Nashville*, contratos de gravação cada vez mais lucrativos, sessões de fotos com celebridades. Mas algo não estava certo para ela. A notoriedade pode ser um fardo e uma distração. O que Giddens sentia com cada vez mais força eram as histórias de seus ancestrais. A música "Julie", sobre uma escravizada, "estava dentro de mim havia algum tempo", e também "Better Get It Right the First Time". Não eram histórias assim que fariam dela uma estrela. Mas eram elas que não paravam de aparecer.

Quando Giddens compõe uma música, a letra costuma surgir com rapidez. Os ritmos vêm de lugares tradicionais, como chamada e resposta, verso-verso, refrão. Não há muita dúvida nesse fluxo inicial de criatividade. "Às vezes, tenho uma ideia e ela simplesmente dispara", confidenciou para mim. "Às vezes, fico maravilhada com isso." Isso não quer dizer que o resultado seja bom ou ruim, mas que as criações brotaram dos confins de sua mente. "É como mágica."

Foi o que aconteceu quando escreveu "Better Get It Right the First Time".

Young man was a good man
Always went to school
Young man was a good man
Never played the fool
Young man was a good man
Never had no drama

Young man was a good man
Always took care of his mama
Young man was a good man
Hanging with his boys
Young man was a good man
Didn't know he'd made a choice
Young man was a good man
Only did it twice
Young man was a good man
But now he's paid the price

Better get it right the first time
Better get it right the first time
Better get it right the first time
Better get it right the first time

[O menino era um bom rapaz
Ia sempre à escola
O menino era um bom rapaz
Nunca se fazia de bobo
O menino era um bom rapaz
Nunca arrumou confusão

O menino era um bom rapaz
Cuidava sempre da mãe
O menino era um bom rapaz
Andava por aí com os amigos
O menino era um bom rapaz
Não sabia que tinha feito uma escolha
O menino era um bom rapaz
Foram só duas vezes
O menino era um bom rapaz
Mas agora estava pagando o preço
Melhor acertar de primeira
Melhor acertar de primeira
Melhor acertar de primeira
Melhor acertar de primeira]

As palavras no papel não fazem jus à canção. Seu poder vem do arranjo de Giddens, da voz dela e de uma capacidade arrepiante de comunicar ao mesmo tempo empatia, esperança, luto e rebeldia. Sua voz, assim como o destino manifesto, passeia pelos limites da aventura emocional e pelas fronteiras do conforto. Quando ouço as músicas dela, me pergunto que extraordinária combinação de forças conseguiu criar um som tão potente, bonito e puro.

O álbum que contém essa música, *Freedom Highway*, foi indicado a álbum do ano pelo Americana Music Honors & Awards. "Giddens desponta como uma voz inigualável da música consciente", escreveu um crítico.

Parece sensacional, não? Mas esse tipo de aclamação da crítica é um pouco diferente do tipo de som e de narrativa pop que rendem um Country Music Award.

Giddens estava se afastando da validação externa. Estava ouvindo a si mesma. Por quê? O que estava acontecendo com ela?

A resposta, em parte, vem da compreensão da origem dessa inspiração bruta e do propósito dela. De onde obtemos esse poder divino para engendrar novas criações? De onde ele vem?

Qual é a origem da musa?

A mitologia grega fala das musas, irmãs nascidas no Olimpo que tocam os seres humanos e os inspiram a criar. Os poetas da Antiguidade divergiam em relação ao número de musas que havia, mas, ei, talvez os poetas da Antiguidade tenham sido tocados por diferentes musas enquanto estavam criando suas mitologias (não vamos julgá-los).

Na mitologia, diferentes musas inspiraram diferentes tipos de criadores a produzir diferentes tipos de criações: arte, comédia, astronomia e outras.

Mas essa não é a verdadeira origem da musa.

Na verdade, a criatividade é oriunda de nossa biologia primitiva. Isso nos leva ao Livro II da criação: As leis da natureza.

Ela vem do mesmo lugar que a COVID-19, o vírus que estava prestes a provocar uma pandemia, e o poder de superar esses mesmos desafios. Tudo isso vem da natureza.

LIVRO II

AS LEIS DA NATUREZA

No qual biólogos evolucionários, um físico, um teólogo, um virologista (e um astro do rock) nos apresentam os princípios mais profundos que impulsionam o despertar de um criador.

O ponto de vista de um micróbio

Se a ideia de ser criativo o faz se sentir pequeno, você deveria ver o que Andreas Wagner anda fazendo. Ele observa micróbios criarem. É evolução em tempo real, e tem muito a nos dizer sobre os segredos da criatividade.

Seu laboratório na Universidade de Zurique é repleto de incubadoras e termocirculadores, que amplificam DNA, máquinas de gelo e congeladores que chegam a -60°C (o frio impede que as células se dividam muito rapidamente quando se está mexendo com DNA). É um maquinário de microbiologia fascinante.

Mas a ação de verdade acontece nos frascos.

"É aqui que fazemos a evolução experimental", explicou Wagner. "É um processo quase todo criativo."

Os pesquisadores enchem os frascos com células bacterianas. Depois, acrescentam açúcares simples, que as bactérias gostam de comer. Então, os micróbios disparam, comendo, crescendo e se reproduzindo.

Aí, o pesadelo começa.

Os pesquisadores colocam antibióticos nos frascos. Os antibióticos, não é preciso dizer, matam as bactérias. Ataque aéreo!

Será que as bactérias têm como criar uma forma de salvar as próprias vidas?

A maioria não consegue, morrendo em pouco tempo. Outras conseguem se reproduzir antes de morrer, em parte porque bactérias se reproduzem com muita rapidez — a cada vinte minutos mais ou menos. Logo, a maioria dessas novas bactérias morre também.

Em alguns casos, no entanto, quando as bactérias se multiplicam, ocorre um erro: alguns dos genes são copiados incorretamente de uma geração para a seguinte. Isso, claro, é o que chamamos de mutação. É um acidente e muitas vezes acaba mal. O padrão genético mutado faz com que a bactéria morra, por exemplo, quando um gene que controla uma importante função de sobrevivência sofre uma mutação de tal forma que a função deixa de funcionar.

De vez em quando, porém, essa mutação dá à célula incríveis novos poderes de sobrevivência, como a capacidade de derrotar um antibiótico. Wagner e outros descobriram dois tipos diferentes de mutações que proporcionam tal resultado.

Uma das mais típicas está relacionada a uma bomba que existe dentro das células bacterianas. É a chamada bomba de efluxo, que costuma ou tragar material para dentro das células, ou lançá-lo para fora delas. Mutações nessa bomba podem fazer com que ela "se torne hiperativa", explicou Andreas. Isso pode salvar a célula.

"À medida que o antibiótico penetra, a bomba o expulsa de volta", disse ele.

A bactéria sobrevive!

Outro cenário relativamente comum envolve mutações em genes que controlam substâncias químicas chamadas enzimas, que existem no interior das bactérias. Em geral, o trabalho dessas enzimas é cortar, ou "clivar", outras moléculas. Elas podem fazer isso, por exemplo, com o propósito de usar essas moléculas para obter energia.

No entanto, podem ocorrer mutações aleatórias nos genes que codificam essas enzimas, de modo que elas passam a clivar a penicilina. Não era essa a tarefa que os genes estavam desempenhando quando foram colocados nos frascos. Mas algumas bactérias que sofreram mutação de modo a cortar a penicilina e, portanto, matá-la, de repente se tornaram as poucas que sobreviveram.

"A evolução descobre mecanismos que neutralizam os antibióticos", disse Wagner. "Isso é uma forma de criatividade."

Ele dedicou sua carreira a provar que a criatividade pode ser encontrada no mais básico nível molecular, e que o que acontece ali é como um manual para a criatividade de modo geral.

Ele diz que uma definição bastante aceita de "produto criativo" é a de "uma solução original e adequada a um problema".

Ele vê isso todos os dias em seu laboratório.

"Imagine toda a história da vida no planeta como sendo a história da resolução de problemas. Toda vez que os organismos desenvolviam uma nova habilidade — a capacidade de voar, de enxergar ou de fazer fotossíntese —, isso foi uma solução criativa para algum problema. E você pode olhar para cada uma das espécies como sendo o último estágio de uma série de criações ou inovações."

A vida é um jogo de sobrevivência. Os sobreviventes estão na linha tênue entre permanecerem estáveis o suficiente para resistir às condições existentes ou se tornarem flexíveis o suficiente para lidar com novas ameaças, podendo até mesmo antecipá-las.

É esse mesmo ato de equilíbrio que define a criatividade humana. É um paralelo que espero deixar claro ao leitor na segunda seção deste livro, que visa a analisar a criatividade por meio dos olhos de grandes pensadores que não costumam estar focados em pesquisas sobre criatividade. Esses campos incluem a biologia, a física, a matemática e a teologia. Entre os grandes pensadores estão vários nomes de peso, incluindo um dos principais biólogos evolucionários do mundo, Richard Dawkins.

Dawkins escreveu um livro chamado *O gene egoísta*, um bom exemplo de argumento poderosamente influente e criativo sobre como as forças genéticas guiam os comportamentos mais fundamentais. Ele ocupou a prestigiosa Cátedra Simonyi para a Compreensão Pública da Ciência na Universidade de Oxford. Tem um talento incomparável para tornar acessíveis as mais sofisticadas questões científicas.

Foi nesse espírito que Dawkins descreveu para mim a semelhança gritante entre um engenheiro concebendo ideias para uma máquina voadora (por exemplo, um avião) e uma célula que reproduz e cria mutações genéticas. No caso da célula, as mutações têm origem na reprodução, a maioria morre e algumas prosperam, enquanto que, no caso do criador humano, as ideias são postas para fora e a maioria acaba no lixo.

"Imagine um engenheiro tentando projetar algo novo. 'Tive uma ideia!' Imediatamente, antes que possa rejeitá-la, ele a anota. Então ele tem outra e mais outra. Sua lixeira fica abarrotada de projetos descartados. Por fim, concebe um projeto digno de virar um protótipo, então o testa em um túnel de vento, faz ajustes, e cada uma dessas etapas é uma espécie de processo seletivo que provoca uma grande mutação acompanhada de inúmeras mutações menores. Talvez, então, ele de fato consiga construir um modelo físico que levanta voo, mas cai, e o engenheiro faz mais ajustes. Esse é um tipo de processo darwiniano."

Dawkins me disse que acredita que o impulso criativo humano, assim como a mutação genética, não faz distinção a princípio entre o que vai e o que não vai dar certo. Em outras palavras, os genes sofrem mutações ao acaso, e Dawkins tende a pensar nos impulsos criativos, pelo menos a princípio, como um processo semelhante. "Uma ideia brilhante surge, em parte, como um evento aleatório — aleatório, insisto, apenas no sentido de que não é necessariamente voltado para o aperfeiçoamento."

É como se os rompantes aleatórios de ideias viessem das profundezas, dos confins da mente subconsciente.

Mas os seres humanos têm uma característica importante. "Nós, humanos, e provavelmente alguns outros animais, temos a capacidade de criar uma simulação em nossas cabeças."

O conceito de que a criatividade tem um paralelo significativo com a forma como nossa espécie evoluiu foi sendo costurado por meio de pesquisas sobre a psicologia da criatividade. Dean Simonton, o pesquisador que mencionei antes, escreveu que "o processo criativo é essencialmente darwiniano".

Perguntei a Dawkins se ele concordava que os princípios de sobrevivência darwinianos poderiam ser aplicados também às artes, como a escrita e a música.

"Sim, com certeza", disse ele. A partir daí, Dawkins enveredou por uma história sobre aves canoras e sexo. Talvez você já entenda um pouco desse assunto, mas vamos falar de safadeza mesmo assim.

* * *

Os cantos dos pardais estão entre os cantos de pássaros mais estudados no mundo. Os espécimes machos americanos aprendem seus cantos com os pais, criando uma cópia precisa dos padrões de suas melodias. "Para alguns, porém, esse modelo se torna um ponto de partida para um processo de 'tentativa e erro'", explicou Dawkins. "Um jovem macho faz gorjeios e chilreios ao acaso, e, quando escuta uma frase que lhe soa bem, ele a repete."

"Isso me parece uma espécie de criatividade", diz ele, e, por analogia, "Beethoven fazia longas caminhadas e, às vezes, pensava em uma boa frase musical. Ele a anotava em um caderno. E, se você olhar para os cadernos dele, vai ver que suas melodias começavam um pouco monótonas, que ele as aperfeiçoava depois, e o processo era muito parecido com o que esses pássaros fazem".

Vou interromper por um segundo esta lição sobre a puberdade dos pássaros para relembrar um argumento que defendi antes e que vou defender mais uma vez: a criatividade não precisa começar com rompantes de genialidade. Tanto o pássaro quanto Beethoven tentaram e erraram, brincaram com ideias, abandonaram algumas, aprimoraram outras. Um atributo básico dos criadores não é a qualidade inicial de suas ideias, mas a quantidade de mutações sofridas depois.

No caso das aves, amplas evidências conectam essa expressão "artística" à sobrevivência e à seleção sexual. Em alguns experimentos, fêmeas que receberam testosterona acabaram aprendendo a cantar quando, de outra forma, não poderiam tê-lo feito, ilustrando mais uma vez a conexão entre o canto e os aspectos de gênero. Dawkins, em seu livro *O maior espetáculo da Terra*, explicou que os ovários das fêmeas dos canários e das rolas-rosadas incham quando ouvem determinados cantos "mais atraentes" de machos da mesma espécie.

"A criatividade artística", disse Dawkins, "está ligada à seleção sexual".

* * *

Outras evidências que confirmam esse conceito são dadas por Robert Bilder, professor de psicologia da UCLA que fez pesquisas pioneiras sobre a criatividade.

Bilder me explicou como um mandarim macho jovem aprende a imitar as canções de pássaros mais velhos e, depois, "introduz novidades à melodia".

O que fascina Bilder é justamente os motivos pelos quais as fêmeas preferem um pássaro capaz de compor uma canção nova e mais atraente. Por que isso é um sinal de vantagem em termos de sobrevivência?

Bilder responde à pergunta eliminando os conceitos artísticos e de novidade e se concentrando em uma definição mais fundamental daquilo que os machos estão fazendo: estão se comunicando.

Então, ele pergunta: "Qual é o valor da comunicação?". E por que haveria valor na novidade de determinado som?

É uma pergunta ao mesmo tempo fantástica e básica, nascida da curiosidade autêntica e da disposição de Bilder de encarar o medo de fazer uma pergunta tão elementar.

Bilder especula que o valor original da comunicação poderia girar em torno da tentativa de unificar um grupo, talvez para fins de coordenação em torno de um objetivo comum — "Vamos matar um javali para comer!" — ou de um alerta coletivo — "Corram! Um javali vai nos comer!".

Desta forma, parte do valor da novidade do som e do canto pode ser o fato de conter algum poder de motivação. Isso talvez seja útil quando você estiver tentando proteger a prole.

Mais primitivo ainda, segundo Bilder, pode ser o simples fato de que a novidade ajudaria um pássaro macho a anunciar sua presença — "O objetivo é que as fêmeas saibam que há um macho por perto e ponto final", e isso fez com que machos mudos fossem preteridos. O objetivo seria conseguir se diferenciar, mas há uma questão: o canto não poderia ser tão diferente a ponto de soar esquisito, desvairado, desafinado, irreconhecível.

"Eles introduzem novidades no canto, o tornam um pouco diferente, mas não diferente demais", disse Bilder.

Esse conceito é, às vezes, chamado de "limiar do caos", quando um estado dissociado da ordem permanece atrelado à ordem.

"No limiar do caos, os estados são bastante inovadores enquanto ainda estão conectados ao regime ordenado, e, portanto, são mais propensos a expressar um misto de inovação e utilidade que é a marca registrada da criatividade", escreveram Bilder e um coautor em um artigo publicado em 2014. Isso pode ser aplicado tanto a uma mudança genética quanto a uma mudança cósmica, como na formação de um universo onde nova matéria se forma em curto prazo (relativamente falando) de um modo voltado para a estabilidade, não ao aumento do caos.

Portanto, o que acontece com as aves canoras acontece também com os humanos. De modo geral, Wagner diz que a lição é que há uma "analogia impressionante entre a criatividade humana e o que observamos na evolução. Ela tem a ver com pensamentos convergentes e divergentes".

Pensamento convergente e divergente são dois conceitos-chave no mundo da criatividade.

O pensamento convergente gira em torno de ideias que se adequam à norma. A definição mais precisa de pensamento convergente é dar a resposta "certa".

O pensamento divergente, por outro lado, é considerado "não linear". A resposta pode não ser a distância mais curta entre dois pontos ou nem mesmo parecer conectar dois pontos. Nesse sentido, ele pode ser tachado de incorreto.

Quem não quer ouvir a resposta certa, afinal?

Os micróbios que estão diante da morte por penicilina não querem. Quando responderam aos antibióticos da maneira que deveriam, morreram. Quando divergiram — por meio da mutação — da forma como foram inicialmente programados, sobreviveram.

Se você está dizendo: "Espera, mas bactérias não pensam", você está certo. Não quero soar repetitivo, mas este exemplo é uma analogia. Por outro lado, o "pensamento" divergente e convergente pode não envolver pensamento de fato, não da forma que imagina.

Quando as pessoas criam, o processo geralmente envolve a produção aleatória de ideias em nível subconsciente. Essa experiência, de certa forma, é tão análoga às mutações aleatórias nos genes quanto ao pensamento analítico e intencional. Há mais coisas por trás desta analogia: para as bactérias, o pensamento convergente é seguro, enquanto o pensamento divergente não apenas é arriscado, como consome recursos.

Voltemos por um instante à bomba de efluxo que existe dentro de uma célula bacteriana. Se ela funciona da forma que foi projetada para funcionar, bombeia com eficiência, absorvendo determinadas moléculas e excretando outras, do modo como foi aperfeiçoado pela evolução. Se bombeia rápido demais, a célula desperdiça recursos preciosos. Não faz sentido criar uma nova forma de atuação, pelo menos não até que os antibióticos entrem na equação. Só então o caminho divergente — o criativo — passa a ser não apenas mais eficiente, mas sinônimo de vida!

Para os leitores que preferem não ter que viver no fio da navalha — morte por convergência e morte por divergência —, a evolução nos ensina que existe um meio-termo criativo.

"Neutra" é o adjetivo dado às mutações que parecem, superficialmente, não ter grande impacto na sobrevivência do organismo. Wagner, inclusive, chamou minha atenção para o fato de que apenas cerca de 40% dos genes tem um impacto direto na viabilidade de uma espécie. Os genes que não estão nesse *pool* podem sofrer mutações sem impacto aparente na sobrevivência.

Em bactérias, por exemplo, pode ocorrer uma alteração nos genes responsáveis pela bomba de efluxo, mas que parece não ter impacto algum na bomba. A bactéria segue em frente, prosperando, e então, um dia, assim que um antibiótico entra em cena, ocorre outra mutação em um gene que afeta a bomba. Esta segunda mudança, no fim das contas, funciona apenas por causa da primeira. Uma divergência que se apoia em uma divergência anterior.

"Se você olhar para as invenções humanas, há inúmeros exemplos disso", disse Wagner.

A lâmpada de Thomas Edison, por exemplo, exigia um filamento eficaz e um vácuo para esse filamento não pegar fogo. Isoladas, nenhuma dessas duas invenções culmina na lâmpada em si, mas, como disse Wagner, "é preciso que haja o vácuo antes de haver o filamento: caso contrário, ele não serve de nada. É assim que penso sobre o impacto que as mutações neutras podem ter".

Invente o filamento!

Ou pense então no marca-passo, que exigiu inúmeros desenvolvimentos, incluindo a miniaturização de baterias e componentes — caso contrário, o dispositivo teria que ficar em cima de uma mesa, não dentro do corpo, onde de fato tem como proporcionar algum benefício.

Crie algo menor!

No entanto, em relação à criatividade com C maiúsculo, a criação duradoura, Wagner apresenta mais uma ressalva: a biologia nos mostra que ela é, ao mesmo tempo, possível e muito provavelmente foge a nosso controle. Às vezes, a criação é o cruzamento da sorte com o momento certo. Foi o caso da descoberta do antibiótico, uma das mais importantes da história da humanidade. Indiscutivelmente, ela aconteceu por acaso.

O dr. Alexander Fleming, escocês, serviu como médico na Primeira Guerra Mundial. Lá, viu muitos soldados morrerem de infecção. Ao todo, durante a guerra, centenas de milhares de homens morreram assim.

Após o fim do conflito, o dr. Fleming estudou as bactérias que haviam devorado seus companheiros de batalha até a morte. Fato notório, um dia, ele entrou em seu laboratório e percebeu que uma de suas amostras, descoberta e posicionada debaixo de uma janela, havia sido contaminada com um mofo que suplantara as bactérias. Ou seja, uma amostra destinada à lata de lixo, certo?

A maioria das pessoas a teria jogado fora, julgando ser um experimento fracassado. O dr. Fleming, não. Em vez disso, teve um momento eureca. Conseguiu enxergar o potencial de seu descuido. O mofo — a penicilina — se tornou a base do medicamento mais importante do mundo.

A descoberta de Fleming salvou milhões de vidas, ele ganhou um Nobel e, inclusive, de forma presciente, alertou em seu discurso de recebimento do prêmio que as bactérias aprenderiam a revidar se usássemos antibióticos em excesso. Hoje, infecções resistentes a medicamentos — como

144 INSPIRAÇÃO

as provocadas pelas bactérias cultivadas em frascos na Suíça por Andreas Wagner, o biólogo evolucionário — representam uma das maiores ameaças à saúde pública mundial.

Duas lições sobre criatividade podem ser extraídas da descoberta de Fleming. A primeira é que tudo realmente aconteceu por acaso, algo muito parecido com o modo como a própria biologia cria. O dr. Fleming não estava trabalhando com uma hipótese específica que foi confirmada na placa de Petri debaixo da janela. Um evento biológico que ele não havia previsto ocorreu. Mais tarde, o dr. Fleming diria: "Não inventei a penicilina. A natureza inventou. Eu apenas a descobri, por acaso".

No entanto, ele ajudou a criar as condições que permitiram que a mutação ocorresse. Brincava no espaço, da mesma forma que alguém pode dedilhar um piano, rabiscar um desenho ou esboçar planos de negócios em um guardanapo. É quase como um disparo aleatório de sinapses. Assim, uma lição da biologia, comprovada pelo dr. Fleming, é que grandes criações podem advir de um evento aparentemente aleatório ou talvez, de fato, aleatório. Este evento se transforma em um sinal, uma transmissão, uma mensagem.

Você está atento, aberto para captá-la?

A segunda lição é que o dr. Fleming captou a transmissão. Ele viu valor naquilo que a natureza estava fazendo. Percebeu que o destino do acidente não era a lata de lixo. Esta é uma grande lição para a criatividade: acidentes na natureza ou ideias na mente humana acontecem o tempo todo, mas só se tornam matéria-prima de invenções se formos capazes de identificá-los.

Fleming escreveu: "Quando acordei, logo após o amanhecer de 28 de setembro de 1928, não planejava revolucionar toda a medicina ao descobrir o primeiro antibiótico, ou exterminador de bactérias, do mundo. Mas imagino que foi exatamente o que fiz".

Parte da criatividade concretizada por pessoas de diversas áreas é ser capaz de prestar atenção a estímulos que outras talvez ignorassem. Acidentes acontecem, mas há algum valor neles?

O mundo envia sinais, às vezes, gerados de modo aleatório. Grandes criadores olham para a mutação pelo que ela é ou pelo que pode se tornar.

Dessa forma, pensamento divergente não significa necessariamente uma violação das leis naturais, mas ver as coisas como elas são, como poderiam ser ou como se desenvolveram.

Dito isso, há alguma surpresa no fato de que a descoberta do dr. Fleming tenha sido inicialmente subestimada e até mesmo descartada pela comunidade científica? Levou cerca de onze anos para a produção em massa da penicilina se tornar o gigantesco salva-vidas apreciado por todos durante a Segunda Guerra Mundial. O Nobel veio cinco anos depois.

Por fim, há um epílogo curioso nessa história, que nos mostra como é difícil avaliar o valor objetivo de uma criação. À primeira vista, a descoberta do antibiótico parece ser pura recompensa para a humanidade, levando a vidas mais longas e saudáveis. Também é verdade que usamos antibióticos de forma tão ampla que hoje eles se tornaram um risco para a saúde. Isso se dá porque, quanto mais usamos antibióticos, mais criamos um ambiente favorável às bactérias que não são mortas por antibióticos. Elas são chamadas de "micróbios resistentes a antibióticos" e surgem por meio de um processo criativo na natureza, quando uma bactéria ou um fungo se reproduz, e uma mutação dá origem a um micróbio que não é morto pelos antibióticos. Antes, quando não havia antibióticos, esse organismo mutante provavelmente morreria, porque sua nova forma não serviria a nenhum propósito específico; não teria vantagem alguma de sobrevivência.

No entanto, em um mundo saturado de antibióticos, essa nova criação de repente se torna o único micróbio capaz de sobreviver e, então, começa a se multiplicar. É o exemplo perfeito de uma nova criação extraordinária que acontece por acaso e se adapta de forma perfeita ao ambiente. Ótimo para o organismo, péssimo para a humanidade, que tenta não morrer de infecções.

Uma projeção retirada de um estudo financiado pelo governo britânico estima que, a partir de 2050, mais pessoas no planeta vão morrer por causa de micróbios resistentes a medicamentos do que de câncer. Isso não é necessariamente uma consequência direta da descoberta de Fleming, mas da forma como usamos antibióticos em excesso — muitas vezes quando não precisamos deles para o tratamento de doenças em humanos e em animais para promoção do crescimento —, e, assim, criamos um ambiente em que bactérias cada vez mais perigosas prosperam.

Para fechar o ciclo, voltando ao início do capítulo — o laboratório de Wagner na Suíça e o espírito criativo das bactérias —, gostaria de enfatizar que o que está acontecendo agora é uma espécie de corrida armamentista entre a criatividade humana e o poder criativo inato das bactérias. Elas são programadas para sobreviver, assim como nós. E o resultado é a escalada da criatividade, cada vez mais sofisticada.

Em termos simples, o impulso criativo tem uma raiz biológica. Está em todos nós.

E o êxito de nossas criações não é apenas uma função do grau de novidade delas nem mesmo de seu valor "objetivo", mas também do ambiente em que acontecem. Quão acolhedor é o terreno?

Esses princípios biológicos estão presentes o tempo todo no mundo real. O capítulo a seguir é um exemplo disso: a história de uma das bandas de rock mais populares de todos os tempos.

Parábola de um astro do rock

Em 21 de fevereiro de 2001, o U2 ganhou um Grammy pela música "Beautiful Day". Na manhã seguinte, o vocalista Bono e o emblemático guitarrista da banda, The Edge, foram a uma reunião em um escritório do Morgan Stanley em Los Angeles. Eles foram apresentados a um homem chamado Roger McNamee.

McNamee tinha um talento especial para entender como usar a internet, ajudaria depois a fundar o Facebook, e, na época, estava se reunindo com os integrantes do U2 para ajudá-los a mover negócios e operações para o ambiente digital.

"Então, parabéns pelo prêmio", McNamee se lembra de ter dito a Bono e The Edge quando eles entraram na sala.

A resposta de Bono pegou McNamee desprevenido.

"No mundo da música, somos todos astros, achamos que somos o centro do universo, que os fãs são como luas orbitando a nossa volta, e que tudo gira a nosso redor", disse Bono a McNamee. "É tudo uma grande bobagem."

O que Bono disse a seguir mostra que o mesmo método de tentativa e erro associado ao *timing* perfeito que salvou as bactérias em uma placa de Petri na Suíça também se aplica à criatividade, incluindo o rock.

McNamee ficou impressionado, e Bono percebeu.

A popularidade da música, explicou Bono, "é baseada no hardware". "Primeiro veio o som de alta fidelidade, e os Beatles o dominaram, então os discos de 78 rotações deram origem aos LPs e ao som estéreo, foi o tempo do Pink Floyd, e então veio o som de carro, e foi a época do álbum-rock. Você tinha que gostar do álbum inteiro", disse Bono a McNamee. Não dava para pular tão fácil de uma música para a outra. Essa era a época do U2, segundo o astro do rock. Depois, "tivemos um longo período de seca.

148   INSPIRAÇÃO

Foi quando o veio o subwoofer. O subwoofer! Devíamos ter previsto, mas quem previu foram os caras do hip-hop, e nós deixamos passar. Essa música", disse Bono sobre "Beautiful Day", "é nosso retorno, nossa tentativa de encontrar a tecnologia no ponto onde ela está".

Para aqueles menos familiarizados com a tecnologia, o subwoofer tirou a ênfase da melodia e a colocou mais diretamente na batida.

Quando Bono fez essa observação, McNamee disse que bateu com a mão na própria testa.

"Essa é uma perspectiva incrível", falou McNamee. "Pensei: 'Esse cara é muito inteligente. Ele é inteligente não apenas em criar música, mas de fato em pensar sobre o universo em que opera'."

McNamee está familiarizado com a criatividade. Ele é um pensador divergente e persistente, no bom sentido; anos depois, se tornaria um dos primeiros investidores no Facebook, e então se voltaria contra a empresa por causa da forma como ela se tornou uma plataforma de desinformação. Ele escreveu um best-seller, *Zucked: Waking Up to the Facebook Catastrophe* [Zucked: Acordando para a catástrofe do Facebook].

Ele é também um músico de renome. Fundou uma banda chamada Moonalice, que fez inúmeras apresentações, inclusive com alguns colaboradores incríveis, entre eles o Grateful Dead. Em 2004, três anos depois de se conhecerem, McNamee e Bono se uniram para fundar uma empresa de investimentos no Vale do Silício.

O fato é: McNamee entende de criatividade e a viveu na pele — tanto no mundo da tecnologia quanto no mundo da música. Mas, em 2001, quando se encontrou com o U2, estava tão atribulado com a ascensão das pontocom que disse: "Eu não saberia citar uma única música da banda".

Havia outra boa razão para McNamee não ter ouvido falar muito sobre o U2 naqueles tempos. O grupo irlandês, nos anos anteriores ao lançamento da vencedora do Grammy "Beautiful Day", tinha passado por um período de seca.

"Com 'Beautiful Day', eles foram fiéis a quem eram, admitindo que jamais seriam os caras que dominariam os subwoofers, mas tentando encontrar formas de incorporar o que as pessoas gostavam naquele som", disse McNamee.

E, para concluir, Bono disse a ele: "Pelo menos não fomos mortos".

Se Bono fosse uma simples bactéria ou vírus, e o subwoofer uma espécie de antibiótico ou antiviral, o criador havia encontrado uma forma de sobreviver e prosperar.

E o que isso significa? Evolução, sobrevivência e o método "irracional" de criatividade das formas de vida inferiores oferecem algumas lições concretas para criadores (e criadores em potencial). Uma delas é não subestimar o papel do ambiente — não em termos de se uma pessoa pode ser criativa (o que está ao alcance), mas em termos de se essa criatividade pode ser tornar uma criatividade com *C maiúsculo*. Para bactérias estudadas em frascos, o desafio imposto pelos antibióticos oferecia uma espécie de oportunidade perversa para as mutações capazes de sobreviver a eles. Elas se tornaram ultracriativas, *C maiúsculo*. Bono, de acordo com seu próprio relato, acreditava que o U2 devia seu grande sucesso não exclusivamente à habilidade da banda, mas também ao ambiente em que se encontrava.

McNamee, músico e gênio dos investimentos, me disse, sucinto: "Não tenho palavras para expressar o papel da sorte, pura e simples".

McNamee é tido como um investidor altamente criativo da área de tecnologia. Estive na mansão dele para tocarmos juntos e posso atestar que ele acumulou quase um bilhão de dólares investindo em empresas de tecnologia. Mas ele dá mais crédito ao tempo e ao lugar de sua criatividade do que a si mesmo. "Minha carreira começou no primeiro dia do mercado em alta de 1982", disse ele. "Eu era a pessoa à frente do setor de tecnologia no momento crítico."

Isso não quer dizer que o momento a única coisa que importa. O produto em si — a mutação ou a nova ideia — é essencial. Mas o que exerce mais influência do que o próprio produto na hora de determinar quão bem recebida será uma criação é a relação entre criação e ambiente. Um criador tem como controlar apenas parte do relacionamento, assim como um micróbio é responsável pela mutação, mas não pelo tempo nem pelo lugar em que ocorre a reviravolta criativa.

Esse, portanto, é o ponto de vista da biologia evolutiva e do rock'n'roll. Outro conjunto importante de reflexões vem do mundo da matemática e da física, e de um grande pensador que descobriu as leis naturais que parecem reger a inovação.

Um físico entra em cena

Muito antes de a revista *Time* eleger Geoffrey West uma das cem pessoas mais influentes do mundo em 2006, ele era um garoto curioso em Londres andando em uma montanha-russa doméstica.

Quando West tinha oito anos, um dia seu pai chegou em casa com uma enorme pilha de dinheiro.

"Aqui, filho. Dá uma olhada nisso aqui e conta", ele se lembra de o pai ter dito. "Era como se tivesse roubado um banco ou algo assim."

Não era roubo, era jogo. O pai de West era um "apostador profissional", o que é uma espécie de oxímoro, já que os jogos são manipulados para que as pessoas percam seus salários. O pai de West apostava em cavalos, cachorros, corridas, e, às vezes, futebol. O dia em que ele ganhou uma bolada ficou marcado na memória de West. "Mas foi um contraste marcante com a situação mais comum, que era quando ele voltava para casa depois de ter perdido um monte de dinheiro."

West era muito reservado e havia uma enorme tensão entre seus pais. "Minha mãe não gostava que ele apostasse."

West procurou consolo na precisão da matemática e nas estrelas. Ele lembra que, quando tinha onze ou doze anos, morrendo de amores pela matemática, leu um problema do dever de casa que perguntava: "Se você está no topo de um penhasco alto, a que distância está o horizonte?". E West descobriu a fórmula, que tinha algo a ver com a altura do penhasco e o raio da Terra.

"Pensei: 'Meu Deus, isso é extraordinário'.", disse ele. A resposta estava "codificada em uma linguagem mística sobre o mundo ao redor que é mesmo verdade, que correspondia à realidade".

Sua cabeça começou a girar.

"Nunca tinha pensado naquilo de forma tão sucinta: 'Talvez o mundo inteiro seja assim'."

Talvez a Terra, o universo e a vida possam ser explicados pela matemática.

E talvez a criatividade também.

Ao longo deste livro, à medida que ouve histórias de grandes pensadores, espero que você perceba algo: esses criadores tendem a exibir curiosidade, humildade, abertura a debates, ideias, disposição para conversas e um interesse extraordinário pelas próprias vidas que se manifestam de diferentes maneiras. Em determinado nível, isso pode parecer óbvio. Ouvi de um de seus companheiros de trabalho mais próximos que o venerável e já falecido Stephen Hawking tinha uma curiosidade implacável.

Isso também é verdade para West. Começamos a conversar e perdemos a noção do tempo enquanto íamos e vínhamos, movendo ideias como peças de xadrez que poderiam ser devolvidas a seus lugares de origem sem ônus. Sua voz subia e descia e subia de novo quando ficava empolgado, e era pontuada por um eventual palavrão, usado não em sentido profano, mas apenas para expressar o profundo choque que ele experimentava a cada descoberta.

West deixou seu lar disfuncional para trás quando entrou na faculdade. Ele se tornou um físico teórico e estudou quarks, teoria das cordas e matéria escura. Mas está sempre pronto a deixar o mundo se abrir para ele, como criadores fazem, e seu interesse autêntico se voltou para uma pergunta diferente: como funciona a vida? Havia como explicar as leis subjacentes à criatividade por meio da matemática?

"Migrei sem querer da física fundamental para a biologia", disse ele, parecendo um pouco surpreso com a transformação. A essa altura, ele havia se transferido de Cambridge para Stanford. "Será que havia uma forma de demonstrar que todos os organismos são, no fundo, manifestações do mesmo tipo subjacente de matemática?"

Perguntas como:

- POR QUE vamos estar mortos dentro de cinquenta ou cem anos? "De onde vêm esses cem anos?", ele me perguntou com uma espécie de espanto.
- POR QUE dormimos oito horas por noite?
- POR QUE algumas cidades são mais criativas do que outras?

"Uma das coisas mais difíceis é: qual é a pergunta? Elaborar a pergunta certa costuma ser grande parte do problema", West revelou para mim.

Uma questão-chave na qual ele se concentrou está relacionada com a matemática comum que conecta todas as formas de vida. Será que existe uma fórmula matemática e, se sim, qual é ela? West, na tentativa de responder a essa pergunta, fez uma grande descoberta: à medida que as formas de vida aumentam de tamanho, elas usam energia com maior eficiência e em uma taxa consistente em todos os organismos. Dito de outra forma, quanto maior um organismo, "menos energia é necessária por célula ou grama de tecido" para sua sobrevivência.

Em outras palavras, um camundongo precisa de muito mais energia por célula para sobreviver do que um cachorro, e um cachorro precisa de muito mais energia por célula do que um elefante. A fórmula mostra que, quando o tamanho de um organismo dobra, ele precisa de 75% menos energia por célula.

"Não importa o tamanho, qualquer coisa que dobre precisa apenas de 75% a mais", disse ele. "Há uma regularidade extraordinária no que parece ser um sistema totalmente aleatório. E o mais extraordinário é que isso não é verdade apenas para os mamíferos, mas para todos os animais e todas as plantas. Eles seguem a mesma lei. E eis algo ainda mais incrível: essa é apenas a taxa metabólica; qualquer coisa que você meça em relação aos animais tem essa mesma característica de escala."

Que tamanho o coração precisa ter, ou os rins, e como funciona o sistema deles para liberar as toxinas do corpo? Tudo isso é regido por fórmulas de escala desenvolvidas por West, que uma reportagem de 2010 da

New York Times Magazine chamou de "um dos artigos mais controversos e influentes da biologia moderna".

Alguns críticos encontraram falhas. Como no lagostim; ele não parecia seguir essas regras. "Grande coisa", disse West, "toda regra tem exceções". Ele falou ao repórter da revista que ficar procurando pelas falhas "não é ciência. É apenas fazer anotações".

West defende um argumento principal, pelo menos no que diz respeito à criatividade. Se as pessoas esperam ser perfeitas, estarem sempre 100% certas, jamais vão se arriscar em nada.

Então, repito uma das leis mais fundamentais da inovação:

O PERFECCIONISMO É O INIMIGO NÚMERO UM DA CRIATIVIDADE.

West já se cansou de discutir sobre a verdade central de seu trabalho e sobre a possibilidade de haver uma exceção para os que se alimentam nas profundezas (os críticos, os crustáceos ou ambos) e se voltou para um novo desafio: a matemática por trás das cidades. Foi assim que ele e seus colegas descobriram sua própria lei da criatividade.

Ele passou a olhar para as cidades como tinha olhado para os organismos. O que consumiam e o que produziam? Ele e outro pesquisador pioneiro, um físico teórico chamado Luís Bettencourt, encontraram evidências matemáticas interessantes. A dupla descobriu que, quando as cidades ficam maiores, assim como os organismos biológicos, precisam de menos infraestrutura por pessoa — e essa maior eficiência tem uma progressão linear. O valor-chave é de 15%.

Se uma cidade dobrar de tamanho — se a população aumentar em 100% —, será necessário apenas 85% de aumento na infraestrutura de esgoto, por exemplo, ou 85% mais postos de gasolina, ou mercearias, para atender a esse número crescente de pessoas. West diz que isso vale para qualquer cidade, em qualquer lugar do mundo. Existe um número mágico.

Há um corolário crucial. Quando o tamanho de uma cidade dobra, a quantidade do que ela produz aumenta em um fator de 115%. Poluição, crime, economia — tudo isso aumenta 115%.

Dito de outra forma: cada pessoa em uma cidade que dobrou de tamanho é 15% mais produtiva do que uma pessoa que vive em uma cidade com metade desse tamanho. Por que isso acontece? As pessoas estão ao redor umas das outras, compartilhando recursos, reunindo capital físico e intelectual, experimentando as economias de escala metafóricas e literais.

E isso também vale para ideias.

A criatividade segue os mesmos modelos matemáticos da biologia e do urbanismo. Você dobra uma cidade e o número de patentes aumenta em 115%. É como se cada pessoa tivesse 15% mais ideias do que se morasse em uma cidade com metade do tamanho.

"O mecanismo subjacente a isso é que, em cidades maiores, há mais pessoas, obviamente", West me falou. "Portanto, existe o potencial e a concretização de mais interações por unidade de tempo. É a troca de informações, ideias, tudo que ocorre nessas redes sociais, que dá origem à atividade socioeconômica."

Ele ressalta que a densidade traz não apenas volume de pessoas, mas amplitude de ideias. As pessoas que andam pelas ruas falando sozinhas, os mentalmente instáveis, "pessoas marginalizadas — os sem-teto —, fornecem e expandem as fronteiras", disse ele. "Proporcionam um ambiente e uma atmosfera, uma cultura onde tudo pode acontecer."

Isso faz muito sentido. Há mais pessoas, elas se encontram e começam a debater ideias, essas ideias competem e são refinadas, e há mais momentos eureca. E, *bum!*, você tem, em diferentes períodos, Vale do Silício, Florença, Jerusalém, Manhattan, Babilônia, Detroit, Berlim, Paris, Amsterdã, Moscou, Melbourne e assim por diante.

"Não é por acaso que todas as grandes ideias e todas as inovações ocorram em um ambiente urbano", disse West. "O fenômeno de Newton é um evento raro."

Fenômeno de Newton?

Era o verão de 1665 (quem poderia esquecer?) e a peste bubônica havia varrido Londres. Isaac Newton deixou o Trinity College, em Cambridge, e foi para o interior. Ali, aos 23 anos, ele construiu as bases do cálculo e uma das grandes criações com *C maiúsculo* de todos os tempos, a teoria da gravidade universal, ilustrada pela lenda da maçã caindo de uma árvore sobre sua cabeça. (Ora, às vezes, grandes descobertas acontecem no campo!)

O próprio Newton, no entanto, retraçou o conceito a conexões feitas por outros e é creditado por ter expressado em inglês um epigrama que o precedia ao dizer: "Se vi mais longe, foi por estar sobre ombros de gigantes".

As bactérias fazem algo semelhante. Aprendi sobre isso no ano anterior à COVID-19. A história tem muito a dizer sobre os insights de West, mas também sobre como o mundo pode estar mudando.

Em 2019, o *New York Times* publicou uma série de matérias sobre infecções resistentes a medicamentos. Meu trabalho era comandar a apuração e a redação dos textos, junto com um colega. Nossa primeira história era sobre um fungo terrível chamado *Candida auris*. O fungo evoluiu de modo a resistir a antifúngicos e está se espalhando por todo o planeta.

Por muito tempo, acreditou-se que a forma pela qual os micróbios desenvolviam defesas contra medicamentos, como os antifúngicos, era por meio da laboriosa matemática da mutação aleatória.

Porém, o que os pesquisadores descobriram recentemente é que essas poderosas defesas contra os antifúngicos podem surgir de uma forma diferente da evolução. Elas podem surgir quando um fungo transmite as ferramentas de defesa para outro fungo que não as possui. Isso é chamado de "transferência horizontal de genes". É uma forma de cooperação. Em essência, ocorre quando um fungo que está com problemas pede ajuda e outro que já evoluiu ou obteve defesas as repassa.

Isso acontece quando os fungos estão próximos uns dos outros. Eles efetivamente se tocam, e as moléculas passam de um para o outro.

Há uma analogia direta com a forma como os humanos, vivendo em condições mais adensadas, compartilham ideias subjacentes que dão origem a uma plataforma compartilhada que proporciona mais inovações.

Mas essa mesma série de desenvolvimentos também nos mostra como os seres humanos podem estar evoluindo para além da necessidade de tal proximidade.

Eu, meus colegas repórteres e uma equipe de cinegrafistas do *New York Times* nos espalhamos por todo o país. Viajamos para fazer a reportagem sobre o *Candida auris*, e conversei por telefone e pela internet com especialistas do mundo inteiro — Rússia, Reino Unido, China, Brasil, Espanha, África do Sul, Malawi, Canadá, Israel —, e com pesquisadores dos Estados Unidos todo.

As histórias foram lidas por pessoas do mundo inteiro. O vídeo que acompanha a série de reportagens, indicada a dois Emmys, ficou entre os mais assistidos do ano, com mais de um milhão de visualizações. Foi filmado, em parte, em minha sala de estar, por dois produtores que moravam em Nova York, e, depois disso, um deles se mudou para o exterior.

Nossa capacidade de cooperar usando a tecnologia eliminou quase por completo o espaço físico entre nós, e a capacidade de compartilhar as informações pelo mundo todo provocou mudanças nas políticas públicas — como esforços para proteger as populações contra infecções resistentes a medicamentos —, em lugares aos quais nunca fomos e provavelmente jamais iremos.

Não tivemos que nos esfregar uns nos outros, como os fungos ao fazerem a transferência horizontal de genes. Foi uma transferência de conhecimento a larga distância.

"A internet, em alguns sentidos, nos liberta do espaço", disse West. "Isso já era verdade antes, em relação ao telefone e às ferrovias. Agora, está ainda mais rápido."

Esteja ciente: o ruído externo pode fazer com que seja mais difícil para um criador ouvir sua verdadeira voz. Mas um dos principais combustíveis desse ruído é a tecnologia que permite nos conectarmos para trabalhar juntos e aprender sobre ideias. O poder da tecnologia, se bem aproveitado, pode ser eletrizante.

158   INSPIRAÇÃO

Os exemplos do mundo real são abundantes, e ajudam a iluminar um planeta em constante mudança quando se trata de geografia e proximidade, e um pouco da matemática subjacente à criatividade.

A história de Justin Sandercoe é um ótimo exemplo de como um criador (e sua própria e autêntica musa) abriu um novo caminho por meio da tecnologia.

Aconteceu uma coisa engraçada na trajetória rumo ao Disco de Platina

(PARÁBOLA DE UM ASTRO DO ROCK, PARTE II)

Sandercoe estava sentado no quintal de seu apartamento em Londres no verão de 2012. Pegava sol preguiçosamente, seu cérebro desligado do mundo — ou assim parecia. O professor de guitarra tinha feito um ritual para limpar a mente, deixando-a em branco, para descansar e recarregar, em grande parte porque seu site tinha se tornado um sucesso inesperado.

Milhares de pessoas entravam no site todos os meses para fazer aulas de guitarra grátis em JustinGuitar.com. Simpático e despretensioso, Sandercoe tem um jeito particularmente claro de transmitir conceitos básicos. Ele se senta na frente da câmera, muitas vezes com um boné na cabeça, estimulando, alimentando, incentivando amadores, aspirantes a roqueiros, alunos vindos de longas distâncias que não paravam de chegar.

Que diferença de quando ele era criança, isolado na ilha da Tasmânia. Nascido em 1974, ele se apaixonou pela guitarra aos seis anos. Aprendeu não pela internet, claro, que não existia na época, mas pelos discos e pelo rádio, montando seus tutoriais sem a extraordinária fonte que os computadores representam. Hoje, um aspirante a guitarrista na mais remota das nações insulares tem acesso a uma biblioteca mundial de ferramentas de ensino, além de professores, de conexões e de uma plataforma para ser ouvido pelos fãs ou fãs em potencial.

À medida que Sandercoe ensinava, continuou a correr atrás de sua paixão, que era compor e gravar, apesar de não ter conquistado nenhuma notoriedade. Ele criou para si mesmo uma banda, a fim de lançar os próprios discos. Não era uma vida ruim, aquela de um trabalhador com um rendimento razoável, arquiteto do próprio estilo de vida criativo.

Então, durante o banho de sol naquela tarde de verão em 2012, três palavras lhe vieram.

Turn to Tell.

Vieram sem aviso, expectativa ou esforço. Justin não estava tentando compor uma música. Deu um pulo da cadeira.

Turn to Tell.

Era uma letra, ele tinha certeza, e havia um sentido ali. Justin correu para dentro de casa, procurando uma caneta ou um lápis e um pedaço de papel. As palavras jorraram.

I turn to tell her things
I still make tea for two
I keep the kitchen clean
The way she'd want me to

[Me viro para falar com ela
Faço até chá para dois
Mantenho a cozinha limpa
Do jeito que ela gosta]

Então, vieram os sons. "A melodia brotou em minha cabeça." Ele saiu correndo atrás de uma guitarra. "Não consegui encontrar nenhuma", disse o músico para mim. "A primeira coisa que vi foi um baixo, no quarto, então compus nele."

O processo frenético durou menos de uma hora. Havia surgido do nada, ao que parecia — "pegando sol no quintal sem pensar em escrever música alguma", disse Sandercoe.

Pouco depois de gravá-la, Sandercoe compartilhou a música com uma de suas alunas. O nome Katie Melua pode significar alguma coisa para alguns leitores. Ela é uma sensação, sobretudo no Reino Unido.

Em 2006, tornou-se uma das artistas mais populares da Inglaterra. Katie havia estudado música com Justin. Ela e seus músicos ouviram "Turn to Tell" e adoraram. Ela a gravou. Uma das faixas do novo álbum de Katie, que ganhou um disco de platina, seria uma composição de Sandercoe.

Pouco tempo depois, o telefone de Justin tocou. O interlocutor se apresentou — um nome que Justin conhecia, assim como qualquer pessoa no mundo da música conheceria. "Em minhas fantasias", disse Sandercoe, "era a pessoa que eu mais esperava que fizesse contato". Quem havia ligado era o diretor da Sony no Reino Unido.

"Ouvi aquela música que você escreveu para Katie", disse o executivo da gravadora. "Quero oferecer a você um contrato de gravação. Pode vir aqui para conversarmos?"

"Eu estava no céu." Justin conta o que pensou na hora: "Ganhei na loteria. Não faltava mais nada".

Alguns dias depois, Sandercoe se sentou no escritório da gigante da indústria e tocou suas músicas. Todas as inspirações de todos os anos, as músicas que ele havia perseguido e as que vieram com facilidade — nenhuma, entretanto, de forma tão misteriosa quanto "Turn to Tell". O executivo ouviu e absorveu aquele repertório. Então, chegou mais perto.

"São boas", disse ele. "Você tem mais alguma como aquela?"

Mais alguma como aquela que se tornara um hit? Justin não tinha, pelo menos não de acordo com o executivo da gravadora naquele dia.

"Foi mais ou menos o fim", disse Justin. "Foi o fim dessa história em particular."

Mas era apenas o começo da história de Sandercoe.

A Parábola de Justin fala sobre o que aconteceu depois daquele encontro. Hoje, ele dá aula para cerca de trinta mil alunos por mês.

Suas aulas continuam sendo gratuitas. Ele recebe doações. Tem uma boa renda e é reconhecido — como professor de guitarra de alto nível — no mundo todo. Um colunista do jornal britânico *The Independent* o chamou de "um dos professores mais influentes da história da guitarra".

Algo engraçado aconteceu com Justin em sua trajetória rumo ao disco de platina: ele criou um empreendimento de sucesso, inovador e inspirador, manteve um estilo de vida criativo e conseguiu que uma de suas músicas fosse tocada por uma artista do topo das paradas. O que Sandercoe criou não foi a vida de astro do rock que alguns podem imaginar como sendo o auge da criação musical, embora tenha conquistado alguma notoriedade. É maior do que isso. Ele moldou uma vida inteira em torno da criatividade e a levou para as massas.

Sua história reforça mais uma vez a noção de que a criatividade não é a ideia de uma outra pessoa sobre como é ter uma vida criativa — ou sobre como um produto criativo deveria ser. O melhor resumo que ouvi sobre esse assunto veio de um amigo próximo da família. Anos atrás, ele estava na faculdade de direito e se perguntou se era criativo. Então, comprou um cavalete e um conjunto de tintas, foi para o quintal de casa e começou a pintar. Depois de algumas horas, ele pensou: "Está ridículo. Odiei. Eu não sou criativo".

Ele jogou fora as tintas e o cavalete e nunca mais pensou no assunto.

Ele ganhou dezenas de milhões de dólares no mercado imobiliário, talvez cem milhões de dólares. Fez isso graças a um tipo totalmente diferente de criatividade, embora insista até hoje que não é criativo, porque sua visão criativa sobre transações imobiliárias não se encaixa ao modo como algumas pessoas enxergam a criatividade.

E Sandercoe achava que criatividade era um disco de platina, quando, na verdade, estava se tornando um professor virtual de guitarra amado, bastante realizado e extremamente criativo.

No entanto, há uma razão mais clara para eu estar contando a história de Sandercoe. Ela tem menos a ver com a idade de um criador, e mais com a idade em que encontramos a nós mesmos. Não vivemos mais em Jerusalém.

Este livro começou em Jerusalém, um dos primeiros exemplos na história da humanidade de como um lugar unido e relativamente populoso se tornou uma máquina de ideias. Era uma cidade inovadora, e sua principal linha de produtos era a religião. Ideias surgiam e eram aprimoradas por meio de inúmeras pessoas de pé sobre uma pedra, pregando. As pessoas falaram, ouviram, refinaram, compartilharam e criaram algumas das ideias mais duradouras que este mundo já gerou.

Desde então, vimos outras comunidades como essa surgirem, congregações de curiosos, em Florença, Moscou, Paris, nas dinastias chinesas, e técnicas médicas ancestrais e duradouras, e assim por diante. A pesquisa realizada pelo Santa Fe Institute demonstrou que a densidade populacional está diretamente relacionada a novas ideias. Mais pessoas, com mais temperos em suas prateleiras individuais de emoções e experiências, se misturando, compartilhando e aprendendo receitas, construindo e criando.

Então, veio a internet. É efetivamente uma mudança quântica na forma como as ideias são expressadas, compartilhadas, ouvidas, vistas. O valor da proximidade física passou a ser bem menos significativo na forma como colaboramos.

O número de patentes concedidas a colaboradores estrangeiros disparou.

Cerca de 142.932 foram solicitadas em 2018, número que estava na casa das 99 mil em 1999. Isso não surpreende.

Pessoas estão colaborando além-fronteiras, elaborando novas ideias, desenvolvendo-as em um lugar, fabricando-as em outro. Sim, grande parte da inovação ainda acontece em alguns centros, mas as possibilidades de criação à distância dispararam.

Meus filhos se tornaram grandes fãs de uma sensação da internet chamada Charli D'Amelio, que alcançou cem milhões de seguidores no TikTok aos dezesseis anos. Ela dança, emprestando sua personalidade e autenticidade a performances curtas e carismáticas. Algumas pessoas podem não achar isso particularmente criativo, mas ela se colocou no mundo, se arriscou e influenciou pessoas a fazerem as próprias criações. O alcance astronômico que conquistou sem sair de casa zombou das antigas limitações geográficas.

Essa realidade ficou ainda mais palpável durante a pandemia da COVID-19. Não apenas as pessoas passaram a trabalhar de casa — e não em escritórios —, como eram obrigadas a fazê-lo. Então, algumas decidiram se mudar de vez das cidades onde ficavam seus antigos escritórios. Foram para mais perto da família, ou para regiões do país ou do mundo onde se sentiam mais confortáveis, mais à vontade, mais autênticas.

Uma das cidades que testemunhou o maior êxodo foi São Francisco. Os aluguéis despencaram conforme os jovens do setor de tecnologia — antes ligados à região devido às demandas dos empregadores — saíram em busca de locais mais confortáveis e baratos. O mundo estava, para usar uma expressão vaga, se "descentralizando". E a criatividade se descentralizou junto.

O *New York Times*, que outrora havia me dito que eu seria demitido se não me mudasse para Nova York, incentivou seus funcionários a encontrarem lugares confortáveis e seguros para morar. Incentivou as pessoas a se espalharem por todo o país e o mundo, a fim de encontrar matérias-primas que produzissem histórias mais criativas e poderosas.

Era a Nova Jerusalém. O mundo inteiro.

Nesta analogia, o mundo inteiro agora é o Novo Israel. Israel significa "aquele que luta com Deus" ou criação. Algo que pode ser feito de qualquer lugar.

Geoffrey West, o grande pensador que apresentei um capítulo atrás, lista algumas razões para desconfiarmos de um possível efeito colateral da criatividade a partir da tecnologia e do ritmo acelerado de mudanças que ela introduziu. Ele chama esse problema de "aceleração do tempo".

"A gente passa por isso em nossas próprias vidas. As coisas estão mais corridas, não há dúvida. Então, precisamos inovar cada vez mais rápido", disse ele. "Este não é um sistema sustentável. Vai acabar entrando em colapso."

Redes sociais maiores proporcionam inovações maiores, e então há desenvolvimentos com efeitos colaterais que exigem inovações ainda maiores, ritmos de mudança dos quais todos estamos cientes, mas que ameaçam nos destruir.

"Vai chegar um ponto em que não seremos capazes de nos adaptar rápido o suficiente às mudanças impulsionadas por esse processo extraordinário que é alimentado pelas redes sociais", disse ele.

Esta é uma tensão impressionante — entre os problemas que surgem de um mundo conectado e as criações que resolvem esses problemas e apresentam novos desafios.

No entanto, ofereci a West um ponto de vista alternativo. Vejo uma razão para termos esperança. Duas, na verdade.

A primeira tem a ver com você, comigo, com cada um de nós, um mundo de indivíduos com um recurso inexplorado. Mais especificamente, temos vastas forças criativas não exploradas que não virão da conexão com outras pessoas, mas do uso de conjuntos de habilidades para criar que está a nosso alcance. A criatividade é um produto das interações sociais, sem dúvida, mas também é, em grande parte, resultado do poder individual criado sobre a mente lúcida e serena, aquela que, humildemente, garanto que já existe dentro de você.

E tem mais.

Quando observo o nosso mundo, não posso deixar de sentir esse mesmo conceito em jogo enquanto nós, coletivamente, absorvemos todas as notícias e informações que a internet nos lança, para depois cuspirmos nossas próprias versões — criando uma cacofonia. O resultado disso é uma quantidade descomunal de foco externo. O que foi que aquele apresentador da CNN disse? O que foi que aquele apresentador da Fox disse? O que foi que o presidente disse? O que foi que o líder da maioria disse? O que foi que meu vizinho disse?

Que absurdo! Vou twittar, postar, bajular, insultar, pegar minha própria energia e colocá-la no colisor de partículas, para acelerar ainda mais o caos.

Isso pode ser um anátema para a criatividade, porque ela exige que escutemos a nós mesmos, a nossas próprias musas, e não às vozes externas. Mas e se você pudesse se tornar mais criativo enquanto também acalma o ritmo do mundo — simplesmente diminuindo o volume do lado de fora?

E se tivermos contribuído para a entropia deixando de aproveitar o recurso mais essencial que existe a nosso alcance: o magnífico e divinal silêncio da criatividade?

Expus isso a West, e ele me escutou com atenção. E ganhei um pouco mais de atenção com a segunda razão para termos esperança. Ela tem a ver com liderança.

Com o passar dos anos, líderes foram surgindo. Homens e mulheres com ideias de criatividade com *C maiúsculo*, com grande visão e coragem, como Martin Luther King Jr., Martinho Lutero — sobre o qual você vai ouvir em breve —, Winston Churchill, Madre Teresa, Indira Gandhi.

Minha crença sincera é que o caos será reinterpretado em algum momento, por algum grande novo líder, que vai reformular a maneira como vemos o mundo.

"Sim, sim", disse West.

"A grande inovação de que precisamos é um líder", disse ele. "O grande desconhecido, o enorme desconhecido" é se e quando. Mas, como ele mesmo disse, "isso aconteceu diversas vezes na história da humanidade".

Algo excepcional está a caminho.

Isso é quase inevitável, com base na história.

Mas, agora, uma palavra de Deus.

Deus

A história da criatividade e da religião começa na Idade Média. É visto como politicamente incorreto chamá-la de Idade das Trevas, uma sugestão de que o mundo era atrasado em relação à cultura. Mas a vida pode, sim, ser sombria.

"Sem artes; sem letras; sem sociedade; e, pior de tudo, medo constante", Thomas Hobbes, o filósofo, escreveu mais tarde sobre o destino do homem. "E o risco de morte violenta: e a vida do homem, solitária, pobre, miserável, brutal e curta."

Nascer, talvez sobreviver ao parto (ao qual sua mãe pode não sobreviver), viver na pobreza, esperar viver o suficiente para morrer de peste negra. Um período de grande desordem e caos que faz com que o surto da COVID-19 pareça a Disney em um dia de semana agradável, não muito cheia e com um passe para evitar filas.

O mundo não deixou de ser caótico e sombrio, mas a ascensão do Sacro Império Romano — em que a Igreja dominava — criou alguma estrutura.

"A Igreja Católica Romana foi a única coisa que manteve as coisas juntas", disse Scott Cormode. Ele é professor de liderança no Seminário Fuller, uma das instituições de teologia evangélica mais conceituadas do mundo. Cormode é obcecado por criatividade e liderança — e pelo que transforma alguém em Martinho Lutero, Martin Luther King Jr., Moisés, Jesus, Confúcio, Maomé ou uma pessoa cujas ideias viram do avesso a forma como enxergamos o mundo. Pessoas que criam o produto de uma nova realidade.

Ele gosta bastante de falar sobre o assunto.

"Você arrumou um problema. Acabou de pedir a um professor para falar sobre um tema sobre o qual ele já escreveu um livro: inovação na igreja", disse ele. "Isso não vai ser bom para você. Nunca vou parar de falar." Ele soava como um criador. Cormode desenvolveu um modelo para entender a liderança criativa que conecta a Reforma ao computador pessoal e ao Vale do Silício.

Este capítulo trata de como o pensamento religioso influenciou a criatividade humana.

Antes de começarmos, me sinto na obrigação de compartilhar meu ponto de vista sobre a religião.

Sou agnóstico. Não sei se existe um Deus. Aceito que me falta em larga medida a sabedoria para entender nossas origens. Quem é capaz de dizer o que existe lá fora? Quando falei isso a Richard Dawkins, que é veementemente ateu, ele expressou uma ligeira frustração comigo, porque disse que eu deveria ao menos concordar que as evidências da presença de um Deus não são maiores, digamos, do que as evidências de que um bule gigante nos tenha trazido à existência. Nesse ponto, admito: não me foram apresentadas evidências convincentes sobre a existência de um Deus ou de inúmeros deuses — conforme milhões de pessoas acreditam em diferentes culturas.

Por enquanto, esteja ciente: também é indiscutível que as principais religiões definem a experiência humana e que seus textos estão entre as criações mais influentes que existem. Seus líderes são titãs da criatividade, então a questão para mim é o que eles nos ensinam sobre como pensar em relação à inovação, não à fé. Este capítulo não endossa nenhuma religião ou sistema de crenças em particular. Espero que o leia de mente aberta. Quer acredite ou não em Deus, Cormode oferece um excelente modelo para enxergarmos o processo criativo que há por trás de algumas das ideias mais poderosas da história da existência humana.

O que apresento a seguir é a perspectiva de um teólogo sobre a criatividade.

Então, de volta à Reforma — uma das maiores inovações de produtos de todos os tempos.

Antes disso, o judaísmo havia surgido, digamos, por volta de 2000 a.C., o hinduísmo cerca de quinhentos anos depois, o confucionismo mais de mil anos depois, logo seguido pelo budismo; no Oriente Médio e na Europa, o judaísmo se fragmenta devido a uma variedade de forças, entre as quais a que provoca o maior abalo é o nascimento de Jesus, que algumas pessoas veem como o Filho de Deus, o que dá origem ao cristianismo, que é fragmentado por uma variedade de forças, mas é dominado pela Igreja Católica Romana, um ideal anglicano espalhado pela parte ocidental do mundo.

Como mencionei, durante esse período moderno inicial na Europa e no Ocidente, a Igreja Católica Romana proporcionou uma cola, uma fonte de continuidade em meio ao caos. "Todo-Poderosa" é o adjetivo que vários textos históricos usam para descrever a Igreja por volta de 1500. A lei da terra. "O Sacro Império Romano."

Sacro e também corrupto. Isso não é heresia, apenas um fato. "A corrupção da Igreja era bem conhecida, e várias tentativas foram feitas para reformá-la", diz um texto da Khan Academy, que cito tanto para dar o devido crédito quanto para apontar mais um exemplo de periódico que ilustra o efeito de rede que proporciona tantos recursos à aprendizagem e à criatividade em todo o mundo. "Em determinado momento", diz o texto, "havia três papas ao mesmo tempo, o que reflete as lutas internas pelo poder. Papas e cardeais muitas vezes viviam mais como reis do que como líderes espirituais".

A questão tocou de verdade as pessoas quando surgiu uma ideia chamada "indulgência". Era um ensinamento da Igreja que permitia que os indivíduos recebessem menos punição por seus pecados se praticassem a caridade e outras boas ações. No entanto o sistema se tornou muito corrompido. Os líderes da Igreja basicamente distribuíam perdão às pessoas que dessem terras ou dinheiro à instituição. Indulgência era sinônimo de "você chega ao céu mais rápido", resume o texto da Khan Academy.

"Então, veio o Renascimento", conta Cormode. Esta é a transição para os séculos XV e XVI, quando a Idade Média deu lugar ao que os historiadores chamam de início da modernidade.

Leonardo da Vinci, Michelangelo, um contador de histórias chamado William Shakespeare, Galileu e Johannes Gutenberg, que nos deu a imprensa, "a internet antes da internet" — espalhando informações a uma velocidade antes impensável. Novas ideias produzindo novas ideias, mutações se formando, se espalhando e encontrando seus nichos ecológicos.

Mas o Renascimento não foi um fenômeno secular? Ele não estava diretamente ligado a um campo específico — religião, astronomia, arte. Foi um período, não muito diferente do atual, em que o ritmo das ideias e da energia criativa disparou e se espalhou amplamente. Como já falei, a criatividade pode ser contagiosa, e assim o foi durante o Renascimento, com as mutações colidindo e se recombinando.

Quando se tratava da Igreja, o terreno para a inovação era fértil, por conta de um produto existente que havia gerado uma insatisfação generalizada. Naquele momento, a Igreja não era algo fácil de lidar. O papado podia estar funcionando para alguns e fazendo coisas maravilhosas, mas não para todos. Mais importante ainda, as pessoas sentiam a corrupção nos ossos, na alma — por que os ricos e bem-articulados chegavam aos céus mais rápido do que os plebeus?

Se você pensar na religião como um produto, então a Igreja Católica não estava atendendo às demandas do consumidor.

Entra em cena um monge chamado Martinho Lutero.

Lutero estava profundamente insatisfeito com as indulgências e percebia essa insatisfação nas pessoas. Porém, se ele queria recriar o produto, tinha um grande problema nas mãos. Ele teria que revisar a experiência religiosa sem parecer que estava revisando a religião em si.

É difícil explicar a importância desse desafio ou a frequência com que ele está presente na história da liderança criativa. Lutero precisava apresentar uma nova ideia que fosse palatável para as massas (que acreditavam na Bíblia como um texto sagrado e no cristianismo como essencial para suas almas eternas) ao mesmo tempo em que operava uma mudança fundamental.

"Estamos ligados ao passado de forma total e inextricável. Então, o que pode ser uma inovação?", perguntou Cormode. Quando as pessoas falam sobre a criatividade com *C maiúsculo*, disse ele, "estão falando sobre cortar todos os laços e que a melhor forma de inovar no futuro é abandonar o passado".

Martinho Lutero não podia se dar a esse luxo.

"Nossa credibilidade se baseia no fato de que não vamos parar nunca de falar sobre Jesus e a Bíblia", disse Cormode.

Assim, Lutero realizou um ato extraordinário de criatividade na liderança. Ele recriou o passado.

A versão do cristianismo sob a qual Martinho Lutero e seus colegas haviam nascido girava em torno do poder dos sacerdotes. Eles eram considerados intermediários entre Deus e os seres humanos. A Igreja e os sacerdotes eram os responsáveis por interpretar a Bíblia.

A Bíblia era a Palavra de Deus, um texto sagrado, inatacável. Lutero, enquanto cristão, não podia atacar a Bíblia.

Mas seu grande insight foi perceber que ele podia atacar a forma como a Bíblia era interpretada. Deus não era falho, claro, mas os seres humanos podem compreender equivocadamente o que Deus queria dizer. Para tirar os sacerdotes de cena — e minar sua base de poder —, Lutero teve que provar que eles não tinham entendido a Bíblia direito.

Sua inspiração criativa foi que a Bíblia estava absolutamente certa, e que a Igreja a havia entendido errado. Durante esse tempo todo, a interpretação tinha sido errônea.

A essência de sua revisão vem de uma passagem da Carta aos Romanos.

A passagem diz: "Porque não há diferença. Porque todos pecaram e destituídos estão da glória de Deus; sendo justificados gratuitamente por sua graça, pela redenção que há em Cristo Jesus".

Lutero ancora sua releitura desta passagem para dizer que os seres humanos são redimidos "gratuitamente por sua graça". É um brinde de Jesus Cristo. Não é preciso nenhum padre!

"É o insight fundamental que vai desencadear a Reforma", disse Cormode. "Meramente pela fé, sem a exigência de um padre. É um presente de Deus."

172   INSPIRAÇÃO

Olhando em retrospecto, isso não soa tão profundo. Parece uma forma tão razoável de ler o texto quanto qualquer outra.

"Sabe", falou Cormode, "é um daqueles momentos em que alguém diz uma coisa e você percebe que ninguém nunca tinha pensado daquela forma".

Lutero reformou a religião cristã dando a ela uma nova história.

O que ele criou foi um dos produtos mais aceitos do mundo — uma versão reformada da religião, para muitas pessoas bem mais palatável do que a versão anterior.

Existem situações análogas em várias religiões. Pense no que aconteceu quando Jesus surgiu pela primeira vez. Ele era judeu, mas o judaísmo, no que tangia ao design de produto, apresentava alguns desafios reais aos consumidores. O Antigo Testamento, o manual do judaísmo, diz aos judeus que eles são o Povo Escolhido, mas que devem seguir um conjunto de regras bastante claras para que Deus retorne à Terra. É um conceito que significa que apenas algumas pessoas na Terra serão incluídas (o Povo Escolhido), mas também que isso só acontecerá se elas foram capazes de obedecer à risca um conjunto de regras complicadas.

A inovação de Jesus não descarta essas ideias — ele não poderia simplesmente jogar fora esses alicerces —, mas Cristo ofereceu um novo produto poderoso: ele mesmo. Disse que as regras do Antigo Testamento eram difíceis de serem seguidas porque os seres humanos jamais seriam capazes de ser tão perfeitos, para início de conversa. Em outras palavras, ele reformulou a antiga interpretação da religião por meio da definição de "pecado original". Não criou uma ideia nova do nada, mas trabalhou a partir de materiais amplamente aceitos. Inclusive, o relato do pecado original ao qual ele se refere — o homem e a mulher no Paraíso comendo o fruto da árvore do conhecimento do bem e do mal — aparece em apenas algumas páginas na Bíblia, no Capítulo 3 do Gênesis (e os capítulos deste livro são curtos!).

Jesus então ofereceu uma reviravolta poderosa na trama, calcada no testemunho do Antigo Testamento: sua morte permitiria que as pessoas fossem Escolhidas, seguissem ou não todas as regras do Antigo Testamento.

Elas só precisavam acreditar nele. Ah, e havia mais uma coisa nesse novo produto: ele estava à disposição de todo mundo, não apenas do Povo Escolhido.

Esse, sem dúvida, está entre os maiores conceitos de criatividade com *C maiúsculo* da história. Quer dizer, você poderia dizer que foi a roda, a agricultura, a domesticação de animais, as vacinas, o tratamento de esgoto, qualquer um desses, como os mais fundamentais, mas é inegável que a inovação das religiões duradouras, quer *você* acredite ou não em uma, se tornou a lente através da qual bilhões de pessoas enxergam a realidade.

Há um ponto importante que quero enfatizar. Tem a ver com o que a religião e a teologia nos dizem sobre a natureza fundamental da criatividade: que, muitas vezes, ela é muito eficaz quando conecta o passado ao presente e nos ajuda a orientar o futuro. As novas ideias mais poderosas não são obrigatoriamente as que rompem com tudo. A criatividade em geral acontece dentro de uma determinada fronteira. Vejamos o exemplo de Joseph Smith, que apresentou o mundo ao mormonismo e foi um homem de extraordinária criatividade.

Reza a lenda que, caminhando na floresta no início do século XIX, Smith teve um encontro com Deus e Jesus Cristo, e "o Salvador disse a ele para não se juntar a nenhuma das igrejas que existiam então, porque elas ensinavam doutrinas incorretas", de acordo com a biografia oficial da Igreja de Jesus Cristo dos Santos dos Últimos Dias, a religião que Smith viria a fundar. O período em que Smith viveu era fértil em ideias religiosas, uma nova terra com uma visão relativamente aberta de liberdade religiosa, que não só permitia que novos conceitos surgissem, mas que também, por meio de acirrada competição e de ampla discussão, ajudava a refinar as ideias até chegarem ao estado ideal.

"À medida que mais e mais norte-americanos migravam para as terras abertas nas fronteiras ocidentais do país, várias denominações competiam por convertidos. O período foi marcado por um ressurgimento da conversão religiosa, talvez melhor ilustrado pelas reuniões campais, com seus sermões inflamados e suas demonstrações de fervor espiritual", relatam os documentos. "Pregadores metodistas itinerantes e ministros batistas levavam suas mensagens populistas às pessoas em regiões remotas, e ambos os movimentos tiveram um crescimento vertiginoso." Outras denominações, incluindo o presbiterianismo, se esforçaram para não ficar para trás. Nessa "guerra de palavras" religiosa, como ele a chamaria mais tarde, adentrou Joseph Smith, de catorze anos.

No entanto, Smith, assim como Martinho Lutero, poderia muito bem ter falhado se tivesse rompido por completo com as crenças de longa data. Ele precisava ser consistente o bastante com as criações existentes para não perder antigos fiéis, ao mesmo tempo em que se mostrava suficientemente inédito para atrair novos.

Smith disse que encontrou a resposta enterrada em uma colina perto de Palmyra, Nova York. Conduzido até lá por um anjo, ele supostamente encontrou placas de ouro gravadas em egípcio antigo que eram escrituras perdidas, o futuro Livro de Mórmon, equivalente ao Antigo e ao Novo Testamentos em termos de autoridade. Foi isso que Smith usou para estabelecer a Igreja de Jesus Cristo dos Santos dos Últimos Dias. As ideias que criou eram particularmente atraentes para os peregrinos norte-americanos que enfrentavam uma vastidão ampla e hostil, com abundância de opções. Smith ofereceu a eles estabilidade e simplicidade.

"Ele buscou um atalho que passava entre o emaranhado de seitas e denominações em guerra e restaurou a simplicidade da igreja primitiva, apoiando-se em algumas verdades claramente reveladas e autorizadas", diz um relato escrito por Donald Scott, antigo reitor do departamento de Ciências Sociais e professor de História no Queens College/City University of New York. Sobre o mormonismo, ele prossegue: "Acima de tudo, Smith forneceu a estrutura desesperadamente desejada por vidas assoladas pela imprevisibilidade, pela desordem e pela mudança. Deu a seus fiéis um gigantesco apoio social, psicológico e econômico."

A religião oferece muitos exemplos de criatividades com *c minúsculo* que procuraram reescrever as regras de modo a acomodar o desconforto e se dissociar das condições em mudança. Vejamos o smartphone kosher.

* * *

Judeus ortodoxos têm debatido as questões trazidas pela popularidade dos telefones celulares. Por um lado, é praticamente impossível hoje em dia trabalhar na economia moderna ou mesmo se comunicar sem um dispositivo desses. O celular também tem funções que os rabinos consideram totalmente censuráveis, como um navegador de internet, que pode fornecer informações do mundo exterior que distraiam ou contenham heresias.

A inovação com *c minúsculo* deles se chama smartphone kosher. Não estou brincando. Esse dispositivo é um smartphone como outro qualquer, despojado de muitas de suas funções. É basicamente um gadget sem os aplicativos, que oferece as conveniências modernas básicas. Ideias como o smartphone kosher permitem abraçar o novo sem abandonar as restrições da fé.

"Um dos maiores problemas que existe é quando nos sentimos presos entre dois extremos — quando temos que escolher entre A e B", disse Cormode. "Então, os líderes vêm e dizem que você pode ter A e B."

Ou, em outro exemplo de criatividade com *c minúsculo*, os judeus ortodoxos debateram uma regra que lhes diz para não fazerem trabalhos manuais aos sábados — não "carregar" nada nem usar as mãos. Então, como acenderiam as luzes no sábado de manhã? A interpretação rabínica foi permitir o uso de luzes que ligam e desligam de forma automática. Os rabinos também permitem que o papel higiênico seja pré-rasgado na sexta-feira, para que as pessoas possam usar o banheiro.

Essas são inspirações com *c minúsculo* que permitem que a religião mantenha uma certa consistência — uma que seus fiéis considerem aceitável.

É possível ver todo tipo de exemplos parecidos nas religiões judaico--cristãs (e nas versões modernas do Islã) — a versão reformada dessas religiões — em que novas interpretações entram em conflito com os ensinamentos ancestrais.

Para pessoas que não são religiosas, essas passagens sobre a criatividade se ligam ao dia a dia de uma forma muito poderosa. O tipo de criatividade que essas passagens descrevem toca praticamente todo mundo que vive em uma democracia constitucional, e as interpretações das leis que governam centenas de milhões de pessoas no mundo.

* * *

176   INSPIRAÇÃO

Em 4 de março de 1801, Thomas Jefferson prestou juramento e se tornou presidente dos Estados Unidos. Ele derrotou um arquirrival, John Adams. Foi uma campanha cruel, suja e desagradável, que tendemos a enxergar como típica dos tempos modernos, instigada pela mídia — mas essa conquistou seu lugar nos livros de história por um bom motivo.

Antes de Jefferson tomar posse como presidente, Adams havia assinado o Judiciary Act de 1801, uma lei aprovada pelo Congresso que dava ampla autoridade ao presidente para nomear juízes. Adams se deleitou com essa lei, porque usou, antes de deixar o cargo, seus poderes para tentar abarrotar os tribunais com sujeitos que pensassem da mesma forma que ele.

Um dos juízes recém-nomeados foi William Marbury, que deveria ocupar o cargo de juiz de paz no Distrito de Colúmbia. Bastava seguir o procedimento, em que ficava subentendido que o secretário de Estado devia enviar sua nomeação ao Senado para confirmação.

Ah, mas havia um problema.

Depois que Jefferson assumiu o cargo, seu novo secretário de Estado, James Madison, não quis entregar a nomeação ao Senado. Por que fazer isso? Seria como se um presidente moderno tivesse nomeado Clarence Thomas, um dos membros mais conservadores da Suprema Corte, e um novo preferisse Ruth Bader Ginsburg, conhecida por seu alinhamento à ala liberal, ou o contrário.

Marbury, o sujeito apontado para o cargo, entrou com um processo, exigindo a nomeação que fora dada por Adams antes da posse de Jefferson.

É difícil enfatizar a relevância deste problema para a Suprema Corte dos Estados Unidos, e ele foi bem mais significativo do que a disputa em si: o caso continha o potencial de derrubar toda a corte. Por quê? Porque se ela decidisse exclusivamente a favor de Jefferson ou de Adams, a instituição inteira poderia ser vista como ilegítima, uma mera ferramenta política. Para se manter relevante, a corte precisava de um golpe criativo de gênio, e conseguiu dar um.

O presidente da Suprema Corte na época era John Marshall. "O grande talento dele era sua criatividade jurídica, que exige muito esforço de um leigo ou de um advogado para ser apreciada", escreveu Garrett Epps, repórter que cobre a corte para a *Atlantic*.

"Se a Suprema Corte decidisse contra Marbury, seria como admitir que o expurgo partidário de Jefferson era legal. Se decidisse contra Jefferson, o novo presidente rasgaria feliz a ordem (de nomeação). Não havia uma lei clara que provesse ao tribunal o poder de dar ordens ao presidente, e Marshall não teria meios de fazer com que as ordens fossem cumpridas. O congresso de Jefferson poderia acusar Marshall de abuso de poder — e impugná-lo", escreveu Epps.

"Mas o presidente da corte se mostrou muito esperto diante de Jefferson e o Congresso."

Sua criatividade épica resultou no que muitos chamam de a decisão mais importante do direito constitucional dos Estados Unidos.

Marshall contemplou todos os lados — não apenas o dos defensores de Adams e o dos defensores de Jefferson, como também um lado que as pessoas não percebiam de todo que tinha um interesse: a própria Suprema Corte.

Marshall escreveu em seu voto que, de fato, Jefferson não tinha o direito de privar Marbury do cargo. Aquele era o sustento de Marbury, o trabalho dele, e privá-lo disso seria o equivalente à tirania. Isso deixou o lado de Adams feliz.

Marshall também escreveu que, porém, a Suprema Corte não era tecnicamente o lugar onde a disputa deveria ser resolvida, e que a corte não tinha a mesma autoridade que o Congresso para forçar Jefferson a nomear Marbury como juiz. Isso deixou o lado de Jefferson suficientemente satisfeito de que não havia viés partidário na Suprema Corte.

Mais do que tudo, no entanto, Marshall cimentou o papel da Suprema Corte nos Estados Unidos da forma mais criativa e indireta possível: parecia que estava dizendo que a corte tinha uma autoridade limitada, mas, ao mesmo tempo, também estava dizendo que a corte tinha autoridade para rever aquele tipo de caso. Ele havia criado um dos conceitos mais importantes em todo o direito: a "revisão judicial".

Marshall havia encontrado uma saída para um dilema que parecia forçá-lo a escolher entre A e B. Ele criou uma nova história. E essa história deu à Suprema Corte o poder de escolher entre A e B inúmeras vezes após isso.

Todos os exemplos que cito aqui captam a notável interseção entre criatividade e conformidade, criações com *C maiúsculo* que, entretanto, parecem tão próximas de seus criadores e adeptos a ponto de provocar uma sensação de familiaridade.

Esse tipo de pensamento — o familiar e o novo, extraído da jurisprudência e da teologia — ilustra o progresso lento e moroso nas dinâmicas raciais nos Estados Unidos. Diante de cada novo desafio, temos a sensação de já ter passado por aquilo antes.

A história começa logo após Abraham Lincoln — criativo o suficiente para convencer um governo federal racista e entrincheirado em relação a mudanças —, ter liderado a nação por uma Guerra Civil que, após sua morte, foi seguida pela adoção, em 1868, da Décima Quarta Emenda à Constituição dos EUA. Essa emenda acabou com a escravidão. Mas as pessoas negras dos Estados Unidos, embora não estivessem (a maioria) mais acorrentadas, não eram livres nem tratadas de forma igualitária.

Pensemos nas chamadas Leis de Jim Crow, adotadas em grande parte no Sul, que exigiam a segregação racial. Em 1892, um homem negro, Homer Plessy, foi preso em Nova Orleans por não ceder seu assento no trem a um homem branco. Sua defesa foi até a Suprema Corte, com base na "cláusula de proteção igualitária", presente na Décima Quarta Emenda, que dá a todos os cidadãos a mesma proteção perante a lei.

Em 1896, o caso de Plessy chegou à Suprema Corte, que demonstrou quão longo era o caminho que os Estados Unidos tinham a percorrer ao decidir por 8 a 1 contra o homem. O texto do voto parece absurdo, mas a razão para incluí-la aqui é explicar o pensamento criativo que surgiu dele. O tribunal escreveu que a Décima Quarta Emenda visava a estabelecer a "igualdade das duas raças perante a lei, mas, pela natureza das coisas, não poderia ter a intenção de abolir distinções baseadas em cor nem endossar a igualdade social em contraposição à política". E prossegue: "Se uma raça é socialmente inferior a outra, a Constituição dos Estados Unidos não pode colocá-las no mesmo plano".

Essa decisão grotesca, quase unânime, com apenas uma discordância, tornou gritante o sistema racista que ecoa até os dias de hoje, mas também preparou o terreno para a criatividade que viria a seguir. Como uma nação de leis e precedentes se afastaria de um princípio tão hediondo?

Então, veio uma série de decisões da Suprema Corte, cada uma baseada no mesmo tipo de padrão criativo de pensamento que permeia a criatividade no pensamento religioso: as novas ideias eram calcadas em torno de uma reformulação do passado de modo a permitir o progresso.

Em 1933, um advogado pioneiro chamado Thurgood Marshall, neto de uma mulher escravizada, decidiu desafiar a prática da faculdade de direito da Universidade de Maryland de rejeitar candidatos negros, que eram tão bem, ou mais, qualificados academicamente do que os candidatos brancos que eram aceitos na instituição. O argumento criativo de Marshall não desafiava diretamente a ideia de "separados, mas iguais". Afinal de contas, o caso Plessy tinha essencialmente abraçado a ideia de que duas raças poderiam estar separadas por razões políticas ou sociais, desde que o tratamento fosse igual. Foi essa última parte que Marshall atacou. Ele disse que as faculdades de direito "negras" que seu cliente tinha permissão para frequentar eram inferiores à Universidade de Maryland, e que, portanto, não eram "iguais" de forma alguma. Marshall e seu cliente tiveram ganho de causa na Corte de Apelações em 1936, e o cliente acabou se formando na faculdade de direito da Universidade de Maryland.

Outro pequeno passo, usando uma criatividade parecida, foi dado dois anos depois. Em 1938, a Suprema Corte decidiu que um homem negro poderia cursar a faculdade de direito da Universidade do Missouri porque não havia faculdade de direito para negros naquele estado. Isso não varria o racismo sistêmico de forma significativa — nem de longe. Estava a mais de um milhão de quilômetros de ser suficiente. Estava, em vez disso, tornando confortável um sistema racista, ao criar um futuro que não divergisse tão bruscamente do passado, a ponto de fazer com que as novas ideias fossem inteiramente intragáveis para uma nação com tantos fanáticos.

Em 1950, Marshall usou um argumento semelhante para garantir uma vitória contra a faculdade de direito da Universidade do Texas. A Suprema Corte concordou por unanimidade: os sistemas de ensino jurídico eram

180   INSPIRAÇÃO

separados, mas não eram iguais. Ao mesmo tempo, a Suprema Corte decidiu em outro caso que um homem negro que havia sido admitido em
um programa de doutorado na Universidade de Oklahoma fosse obrigado
a se sentar afastado de seus colegas brancos e almoçar em uma mesa se-
parada, e essas restrições fizeram com que fosse impossível para o sujeito
aprender da mesma forma.

Foi então que tudo mudou.

Brown v. Board of Education. Uma complexa consolidação de vários
casos, o processo — com Marshall representando Brown — analisava se
as escolas públicas poderiam continuar a segregar crianças negras e brancas. A corte, a princípio, estava dividida. Incrível, não? Menos de 75 anos
antes, a decisão havia sido quase unânime. Então, um dos juízes morreu,
e foi substituído por Earl Warren, que se tornou presidente da corte. Em
1954, ele revisitou a decisão. Sistemas educacionais segregados, concluiu
ele, eram inerentemente desiguais. O pensamento criativo de Marshall se
embasava nas ideias de um panteão de estudiosos. Anos e anos de criatividades com *c minúsculo* atacando um sistema racista culminaram em uma
criatividade com *um gigante C maiúsculo*.

Tudo isso se deu graças ao tipo de criatividade que a jurisprudência
tem em comum com a da religião: pensamento convergente com o passado
para arregimentar aqueles que estão presos aos precedentes pela razão
que seja, e pensamento divergente o bastante para criar um futuro mais
condizente com o funcionamento do mundo moderno.

Isso soa como mera política social ou como a criatividade das novas
ideias.

Mas o fato é que esse mesmo ato de equilíbrio oferece a base para
inúmeras criações em todos os campos, incluindo a biologia, e para desenvolvimentos que não traziam bem algum à sociedade, como no caso
de Marshall.

Há um epílogo nesta história. Ele é composto por diversos parágrafos
que, desconfio, são capazes de provocar as reações mais controversas dentre
tudo que escrevi nestas páginas. Um estudo recente sugere que pessoas
extremamente religiosas são menos propensas a serem criativas do que
pessoas que não são devotas a um Deus monoteísta.

Espere! Antes que você comece a gritar coisas como "Mas e a Capela Sistina?!" (junto com tudo que acabei de escrever sobre religião e criatividade neste capítulo), acredito que vale a pena analisar as sugestões deste novo e fascinante estudo.

Ele é de coautoria de Jack Goncalo, o pensador extremamente imaginativo da criatividade, sobre o qual escrevi antes, e que trouxe à tona o modo como as pessoas são capazes de associar criatividade ao vômito. Essa noção central — de que a criatividade é assustadora — é relevante para um novo estudo que ele e dois colegas fizeram sobre o impacto da forte crença religiosa na criatividade. O artigo deles, revisado por pares e publicado em 2021, usou várias métricas para explorar essa ideia. Por exemplo, eles descobriram que, em estados onde mais pessoas expressam fortes crenças religiosas, houve menor produção de patentes do que em estados com uma população menos religiosa. O estudo tem muitas limitações potenciais, admitem os autores, se levarmos em conta todos os fatores que influenciam o desenvolvimento de novas ideias que dão origem a patentes. No entanto, os pesquisadores também analisaram muitos desses fatores, como renda e grau de escolaridade.

Esse foi apenas um dos seis estudos que fizeram. Outros se debruçaram mais sobre os aspectos individuais. Por exemplo, várias pesquisas perguntaram aos participantes sobre suas crenças religiosas ou os fizeram pensar sobre o Deus em que acreditavam para depois pedir testes que medissem a criatividade. Esses testes exploram quantas ideias relacionadas a um termo ou conceito específico uma pessoa é capaz de apresentar — ou, em outras palavras, mostram o quão capaz alguém é de apresentar novas ideias e conectar conceitos. Esta é uma forma aceita de medição da criatividade. Pessoas não religiosas tiveram melhor desempenho.

Os autores postulam três razões, todas extraídas de pesquisas anteriores e por elas embasadas:

"A mentalidade de seguidores passivos que os religiosos apresentam, por meio da qual olham para o mundo através de um prisma que tem

182   INSPIRAÇÃO

Deus como o líder Todo-Poderoso, que tudo vê e tudo sabe, pode inibir a criatividade porque implica aceitar legitimamente Deus como ser superior inerente e, portanto, ver seu próprio papel como o de alguém que cumpre ordens sem questionar", diz o artigo. "Esse comportamento passivo é antagônico ao desenvolvimento de ideias criativas, que exigem um pensamento independente — até mesmo uma rebeldia e uma disposição para quebrar as regras."

Uma segunda razão geral pela qual aqueles que são muito fiéis podem se mostrar menos criativos é porque "o seguimento passivo de Deus não apenas desencoraja o pensamento independente como pode também priorizar a visão de mundo estabelecida, tornando menos provável que essas pessoas sejam capazes de engendrar soluções que se afastem da lente sociocognitiva existente ou que a desafiem".

Há mais um fator, conjecturam os autores: "Por fim, o ato de obediência passiva em relação a Deus proporciona aos fiéis uma sensação de certeza. Sentimentos assim podem ser reconfortantes, mas não necessariamente vantajosos ao processo criativo — que exige disposição para aceitar a legitimidade de perspectivas potencialmente contraditórias".

Ao digerir tudo isso, percebi que, para mim, era mais fácil pensar no assunto sem me aprofundar na ideia de religião — que é pesada demais, com um profundo sentido individual —, e refletir então em termos de "visão de mundo". Se alguém tem uma visão de mundo particularmente engessada, isso limita a capacidade de ponderar sobre informações que fogem a essa visão de mundo. Essa não me parece uma afirmação particularmente controversa.

Se eu estender essa lógica à religião, a questão não é o fato de as pessoas profundamente religiosas não serem ou não poderem ser criativas. Tudo depende, em vez disso, de que tipo de visão de mundo a pessoa religiosa mantém. Algumas podem acreditar que cada palavra da Bíblia é verdadeira e que determinadas ideias e atitudes são tão pecaminosas que chegam a ser impensáveis. Isso, claro, limitaria a capacidade de a pessoa de desenvolver ideias baseadas nessas hipóteses "pecaminosas".

Entretanto, Goncalo me deu um exemplo de visão de mundo religiosa que pode ser mais propícia à criatividade: uma pessoa que pensa que seu

Deus incentiva o pensamento criativo e a descoberta. Esse tipo de pessoa, segundo Goncalo, pode de fato ser inspirada a criar graças a essa visão de mundo. Não é uma visão ortodoxa da religião, mas me parece haver tantas formas distintas pelas quais as pessoas interpretam a religião e a integram a suas vidas que, com certeza, há espaço para que a religião e a criatividade coexistam.

Este é um argumento que os próprios autores defendem com afinco na conclusão do estudo.

"Não queremos sugerir que pessoas religiosas sejam necessariamente menos criativas. Inclusive, historicamente, alguns dos indivíduos mais criativos — de Galileu a Max Planck — eram devotos. Nossas descobertas, no entanto, parecem sugerir que, embora pessoas que acreditam em Deus sejam capazes de pensar n'Ele e de serem criativas, pode ser prudente não fazer as duas coisas ao mesmo tempo", conclui o artigo. Isso se encaixa muito bem com a observação feita por um famoso astrônomo, o padre Angelo Secchi, que afirmou: "Quando estudo astronomia, esqueço meu sacerdócio e, quando cumpro meus deveres sacerdotais, esqueço a astronomia".

Toda essa discussão sobre religião ressalta uma questão maior, que é o fato de que toda criação existe em um determinado contexto. Uma grande lição para mim é que as ideias que perduram são aquelas que atingem um poderoso equilíbrio entre a novidade e a relevância. Isso é válido também para as mudanças na religião — que misturam o novo e o que já é aceito — e é válido para a biologia, onde um novo organismo (ou até uma nova espécie) que surge só pode sobreviver se tiver semelhança suficiente com o que já existe.

Isso nos leva às portas da pandemia e ao estudo da virologia. Pode não parecer uma perspectiva que tenha lugar em um livro sobre criatividade. Mas essa suposição não poderia estar mais longe da realidade.

A COVID-19 foi uma criação fantástica do ponto de vista da combinação entre novidade e conformidade. Era nova em aspectos importantes, e familiar o suficiente para se integrar aos nossos corpos e se alimentar deles.

Foi um vírus criativo, com apelo universal.

Pandemia

"Os vírus são muito desleixados. Eles cometem erros. Não se importam com nada", me revelou o dr. Paul Duprex, diretor do Centro de Pesquisa de Vacinas da Universidade de Pittsburgh.

O prelúdio havia acabado. A pandemia chegara com tudo.

O Dia de Ação de Graças de 2019, uma época de ignorância relativamente pacífica em relação aos problemas que se aproximavam, foi seguido por uma temporada de Natal e Ano-Novo com rumores sobre uma disseminação viral na China. Eu já havia reparado na ainda débil cobertura da imprensa no início de janeiro. Então, em 24 de janeiro de 2020, a *The Lancet*, uma das revistas científicas mais respeitadas do mundo, escreveu sobre 835 casos confirmados em Wuhan, com 93% de hospitalização e 25 óbitos. O artigo relatava nove "casos exportados" para, entre outros lugares, Tailândia, Estados Unidos, Japão e Coreia. Os sintomas incluíam tosse seca e febre. Os pulmões pareciam estar sob ataque.

O dr. Duprex acabaria por estar entre os principais cientistas que receberiam milhões de dólares de financiamento governamental para desenvolver uma vacina contra o vírus. Ele falou comigo, em êxtase, sobre a forma como os vírus são criados e sobre as diferenças nas metodologias criativas entre o trabalho dos fabricantes de vacinas e o da própria COVID-19.

Os vírus, ele afirma, são extremamente criativos, no sentido de que introduzem uma quantidade incrível de novidades no mundo. Quando o dr. Duprex disse que eles "não se importam com nada", o que quis dizer foi que eles introduzem bilhões de combinações diferentes por meio de mutações aleatórias, sem premeditação, claro, mas até nisso há uma estratégia. O vírus individual que sofre mutação em geral morre. Afinal, ele é diferente da linhagem de vírus que sobreviveu às pressões do tempo e das circunstâncias.

Por outro lado, um número praticamente infinito de erros é introduzido no mundo — "um enxame", segundo Duprex, "ideias pipocando, explorando uma sequência após a outra. Constantemente em busca de novos limites, novos territórios. A maioria vai longe demais".

É quase como se, diz ele, a criatividade não tivesse nenhum custo específico para o vírus. "Eles operam na casa dos bilhões." Por outro lado, "pagamos um preço por suas criações. Não queremos um milhão de obras de arte".

Outra forma de pensar sobre isso é que os seres humanos normalmente criam com algum senso de custo. Simplificando, temos uma ideia e, quase que na mesma hora, nos perguntamos: será que essa ideia é boa?

Se não for, a maioria das pessoas não perde mais tempo pensando nela. Estamos do outro lado do espectro de um vírus, que não se pergunta nada. Mas também estamos tão distantes que muitas vezes matamos ideias que podem ser boas porque temos medo de que elas exijam mais recursos do que estamos dispostos a pagar. É a SAIP, Síndrome do Assassinato da Ideia Prematura, um termo que inventei e que provavelmente mal vale os recursos que destinei a ele.

A pandemia tem muito a nos ensinar nesse sentido. Não é fácil prever uma criação que varre o globo — neste caso, uma doença nefasta, maligna e fatal — até que ela seja testada no ambiente. Essa criação em particular se consolidou graças a uma nova combinação genética que se encaixou de forma perfeita ao mundo em que foi introduzida. Em outro momento da história, essa criação poderia muito bem ter morrido na praia, como dizem.

O artigo da *The Lancet*, publicado em 24 de janeiro de 2020, observava que, três semanas antes, cientistas chineses haviam sequenciado o RNA do vírus.

Essa mutação viral combinava a genética de um morcego à de um humano, apresentando nosso sistema imunológico a uma ameaça que ele nunca havia experimentado antes. O vírus atacava os pulmões em particular, com certeza os mais vulneráveis dos órgãos, por inúmeras razões, mas principalmente porque estão mais expostos ao mundo exterior por conta da respiração constante. O vírus permanecia adormecido dentro das pessoas por até duas semanas antes que elas soubessem que estavam infectadas, deixando-as assintomáticas para transportar e espalhar seus genes para outros indivíduos através de superfícies compartilhadas, apertos de mão, abraços, tosses ou espirros.

Esses mecanismos nos fizeram rever nossos conceitos sobre doenças fatais anteriores. O HIV era muito, muito mais difícil de ser transmitido — apenas através da troca de sangue e outros fluidos corporais. O ebola não se ajudava nem um pouco, porque matava os hospedeiros com tanta rapidez que limitava bastante a eficácia com que poderia ser transmitido.

Enquanto isso, o infeliz acaso da COVID-19 não apenas resolveu essas ineficiências como também aconteceu no momento certo da história. Os seres humanos, vivendo em estreito contato em um mundo cada vez mais denso, também viviam em contato mais próximo com animais — neste caso, morcegos ou outro animal que tenha se tornado portador e sido vendido em mercados públicos —, podendo facilmente serem infectados pela natureza e infectarem uns aos outros. Por sua vez, as grandes inovações que são as viagens aéreas e os trens, metrôs, ônibus e outros meios de transporte de massa permitiram que essa criação se espalhasse pelo mundo em poucas horas. Tudo isso enquanto os acometidos estavam assintomáticos, inocentes mensageiros da morte.

E tem mais: a doença, ficou claro, também atacava a população mais velha, assim como várias outras, mas esta em particular o fez em um momento da história em que muitas nações — Estados Unidos, Itália, Japão, Alemanha — tinham sofrido um crescimento exponencial da população idosa e enferma. Por que o vírus atacou com mais força os idosos?

Em parte por causa de uma espécie de falha que existe no sistema imunológico humano.

* * *

Quando a doença começou a aparecer, médicos e cientistas notaram que era acompanhada por uma tosse seca. Um fato curioso, de certa forma. Muitas doenças pulmonares incluem tosse produtiva, ou seja, com muco. O muco é produzido como parte de uma resposta do sistema imunológico. Os espirros e o muco que sai dos pulmões por meio da tosse fazem parte de um processo de lubrificação que visa eliminar vírus ou bactérias do corpo.

Aquilo era diferente, portanto. O que sabíamos na época era que os pulmões pareciam estar sendo atacados de forma eficaz por meio de um vírus completamente novo, pelo menos para os seres humanos.

Para entendermos o que ele estava fazendo — e por que ele "pegou" —, é válido analisar a frágil relação entre o sistema imunológico e os pulmões, um órgão delicado mesmo para os padrões dos órgãos humanos.

Os pulmões são o único órgão interno diretamente exposto ao exterior. Isso nos permite respirar. Inspiramos, o ar entra, extraímos o oxigênio, que é transferido, por meio de minúsculos sacos de ar em nossos pulmões, para a corrente sanguínea, que então o transporta para o restante do corpo. O dióxido de carbono é transferido e expirado. Essa troca é tão fundamental para nossa sobrevivência que sua ausência por meros breves minutos pode nos matar. O mesmo não acontece com comida ou água; ambas também são essenciais, mas podemos passar dias sem comer ou beber.

Os pulmões, abertos ao mundo por bons motivos, impõem um verdadeiro desafio ao sistema imunológico. Nosso sistema de defesa interno tem que permitir que a troca continue e, portanto, precisa dar espaço aos pulmões para funcionarem. Isso significa, por exemplo, que podemos respirar algumas toxinas — como a fumaça de um incêndio florestal — sem que isso desencadeie uma resposta generalizada do sistema imunológico. Se o sistema imunológico enlouquecesse cada vez que inalássemos uma partícula estranha, isso criaria inúmeras complicações. Por outro lado, se os pulmões sofrerem um ataque contínuo e violento, o sistema imunológico terá que reagir de maneira agressiva para repeli-lo e nos manter respirando.

A defesa dos pulmões é um delicado ato de equilíbrio. E a COVID-19 parecia mexer com essa balança, sobretudo entre os idosos e enfermos. Em algumas pessoas deste grupo, com pulmões envelhecidos, o sistema imunológico parecia estar descontrolado. Depois de falhar em matar a infecção em um primeiro momento, o sistema imunológico se apavorava com o ataque àquele precioso órgão e acabava reagindo com excesso de zelo. As células de sinalização do sistema imunológico gritavam "Ataque, ataque!" e não apenas nos pulmões. Vários órgãos do corpo ficavam inflamados. Isso, em sua forma mais grave, é chamado de "tempestade de citocinas".

Uma das razões pelas quais os sistemas imunológicos reagiram exageradamente pode ter sido, em parte, que os seres humanos nunca tinham visto aquele vírus antes. A princípio, ele foi chamado de "o novo coronavírus".

Tudo isso se somava, de modo a tornar o vírus bastante criativo. Era novo — para nós, pelo menos — e tinha valor, o que significava que havia encontrado uma forma de prosperar em seu ambiente. O *timing* fora excelente, dada a densidade da população mundial e o fácil deslocamento de pessoas através das fronteiras. Em 23 de fevereiro, o *New York Times* informou: "A Europa enfrentou seu primeiro grande surto de coronavírus quando uma explosão de mais de 150 casos na Itália levou as autoridades, no domingo, a decretar um *lockdown* de pelo menos dez dias".

Até aquele momento, apenas cinco casos haviam sido relatados na Itália. "Essa alarmante disparada", escreveu o jornal, "despedaçou a sensação de segurança e de distanciamento que grande parte do continente tinha sentido nos últimos meses, mesmo quando o vírus já havia infectado mais de 78 mil pessoas em todo o mundo e matado mais de 2.400, quase todas na China".

Naquele mesmo dia, os Estados Unidos seriam forçados a enfrentar um segundo desafio extraordinário.

Em 23 de fevereiro, Ahmaud Arbery saiu para correr. Isso o levou a um bairro arborizado na Geórgia chamado Satilla Shores. Ali, ele começou a ser seguido por três homens brancos. Eles encurralaram Arbery. Um dos homens atirou nele. A sangue-frio. Ao contrário de muitos outros assassinatos anteriores, este foi filmado. Um vídeo de trinta segundos feito por celular mostrava a tentativa desesperada de Arbery de fugir de seus assassinos. Nenhuma prisão foi feita a princípio, nem mesmo ordenada. O caso ficou adormecido, aparentemente sem esperança de que seria feita justiça. Por fim, os três homens foram considerados culpados de quase todas as acusações.

A centenas de quilômetros de distância dali, no dia 25 de maio, na cidade de Mineápolis, George Floyd morreu após ser imobilizado no chão pela polícia, o joelho do policial sobre o pescoço de Floyd interrompendo sua respiração por oito minutos. Floyd clamou pela mãe antes de morrer. O fato se deu depois que o dono de uma loja chamou a polícia e acusou Floyd de tentar passar uma nota falsa de vinte dólares. Essa morte injustificável foi, assim como a de Arbery, gravada em um celular.

A morte e o vídeo desencadearam protestos, um após o outro, pedidos furiosos por justiça. A raiva se intensificou com as revelações do assassinato de Arbery, pelo qual nenhuma prisão havia sido feita ainda. Nomes de outras pessoas negras assassinadas, como Breonna Taylor, surgiram ou ressurgiram.

Houve exigências por mudanças. Uma efusão, cidade após cidade, como o país jamais tinha visto. Foi a criação de um movimento. Depois de tanto tempo, por que as demandas por mudanças sociais estavam em ascensão naquele momento? O movimento não era novo. Há anos mães de luto pelos filhos negros mortos suplicaram por mudanças. Pastores e líderes comunitários imploravam para que alguém os ouvisse. Os clamores despertaram algum interesse. Mas nada como aquilo. Porque o *timing* foi perfeito.

O que aconteceu depois é um exemplo poderoso e em tempo real de como o que importa quando se trata de mudança criativa não é apenas a ideia de mudança, mas o terreno onde a mudança ocorre.

Era o momento certo.

Tínhamos a tecnologia certa.

Estamos na era dos celulares.

Os terríveis vídeos criados nesses maravilhosos dispositivos (e nas câmeras carregadas pela própria polícia) forneceram evidências inequívocas daquilo que a população negra dos Estados Unidos dizia há anos — que eles estavam sujeitos a discriminação, violência injustificada e morte.

Os vídeos também mostravam, sem dar espaço para a dúvida, o que os pesquisadores haviam provado há muito tempo em laboratório: que o poder subconsciente do racismo sistêmico fazia com que alguns policiais se sentissem tão ameaçados que reagiam com excesso. O viés subconsciente ajuda a explicar a dissociação dos policiais — cujo dever é proteger a saúde e a segurança — que tinham virado do avesso os ideais de justiça e de garantia da segurança pública.

A tecnologia forneceu provas da natureza sistemática e viral dessa discriminação fatal.

O momento era perfeito para que uma velha ideia ressurgisse como um novo movimento, uma nova criação. Houve outro aspecto do *timing* que permitiu que o movimento prosperasse.

Era o próprio coronavírus. Isso mesmo: a ascensão da pandemia ajudou a criar condições que deram origem a mudanças sociais.

Ouvi essa observação pela primeira vez de um brilhante criador chamado Darrin Bell. Em 2019, ele se tornou o primeiro homem negro a ganhar o Pulitzer de charge política. A instituição citou suas "belas e ousadas charges que abordavam questões que afetam comunidades desprivilegiadas, denunciando mentiras, hipocrisia e fraude".

Eu conhecia bem Bell. Por uma década, começando em 2001, ele e eu nos unimos na produção de uma tirinha diária chamada *Rudy Park*. Tínhamos ideias juntos; eu escrevia, ele desenhava. Raras vezes conheci uma alma tão criativa e um pensador tão profundo e deliberado. Então, quando liguei para ele enquanto todas essas questões estavam se desenrolando, já deveria esperar que ele compartilhasse uma visão bastante autêntica comigo.

Ele me contou que se lembrava, quando era adolescente, de onde estava quando assistiu ao vídeo de Rodney King em 3 de março de 1991 — "a primeira surra a que assistimos na TV", disse Bell.

"As pessoas mais velhas ficavam dizendo que era uma exceção, mas foi realmente formativo." Ele crescera em Los Angeles e sabia que aquilo não era nada raro. Também não era tão comum para ele assistir a surras gravadas em vídeo — a validação para o mundo daquilo que Bell e seus colegas sabiam existir. Então, depois de Bell, veio a geração que começou a ver aquilo com mais regularidade — os violentos incidentes capturados em vídeo. "Gerações mais novas do que a minha assistiram a uma rajada deles, um atrás do outro", falou Bell. "Não há como explicar o quão relevante foi o fato de isso ter acontecido quando eles ainda não tinham nem dez anos."

Ele comparou isso ao modo como os jovens assistem a filmes de faroeste ou da Segunda Guerra Mundial e decidem se alistar. Uma geração de jovens teve sua realidade moldada pelas mídias em seus celulares. "Eles sabiam que isso acontecia o tempo todo e estavam frustrados porque os mais velhos não se importavam. Eles gravavam e compartilhavam."

Então vieram Arbery e Floyd, e as pessoas tinham tempo de sobra para se concentrar no que estava acontecendo e sair às ruas em protesto, explicou Bell.

"Este era o mundo deles e, de uma hora para outra, eles não tinham escola nem nada para fazer", disse ele.

Bell não quis soar cínico, mas o que testemunhou foi que muitos norte-americanos, trancados em casa e assistindo ao noticiário, se viram incapazes de escapar de evidências que, de outra forma, poderiam ter passado despercebidas em uma época mais saudável e economicamente mais vibrante. As pessoas estariam viajando, indo e voltando do trabalho, assistindo às aulas na faculdade, praticando esportes. Os vídeos dos assassinatos encontraram um momento no tempo, um nicho ecológico, que permitiu que as pessoas digerissem, refletissem, reagissem — e que botassem para fora anos de raiva latente, sentimentos autênticos de injustiça validados pelo celular.

Agora era a hora de confrontar o racismo sistêmico — datando de *Filho nativo* e até de antes —, que havia se tornado tão ressonante e encontrado um nicho tão poderoso porque as condições ambientais estavam maduras.

As duas criações estavam interligadas, o vírus e o movimento social — o tipo de natureza inesperada e imprevisível de criação e resposta.

Os seres humanos tinham começado a responder.

A "chamada e resposta" da natureza

De forma épica, uma criação acidental da natureza, combinada a inegáveis evidências audiovisuais do racismo sistêmico, desencadeou uma criação de enorme ferocidade, a vontade humana conjurada sob uma situação adversa.

Foi uma época em que a criação dos mundos humano e não humano não eram bem análogas em termos de caráter, mas quase idênticas em outros aspectos. O vírus surgiu por mutação, mas depois desencadeou uma poderosa combinação de ideias, diálogos e pesquisas além-fronteiras, uma espécie de quebra-cabeça de materiais genéticos, à medida que cientistas, formuladores de políticas, inovadores, empreendedores e artistas com tendências filantrópicas buscavam recuperar terreno.

Um grande amigo e colega do *New York Times* chamado Andrew Jacobs escreveu uma reportagem sobre um aumento da criatividade em torno da tecnologia dos ventiladores mecânicos.

A criatividade estava acontecendo em todos os aspectos da vida — começando pela medicina e pela explosão de ideias entre os médicos. Eles são tidos como fortemente pautados por regras e com boa razão. Foram essas pessoas, não se esqueça, que decidiram que era uma boa ideia, assim que entraram para a universidade, acordar às seis da manhã para atravessar todo o campus e chegar à aula de química orgânica, onde tinham que decorar e regurgitar a forma como os compostos interagem. Em seguida, trilharam o caminho extremamente rígido da faculdade de medicina e da residência até chegar ao consultório médico, onde você espera que eles comparem seus sintomas ou suas mazelas com os padrões factualmente aceitos, e não que ofereçam interpretações criativas sem fundamento.

Isso não significa que médicos não sejam criativos. Por favor. Significa apenas que inúmeras vezes eles tiveram que escolher um caminho que os obriga a subverter esses impulsos em detrimento de análises cruciais e práticas.

O medo diante da COVID-19 fez com que a inspiração deles se libertasse. Jacob escreveu:

"Mas o medo de uma escassez de respiradores desencadeou uma onda de experimentações em hospitais de todo o país, que está dando origem a algumas alternativas promissoras para ajudar no tratamento de pacientes.

Médicos do Hospital da Universidade North Shore, em Long Island, têm usado máquinas projetadas para pessoas com apneia do sono para manter respirando vários dos pacientes com coronavírus. Engenheiros da Universidade de Nova York transformaram secadores de cabelo profissionais em câmaras individuais de pressão negativa, que fornecem oxigênio e limitam a disseminação do vírus aerossolizado, reduzindo os riscos de infecção para os profissionais de saúde e os demais pacientes.

Pneumologistas de várias regiões dos Estados Unidos estão recorrendo a uma intervenção incrivelmente simples: virar os pacientes de bruços, o que melhora bastante os níveis de oxigenação entre aqueles com problemas respiratórios.

Os médicos dizem que essas e outras intervenções *ad hoc* permitiram que muitos hospitais resistissem ao aumento de pacientes em condições graves nas últimas semanas e podem ter ajudado a evitar a terrível escassez de ventiladores e o racionamento que alguns temiam, mas que não aconteceu.

"'Algumas dessas intervenções são recursos desesperados, que em geral não usaríamos em hospitais, mas esta crise foi um estímulo incrível para a criatividade e a colaboração', disse o dr. Greg Martin, pneumologista de Atlanta e presidente da Society of Critical Care Medicine [Sociedade médica de atendimento urgente]. 'A beleza disso é que estamos aprendendo muito, e esperamos que parte disso se traduza em coisas que possamos usar no futuro.'"

As inovações consagraram um período coletivo de extrema criatividade — alimentada pela cooperação além-fronteiras, que é um tipo particular de abertura de grupo, um intenso ligar de pontos estimulado por um pavor extraordinário, tão poderoso que forçou as pessoas a deixarem de lado o fantasma da dúvida. Quase todas as facetas de nossas vidas passaram por alguma adaptação alimentada pela criatividade. Exemplos não faltam.

Em 30 de março de 2020, a dra. Sonali Wilborn estava sentada a uma mesa em Ann Arbor, Michigan, participando de mais uma videochamada pelo Zoom, quando foi atingida pela inspiração. De repente, ela descobriu como ajudar os doentes da COVID-19 a morrer de forma mais humana.

"As pessoas acharam que eu estava maluca", disse a dra. Wilborn.

A dra. Wilborn, clínica geral de formação, encontrou um propósito depois que começou a se concentrar em cuidados paliativos. Ela ajudava as pessoas a morrerem de uma forma melhor. Durante a pandemia da COVID-19, as pessoas estavam morrendo em condições horríveis, que não eram vistas há anos: sem poder ver amigos nem familiares. Seus últimos momentos eram passados a sós, isoladas, em camas de UTI ou asilos que não queriam ou não podiam permitir visitas. Ninguém queria arriscar a disseminação daquele vírus terrível.

Histórias desesperadoras não paravam de chegar, junto com imagens de parentes reunidos à porta de asilos, espiando pelas janelas para dar um "oi" ou um "adeus" a um pai, avô, tio ou tia. Outras vezes, uma pessoa em ventilação mecânica, nos estertores, implorava com os olhos para ter um vislumbre pelo celular — por meio do FaceTime ou alguma outra inovação poderosa — de um filho, filha ou neto.

Uma dessas pessoas se chamava Willie (por questão de privacidade, nenhum sobrenome será utilizado aqui). Ele morava em Nova Orleans, e a dra. Wilborn ouviu falar dele em uma chamada de Zoom em sua casa em Michigan. Para além de seu outro trabalho, a dra. Wilborn havia assumido o cargo de diretora médica do Heart of Hospice, uma organização que ajuda a levar o conceito dos cuidados paliativos a dezesseis regiões do Sul dos Estados Unidos. A visão da organização é "transformar os cuidados no fim da vida".

Willie precisava de uma mudança. Em um leito de UTI, ele morreria em breve sem nenhum contato com a família, incluindo o filho, de quem Willie estava afastado havia mais de uma década. Ele implorou por alguma intimidade.

Em condições normais, leva dezoito meses para se colocar uma nova unidade de cuidados paliativos em funcionamento. Há muita burocracia, além de questões fundamentais do ponto de vista médico e de segurança. Há também questões imobiliárias e assim por diante.

A dra. Wilborn disse a sua equipe que eles precisavam criar um novo tipo de unidade de cuidados paliativos, uma que fosse segura em relação à propagação da COVID-19 para permitir que os doentes terminais pudessem ver suas famílias.

A equipe trabalhou incansavelmente e criou uma unidade "pop-up" de cuidados paliativos, equipada com dispositivos de segurança, de modo que os familiares pudessem visitar os pacientes em quartos individuais, usando os melhores equipamentos de proteção, e se despedir deles. A montagem levou oito dias.

Willie foi para lá, e morreu depois de dar oi e adeus ao filho. No outono de 2020, quando escrevi essas palavras pela primeira vez, a unidade de cuidados paliativos havia atendido 89 pessoas que, de outra forma, poderiam ter morrido sem contato ou interação humana.

A dra. Wilborn não inventou os cuidados paliativos nem o EPI (equipamento de proteção individual). Ela ligou alguns pontos, e menos pessoas morreram sozinhas. Foi um ótimo exemplo de criatividade inspirada pela pandemia, que levaria outras instituições a adotarem medidas semelhantes.

A criatividade vinha de pessoas de todas as idades — velhos acadêmicos e jovens e determinados inovadores. Em março de 2020 — logo após o começo da pandemia —, um jovem de dezessete anos do estado de Washington montou um site que vasculhava a internet em busca de informações precisas e fornecia o status da pandemia e das respostas a ela.

Maravilhe-se! Contemple toda a criatividade que nos levou até o ponto em que o vírus pôde ser identificado, capturado e descrito, dividido em frações de RNA, combatido com vacinas. É a tensão criativa em sua essência — perturbação e resposta, chamada e resposta.

Neste caso específico, com a ajuda de um jovem de dezessete anos.

A criatividade veio por todos os lados, em inúmeros aspectos da vida, da tecnologia, da medicina. O momento se prestava à experimentação de ideias. Elas fizeram a diferença. Eu, particularmente, amo a história de Tina Syer, que foi tomada de surpresa por uma ideia enquanto dirigia, na região sul de São Francisco, na noite de 19 de março de 2020. Fazia apenas alguns dias que havia ficado claro que os Estados Unidos não escapariam da COVID-19, e muitas cidades já haviam decretado *lockdown*.

Isso significava que as portas iam se fechar no cantinho do mundo de Syer — o Boys & Girls Club of the Peninsula. O Boys & Girls Club, em geral, atende comunidades menos afortunadas há muito tempo. A filial em que Syer trabalhava como gerente e principal arrecadadora de fundos atendia a um nicho particularmente negligenciado: os pobres invisíveis do Vale do Silício, no entorno de Palo Alto, Califórnia, uma das regiões mais ricas do mundo — onde ficam a Universidade Stanford, o centro de capital de risco conhecido como Sand Hill Road, o Google, o Facebook, a Tesla e muitos outros.

Portanto, não foi surpresa alguma que a desigualdade tenha aumentado na região onde 75% da riqueza era detida por 13% da população, de acordo com um *think tank* chamado Joint Venture Silicon Valley. No outro extremo do espectro, alguns dos mais pobres viviam em uma pequena cidade chamada East Palo Alto, logo depois da linha férrea que passa por Palo Alto. Seus moradores podiam ser invisíveis de várias maneiras: trabalhavam como empregados, jardineiros, ajudantes de garçom, zeladores — funcionários que não devem ser vistos nem ouvidos. E muitos são imigrantes latino-americanos sem documentos, que, por isso, se sujeitam ao submundo da mão de obra barata. Mas eram pessoas que trabalhavam — as famílias eram extremamente esforçadas —, algumas com mais de um emprego para poder garantir o aluguel. E foi aí que surgiu o Boys &

Girls Club, que cuidava de crianças na parte da tarde, ensinando habilidades acadêmicas, servindo lanches e, às vezes, jantares e oferecendo uma enorme fonte de apoio.

Então, veio a pandemia. Enquanto Syer dirigia pela estrada que levava de sua casa, em São Francisco, ao Boys & Girls Club, ela percebeu que estava fazendo aquele trajeto pela última vez em um bom tempo: diante do *lockdown*, o lugar teria que fechar as portas.

Ao volante, ela pensou: "As crianças não vão ter o espaço seguro de estudo, não vão ter uma escola que ofereça café da manhã e almoço, e não há clubes em que possam jantar".

E então lhe veio outro pensamento: "Espera, nós temos instalações com cozinhas maravilhosas!"

O Boys & Girls Club servia 350 refeições por noite para os jovens enquanto eles faziam seus deveres de casa e lhes proporcionava um lugar diferente de suas casas para passarem o tempo. Syer era relativamente nova na organização, então o que ela teve foi um momento eureca, mas sem muita convicção ou influência para transformá-lo em algo mais.

Porém foi uma centelha forte o suficiente para que, quando ela recorreu à organização, uma criação notável se estabelecesse. Escrevi uma matéria sobre isso para o *New York Times*:

PALO ALTO, Califórnia — Andres Pantoja, um promissor *sous-chef* do Vale do Silício, passou suas noites pré-pandemia preparando um delicado prato de costeletas de cordeiro de 115 dólares, e limpando um peixe inteiro para o preparo de um *psari plaki* de 42 dólares em um restaurante da moda na região. É um trabalho frenético servir duzentas refeições sofisticadas por noite.

Seu novo trabalho está se mostrando bem mais caótico, no entanto — o preparo de milhares de refeições gratuitas cujo valor parece incalculável para aqueles que estão sendo servidos: jardineiros, zeladores, operários da construção civil, empregadas e outros que viram sua escassa renda diminuir ainda mais à medida que o coronavírus devastou a economia. O sr. Pantoja se tornou parte de um esforço em grande escala para ajudar a alimentar as famílias mais pobres em uma região com um dos maiores índices de desigualdade do país. Podemos chamar isso de *tech-to-table*, uma iniciativa do Vale do Silício para alimentar os necessitados, idealizada por uma filial do Boys & Girls Clubs. O CEO da organização, Peter Fortenbaugh, um MBA de Harvard, lançou mão de sua experiência de trabalho na McKinsey & Co. e de muitas conexões para transformar o que havia sido um programa voltado para a educação para jovens carentes em uma das operações de distribuição de refeições mais dinâmicas da Bay Area.

Dois pontos servem mais de duas mil refeições gratuitas por noite, um em East Palo Alto e outro em Redwood City, onde Pantoja comanda o espetáculo com exuberância.

"Hoje é noite de *jambalaya*: frango, linguiça andouille, um pouco de camarão", disse ele alguns dias atrás, enquanto um de seus colegas de cozinha preparava o arroz. Os temperos? "Tanta coisa: páprica, cominho, pimenta. O restante é uma mistura secreta."

Esta semana, o grupo serviu sua refeição de número cem mil, tendo gasto até o momento 30 mil dólares por semana. Uma recente injeção de 218 mil dólares veio de um evento de ciclismo voltado para a arrecadação, que contou com 784 participantes e um toque de quarentena.

A insegurança alimentar — um termo brando para o pavor de se ver diante da fome — se tornou central para a história da COVID-19, à medida que mais indivíduos têm perdido seus empregos. São essas as histórias das pessoas que começam a fazer fila a partir das quatro da tarde na porta dos dois endereços do Boys & Girls Club: uma faxineira com quatro filhos cuja renda caiu de quatrocentos para 110 dólares semanais; um zelador de 57 anos que perdeu o emprego quando a Macy's fechou e que mora em uma casa com sete pessoas, todas desempregadas; uma mãe de três filhos cujo marido, pintor, agora só consegue trabalho esporadicamente.

"Os donos das casas não querem nem que ele se aproxime", disse a mulher, que não tem documentos e deu apenas o primeiro nome, Josefina, para evitar problemas com o serviço de imigração. Ela e outros descreveram a comida como especialmente importante, já que o pagamento do aluguel é prioridade.

Algumas semanas depois que o *New York Times* publicou o artigo que escrevi, soube que o programa de refeições comunitárias tinha recebido mais de meio milhão de dólares em novas doações.

O momento eureca de Syer pegou em sua organização, inspirou a alta diretoria, a chefia local, os cozinheiros, me inspirou o suficiente para escrever um artigo, e empolgou meus editores o suficiente para publicá-lo, valendo-se dos ombros dos gigantes que criaram o *New York Times*, e dos inovadores que pegaram o jornal e o tornaram um sucesso online, que, por sua vez, se apoiaram nos criadores da internet, e tudo isso proporcionou ainda mais ajuda para Syer e o Boys & Girls Club: mais doações em dinheiro. Este é um exemplo modesto do efeito cascata da criatividade gerada pela urgência, alimentada pelo medo, e que então alcança um poço de autenticidade e de centelhas individuais.

E, por todo o país, havia uma batalha sendo travada nas ruas pelo futuro das relações raciais. Líderes surgiram e vozes ressoaram. As pessoas começaram a lançar um espectro de mudanças sistêmicas para abordar as relações entre a polícia e as comunidades pobres e minoritárias.

Uma das ideias veio de Justin Harrington, o sobrinho de Rhiannon Giddens.

Ele tem vinte e poucos anos e passou a maior parte da quarentena em seu quarto em Greensboro, na Carolina do Norte, trabalhando em um álbum. "Eu só ia criar", disse ele. "Isolado de tudo."

A princípio, foi energizante; depois, deprimente. Ele sentia falta de outras pessoas. Não havia como levar seu álbum para o palco. E os primeiros protestos não o inspiraram. Ele tinha a sensação de já ter visto aquilo antes, pessoas indo às ruas em anos passados, aproveitando o impulso por alguns dias, depois retomando suas vidas, derrotadas pela enormidade de tudo aquilo e pelo peso do sistema.

Então, em um sábado em meados de maio, ele assistiu no Instagram a um vídeo dos protestos no centro de Greensboro. Foi quando ele e a mãe,

Lalenja, encheram sua van com máscaras, água e outros suprimentos para dar apoio aos manifestantes. "Lá na frente, vi meus amigos liderando a marcha. As pessoas que estavam trabalhando no underground. Foi como uma chave que virou para mim. Pensei: 'É isso que tenho que fazer'."

Uma musa tomou conta dele, como de muitos ao redor do país. Nesse caso, ele acabaria na linha de frente, com uma criação própria voltada para a mistura entre política e arte. Isso teria um impacto poderoso.

Um espírito semelhante estava tomando conta da própria Giddens. No início da primeira semana de junho de 2020, ela se sentou à mesa da cozinha de sua casa na Irlanda, onde passa parte do ano. Em seu MacBook Pro, abriu o Twitter. Naquela manhã, um fã tuitou elogios a uma música chamada "Cry No More", que Giddens havia composto e gravado em 2015. A inspiração para a canção tinha sido o assassinato de nove pessoas negras em um tiroteio em massa em uma igreja de Charleston, na Carolina do Sul.

Giddens assistiu ao vídeo da música no YouTube.

"Olhei para aquilo e pensei: 'Cacete', e a ideia me veio na mesma hora."

Ela seguiu uma poderosa musa sem nem pensar: uma ideia para uma nova versão da música, maior e mais grandiosa. Ela era capaz de imaginar e ouvir Yo-Yo Ma tocando violoncelo, acompanhada por uma coreografia de Misty Copeland, a primeira mulher negra promovida a dançarina principal pelo American Ballet Theatre. Giddens começou a sair da toca, por meio de tecnologias que permitem a colaboração a distâncias maiores do que nunca.

Uma explosão de criatividade veio em resposta aos desafios que o mundo e os Estados Unidos estavam enfrentando.

O que une essas histórias é que elas surgiram do grande poder da mente humana para a inovação. Cada vez mais, temos desenvolvido uma compreensão de como a mente funciona quando se trata de criatividade.

É hora de espiarmos dentro do cérebro de um criador e analisarmos outras questões fisiológicas. Este é o Livro III.

LIVRO III

NEUROLOGIA, FISIOLOGIA, PERSONALIDADE, CRONOLOGIA E (A NOVA) GEOGRAFIA

O cérebro

"Quantas coisas você consegue pensar em fazer com um tijolo?"

A pergunta me foi feita por Roger Beaty, neurocientista da Universidade Estadual da Pensilvânia. Ele estava fazendo o "teste de usos alternativos" comigo, ou pelo menos uma pergunta padrão dele.

O teste, que ajuda a definir o campo da criatividade, foi concebido por um estudioso chamado Joy Paul Guilford (chamado de J.P. por amigos e seguidores) em 1967. Ele buscava medir a capacidade de uma pessoa de desenvolver pensamentos divergentes.

"Quantas coisas você consegue pensar em fazer com um tijolo?". Ou com um clipe de papel, uma caneta, um sapato?

Essas perguntas visam a identificar quatro características que Guilford associou à criatividade. Uma é a **fluência**, um conceito que já descrevi e que, na verdade, é apenas uma palavra rebuscada para dizer "quantidade". Quantas ideias uma pessoa é capaz de ter?

Um tijolo pode ser usado como batente de porta, jogado por uma janela, colocado junto ao pneu para evitar que um carro deslize em uma ladeira íngreme e assim por diante.

Uma segunda característica é a **originalidade**.

"O tijolo pode ser moído até virar uma pasta vermelha, misturado com água e usado como tinta", respondi a Roger Beaty, o neurocientista, depois de ter listado um punhado de outras ideias para o tijolo.

Essa ideia em particular pareceu chamar a atenção dele. Pode ser um exemplo de originalidade, mas também contém aspectos dos outros dois atributos que J.P. associou à criatividade. Um deles é a **flexibilidade**, uma medida dos diferentes tipos de categorias que uma pessoa criou — tinta é diferente de batente de porta. A última característica é o **detalhe** — tinta vermelha feita de tijolo triturado misturado com água é uma descrição com alto grau de especificidade.

Beaty tinha tido uma ideia. Ele decidira aplicar o teste com um diferencial: a pessoa que faria o teste estaria deitada dentro de um aparelho de ressonância magnética, que obteria imagens do cérebro dos participantes do estudo em tempo real.

Este capítulo fala sobre o que Beaty e outras pessoas descobriram sobre o cérebro de criadores. Ele se encaixa em uma seção maior do livro, que trata dos atributos fisiológicos e emocionais das pessoas criativas. Vou começar pelo cérebro.

Beaty estava em Greensboro, Carolina do Norte, na época, fazendo pós--graduação, quando teve a ideia. Ele encontrou sua mina de ouro: um aparelho de ressonância magnética "juntando poeira" em uma sala. Só a manutenção de um aparelho como esse fica na casa dos seis dígitos. Aquele estava sendo subutilizado. Beaty decidiu mudar isso. Escaneou o cérebro de cerca de 170 pessoas enquanto elas faziam um teste cronometrado de usos alternativos. De modo geral, os aparelhos medem o fluxo sanguíneo no cérebro, de forma a indicar quais regiões estão, efetivamente, trabalhando mais em um determinado momento.

Será que o padrão de fluxo sanguíneo nos cérebros das pessoas que tiveram pontuações mais altas no teste de pensamento divergente era diferente do padrão daquelas que tinham apresentado um número menor de ideias novas?

Beaty olhou para os resultados e teve a sensação de que havia feito uma descoberta poderosa.

"As pessoas que se saíram melhor", disse ele, "tinham conexões mais fortes entre regiões de três sub-redes do cérebro".

Essas três sub-redes são as chamadas de rede padrão, rede de controle executivo e rede de saliência.

A rede padrão parece estar mais ativa quando uma pessoa não está focada em nada em particular: em repouso, distraída, divagando, pensando em eventos passados ou futuros.

A rede de controle executivo é a parte mais evoluída da mente humana. Está envolvida na tomada de decisões complexas, no foco e no direcionamento da atenção.

A rede de saliência desempenha uma função de filtragem — "captar algo que é relevante, interessante ou ao qual precisa dar atenção".

No modelo de Beaty, a conectividade entre essas redes era mais intensa em pessoas que tinham tido bom desempenho nos testes de criatividade. Isso sugeriu a ele que a rede padrão abria espaço para o surgimento de ideias, a rede de saliência ajudava a filtrar quais delas eram mais potencialmente relevantes e o processamento final era realizado pela rede de controle executivo, relacionada à concentração mais profunda.

Minha forma simplória de pensar sobre isso é olhar para o cérebro como uma operação de mineração de ouro. Uma parte do órgão desenterra toneladas de coisas — rochas, minerais, fósseis, lama e algumas pepitas de ouro. Outra parte vasculha em meio a isso tudo aquilo que pode mesmo ser ouro. E outra pega o que tem mais potencial, dá um polimento, derrete a melhor pepita, molda um anel e o coloca para venda.

O trabalho de Beaty faz parte de uma onda de esforços para mapear o cérebro de pessoas consideradas criativas.

É algo extremamente controverso. Há quem diga que é um trabalho sem sentido.

"Uma enorme besteira. Não tem valor nenhum", me disse o estudioso da criatividade de longa data chamado Arne Dietrich, que mencionei no primeiro capítulo. Ele é autor do livro *How Creativity Happens in the Brain* [Como a criatividade age no cérebro], no qual explica que a complexidade da criatividade, na verdade, excede nossa capacidade de mapeá-la no cérebro. "Não consigo pensar em nenhuma outra faculdade mental tão central à condição humana da qual tenhamos tão pouca compreensão em relação aos mecanismos cerebrais."

E, em um artigo de 2018, Dietrich escreveu: "O estudo neurocientífico da criatividade está à deriva em relação às demais ciências psicológicas, e se encontra em um deserto teórico sem precedentes na psicologia".

Estou apresentando a neurociência da criatividade desta forma para destacar dois pontos importantes: existe um potencial extraordinário para o campo da neurociência quando se trata de compreender a criatividade, mas a tecnologia ainda é muito embrionária e, portanto, pode cometer erros. Essa é uma das razões pela qual não fiz da neurociência a base central deste livro. Talvez soasse mais atraente, mas seria superestimar um campo de pesquisa ainda incipiente.

Portanto, este capítulo pretende explicar o que os cientistas sabem, o que não sabem e por que as perspectivas são tão animadoras. O próprio Dietrich, apesar de ser um respeitado cético na área, deixa as possibilidades em aberto.

Dietrich passou a infância no norte da Alemanha, até que a família se mudou para os Estados Unidos quando ele era adolescente. Ele concluiu a graduação e a pós-graduação na Universidade da Geórgia, cativado pela criatividade e consciência, e dedicou inúmeras horas à prática de exercícios assustadoramente longos. Participou do Ironman e completou com regularidade corridas de mais de trinta quilômetros apenas como parte do treinamento.

Foi depois de uma dessas corridas — uma de 33 quilômetros em uma zona florestal na área central da Geórgia, em 2001 — que Dietrich diz ter sido arrebatado por uma ideia. Tinha a ver com onde as sementes de criatividade se originavam no cérebro, ou melhor, onde *não* se originavam. Dietrich tinha certeza de que as ideias fluíam quando o córtex pré-frontal estava em um momento de calmaria. Essa tese é cada vez mais aceita, mas, na época, Dietrich a achou tão assustadora que teve medo de debatê-la publicamente. E com razão: o córtex pré-frontal é, como falei, a parte mais avançada do cérebro humano. É o que nos diferencia dos outros animais, por assim dizer.

"Levei anos para solucionar isso, para ter certeza, em termos profissionais, de que não estava deixando passar alguma coisa óbvia", ele me falou.

Em 2003, ele se sentiu confiante o suficiente para expor seus pensamentos. Publicou um artigo que introduzia a "teoria da hipofrontalidade transitória".

A parte importante da palavra é o prefixo "hipo". Significa "baixo". Da mesma forma que "hipotensão" significa baixa pressão arterial. É o oposto de hiper.

Hipofrontalidade transitória. Uma desaceleração temporária das partes mais avançadas do cérebro levaria à produção de ideias mais criativas.

Assim, a princípio, isso não faz o menor sentido.

Como assim a criatividade tem origens em partes menos desenvolvidas do cérebro?

Com o tempo, ficou claro, por meio de evidências que já compartilhei neste livro, que Dietrich estava no caminho certo. Ideias geradas em estados meditativos — estados menos atentos e rígidos, como os que nos mantêm dentro da moralidade ou nos fazem seguir regras e leis — parecem estar associadas à capacidade de maior fluência na geração de ideias que é típica da infância.

Isso não significa que não possa haver várias partes do cérebro envolvidas, como propõe Beaty. Mas o que abalou Dietrich de verdade foi o fato de a criatividade estar "completamente arraigada e espalhada" no cérebro.

Em parte, foi por isso que Dietrich se afastou da ideia de que a neurociência, apesar de sua rápida evolução, continha respostas imediatas sobre o funcionamento da criatividade. Não era a meta que estava desalinhada; a hipótese, em última instância, que era acanhada demais. Imagine, propõe Dietrich, se pudéssemos descobrir quais partes do cérebro proporcionam uma inovação brilhante?

"Seria um divisor de águas completo — para qualquer país, para qualquer exército, para qualquer empresa. Seria possível não só estimular a criatividade, como aprimorar uma dinâmica que, por si só, poderia melhorar esse processo", revelou Dietrich. Ele conversou comigo por Skype de sua casa no Líbano, onde é professor da Universidade Americana de Beirute; mais uma vez, o poder do networking estava em jogo no compartilhamento de ideias.

Também é válido mencionar que, apesar de achar que ainda há muitas lacunas na neurologia, Dietrich acredita que as respostas, em última instância, virão da biologia evolutiva. "Ou seja, o cérebro produz um modelo mental que simula as consequências dos experimentos de geração e teste, que são então integradas ao processo de variação", escreveu ele. "Uma vez aceito o paradigma evolutivo, fica claro o caminho que temos que percorrer."

208 INSPIRAÇÃO

Uma determinada combinação de conexões neurais gera ideias e fragmentos de ideias que os criadores conectam para formar pensamentos maiores, que são avaliados com rigor pelo poder de análise e pelo intelecto. Essas são partes do cérebro que não estão à disposição de apenas uns poucos, escreve ele. "Está claro que pessoas criativas não são uma classe especial de profetas."

Enquanto isso, se, por um lado, Dietrich se mantém extremamente cético em relação ao progresso no campo da neuroimagiologia e Beaty acredita que um mapa já está tomando forma, por outro, existe uma espécie de meio-termo em andamento dentro da neurociência.

Os neurocientistas que estudam a criatividade estão dando passos modestos, que nos oferecem pistas, mas não um quadro completo.

Um pequeno estudo da Universidade de Iowa explorou os cérebros de sete criadores talentosos: quatro artistas (três escritores e um cineasta) e três cientistas (um neurocientista e dois biólogos moleculares). Enquanto esses vários criadores estavam no aparelho de ressonância magnética, eles realizaram uma tarefa projetada para revelar seus impulsos criativos. A tarefa envolvia mostrar aos criadores uma palavra comum — escolhida em meio a vários substantivos e verbos —, e o criador deveria sussurrar a primeira coisa que lhe viesse à cabeça. A suposição era de que criadores talentosos responderiam de formas que indicavam criatividade, imaginação, conexão de ideias esparsas.

Para fins de comparação, os mesmos sete criadores foram colocados dentro de um aparelho e, em seguida, um número de dois dígitos lhes foi apresentado. A tarefa deles era simplesmente dizer o número em voz alta, uma tarefa que visava mostrar o cérebro em um estado menos criativo.

A ressonância revelou que os cérebros dos participantes do estudo eram mais ativos quando respondiam com uma palavra na qual eles mesmos tinham pensado, diferentemente de quando repetiam o número de dois dígitos. Isso não foi uma surpresa. Afinal de contas, o cérebro estava empreendendo uma tarefa mais difícil quando tinha que responder com uma palavra.

A segunda conclusão básica foi que, quando os artistas e cientistas tinham a tarefa de pensar em uma palavra, seus cérebros apresentaram uma ativação em áreas semelhantes. Em particular, acendeu a rede padrão, uma parte do cérebro envolvida em atividades menos direcionadas. Esta havia sido a hipótese de Dietrich: tanto cientistas quanto artistas, criativos de maneiras diferentes, mostravam, ao criar, uma atividade mais acentuada em uma parte do cérebro responsável pelo tempo de inatividade, não pela análise deliberada.

Outro estudo fascinante e sofisticado chegou a conclusões polêmicas, ao comparar os cérebros de pessoas que haviam feito conquistas criativas significativas — responsáveis por criatividades com C *maiúsculo* em seus campos — com os de pessoas que não haviam feito tais conquistas, mas que eram muito inteligentes.

O estudo fez parte do Big C Project da UCLA. Os pesquisadores recrutaram grandes talentos de áreas criativas, como pintores, escultores e fotógrafos, e de áreas científicas, incluindo biologia, química e matemática. As realizações criativas dessas pessoas eram atestadas por diferentes medidas de produtividade e influência. Foi recrutado um segundo grupo: o Grupo de Comparação Inteligente — pessoas com alto grau de escolaridade e alto QI. Ao total, eram 107 participantes.

Estes participantes tiveram seus cérebros varridos enquanto se envolviam em diferentes tarefas, incluindo um grupo associado à criatividade, as tarefas de "pensamento divergente". O estudo descobriu que ambos os grupos usavam partes semelhantes do cérebro quando trabalhavam em uma atividade criativa, mas os criadores apresentaram menor atividade nessas partes.

Os criadores precisavam de menos potencial mental.

Vale notar que ambos produziram resultados semelhantes. Mas as pessoas do Grupo de Comparação Inteligente tiveram que se esforçar mais.

"Esse tipo de efeito, observado como uma menor ativação na mesma rede neural, é visto frequentemente como um reflexo do aumento da 'eficiência'", diz o artigo, publicado em 2018 na revista *Neuropsychologia*.

210   INSPIRAÇÃO

O estudo ajuda a explicar por que algumas pessoas podem ser mais propensas à criatividade do que outras: porque é mais fácil para elas. Em pessoas que criam com maior naturalidade, o cérebro se sente menos sobrecarregado. Isso ajuda a explicar por que vários negócios são segmentados entre pessoas que gravitam para o lado mais criativo e pessoas mais pragmáticas (escrever roteiros *versus* administrar o estúdio de cinema ou escrever programas de computador *versus* administrar a logística de uma grande empresa). Toda tarefa exige certo grau de criatividade, mas o ofício de ter ideias do zero pode ser mais fácil para alguns.

Isso também não tira a criatividade do alcance dos demais. Ela apenas pode exigir mais trabalho.

De modo geral, o que acredito ser mais valioso em pesquisas como essa é que elas estão começando a dividir a neurociência da criatividade em pedaços menores — geração de ideias, processamento e assim por diante.

Quanto mais isso avança, mais parece, de modo quase inevitável, que esses mapas vão acabar surgindo. Então, como supõe Dietrich, pode ser possível desenvolver técnicas comportamentais que estimulem um alto grau de criatividade, fortalecendo a atividade ou a capacidade em determinadas partes do cérebro e no relacionamento entre elas.

Por enquanto, o melhor que podemos fazer é supor, em larga escala, que as ideias são geradas em uma determinada área do cérebro e que, em seguida, são avaliadas em um segundo processo ou uma rede neural. Essa hipótese enfatiza a conexão entre a forma como os seres humanos criam e a forma como os organismos mais primitivos sofrem mutações e evoluem.

No modelo celular básico, as mutações ocorrem em nível genético, muitas vezes provocando a morte de um organismo por falta de viabilidade em nosso mundo. Alguns sobrevivem. Outros prosperam. Os que prosperam o fazem após passar pelo teste do mundo físico.

Uma analogia perfeita parece existir dentro de nossos cérebros.

As ideias chegam até nós por meio de nossas redes padrão. Elas fluem do subconsciente, em momentos de silêncio, de inspiração, experiências de pura emoção, estados de autenticidade. Aparecem para nós, muitas vezes, não quando são desejadas, mas quando damos espaço a elas. São quase como mutações, novas formas de ideias, pequenas variações do que havia antes. Mutações no conhecimento prévio.

Então, processamos essas ideias de modo mais ativo, por meio das redes intelectuais de nossos cérebros, a torre de controle e suas regiões parceiras.

Essa avaliação das ideias que surgem é, mais uma vez, precisamente análoga à ideia de uma mutação sendo posta à prova no mundo físico. Nossas próprias mentes criam tanto a mutação quanto o ambiente para testá-la. Nossos cérebros se tornam o terreno acidentado onde uma criação é varrida pelo calor e pelo frio da experiência, a ladeira escorregadia e irregular do conhecimento prévio, as profundezas oceânicas congelantes e infestadas de tubarões da realidade. Tudo isso pode acontecer em um piscar de olhos, em alguns minutos, em uma semana.

"Tive uma ideia!", falo para minha esposa com alguma regularidade.

"Espera ela assentar."

A mutação havia aparecido, e a proclamei como se fosse uma nova invenção brilhante dos irmãos Wright. E, diante do sublime conselho de minha esposa, espero ela assentar e a deixo ser processada.

"Lembra aquela ideia que tive outro dia?", comento de volta com ela. "Não faz o menor sentido."

Insira aqui um sorriso irônico e conjugal.

A mutação havia surgido, atravessado as brasas impiedosas de minha experiência e sido jogada no monte das inspirações mortas.

Entretanto, algumas sobrevivem a esse processo. Criadores prolíficos parecem ter um talento especial para gerar mais mutações, avaliando-as com eficácia suficiente para levá-los ao próximo desafio ambiental: o mundo real. O mundo externo às redes analíticas. Estas ideias são, na analogia biológica, mutações que sobreviveram a inúmeras gerações. Têm a chance de florescer para além do cérebro. Elas se tornam todo tipo de inovação: a proposta de negócio que é apresentada aos investidores, uma música tocada para o resto da banda, o livro mostrado a um agente ou uma pauta sugerida a um editor, o projeto de pesquisa que é inscrito para ganhar uma bolsa.

Ou a ideia do roteiro que se tornará um filme ou uma série. O que me traz a uma história que ouvi de Judd Apatow, um criador altamente popular de comédias emocionantes. Ele não é neurocientista, mas poderia muito bem se passar por um.

É importante notar que a habilidade de Apatow traz a reboque um toque de comédia, tristeza, desconforto e autenticidade. Suas criações se debatem com coisas reais, personagens familiares, emoções quase universais, conversas conjugais repetidas letra por letra em nossos próprios lares. Talvez seja essa a definição de genialidade na comédia, e ele fez isso repetidas vezes: *O virgem de 40 anos, Ligeiramente grávidos, Bem-vindo aos 40, Tá rindo do quê?* e diversas séries, incluindo *Freaks and Geeks*, uma história sobre adolescência que teve uma breve vida comercial, mas que foi amada pelo público e pela crítica. "*Freaks and Geeks*", diz uma resenha do *New York Daily News*, "explora algo primordial: a sede dos adolescentes de começar a entender a si mesmos e ao mundo. *Freaks and Geeks* é honesto demais para oferecer respostas. Mas afirma o valor e a universalidade de se fazer as perguntas".

Apatow merece o crédito por ouvir a própria voz e deixá-la correr solta, começando por uma carreira de *stand-up comedy*, que teve início no ensino médio, junto a uma dedicação e ambição que o levaram, uma década após a formatura, a escrever para o *The Larry Sanders Show*, onde teve a orientação do brilhante protagonista da série da HBO, Garry Shandling.

O que me traz a esta breve parábola sobre o cérebro, compartilhada por Apatow.

Filmes e séries de TV são, em essência, atos de colaboração criativa. Diretores, atores, fotógrafos, roteiristas. Às vezes, dezenas de roteiristas. Esses programas são criados em salas de roteiro, lugares ao mesmo tempo estranhos e belos, que fervilham de ideias, de emoções — muitas vezes à flor da pele —, de narrativas, reclamações, insultos, piadas, ideias, ideias, ideias.

"Aquilo se torna um cérebro gigante, fazendo sinapses por todos os lados", disse Apatow.

Uma sala de roteiro é uma espécie de analogia, no mundo real, da neurociência da criatividade. Quando a sala funciona, o grau de conforto fica tão alto que as ideias fluem como se as pessoas ao redor da mesa tivessem se fundido em um único cérebro, os medos individuais desaparecessem, dando lugar a uma explosão crua e sem filtro de fluxo de consciência. É como se a sala inteira fosse uma única pessoa tendo um rompante de criatividade enquanto corre ou toma banho. Uma sala de roteiro de sucesso é como a rede padrão do cérebro — exceto pelo fato de que existem várias redes padrão, umas apoiadas nas outras.

Ideia. Reação. Ideia. Excelente. Ideia. Horrível. Ideia. Você está de brincadeira?

Ideia. Isso me deu outra ideia! Sim, e se a gente...

"Uma pessoa vai propor algo que não vai ser engraçado, mas que faz alguém se lembrar de uma coisa que vai ser engraçada, que acorda uma outra que estava meio sonolenta e que contesta algo naquela história, e então alguém percebe que aquela contestação pode ser um ponto de vista válido", disse Apatow. "Boa parte de minha profissão é estar aberto a conexões estranhas. É difícil saber de onde essas ideias vêm e o que significam para nós. Tem a ver com tentar entrar no fluxo, livrar-se daquela voz crítica, ver o que pode florescer."

Em seguida, o roteirista-chefe do programa, ou então o *showrunner*, faz anotações, procura dar um rumo com sutileza, reúne todos os estímulos saídos daquele cérebro coletivo em um dia de trabalho de uma rede padrão ultraconectada.

Porém.

Os roteiristas na sala também desempenham o papel do córtex pré-frontal. Eles rejeitam ideias, às vezes, segundos depois de terem sido expressas. É a chamada e resposta da criatividade. E se as respostas forem muito rígidas, implacáveis ou até mesmo se uma única voz se tornar opressiva demais, eles podem agir como um córtex pré-frontal de indivíduos que estão reprimindo as próprias ideias, subvertendo sua autenticidade a clichês ou a conceitos mais palatáveis, a uma sensibilidade comercial menos refinada.

"Um exterminador de sala de roteiro", como Apatow descreve esse tipo de pessoa. "Uma personalidade tão forte que acaba com a sala inteira."

O *Larry Sanders Show*, amplamente amado e aclamado pela crítica, tinha uma espécie de cérebro criativo disfuncional. O motivo, explica Apatow, era o fato de que os roteiristas tentavam canalizar o gênio e a voz de Shandling — sem que ele estivesse presente na sala, em parte porque estava ocupado demais. "Os roteiristas ficavam tentando antecipar o que ele ia gostar ou não", disse Apatow.

O córtex pré-frontal da sala se tornou extremamente crítico às ideias, temendo que elas não fossem aprovadas, e, quando Shandling "lia um roteiro ruim, ele ficava muito chateado" e "entrava em um estado muito negativo".

"Essa energia se voltava contra a sala. As pessoas se preocupavam em não se meter em encrenca. Elas não queriam decepcionar. Algumas ficaram ansiosas. Começaram a se questionar se eram boas o suficiente para estarem ali", disse Apatow. Isso é completamente coerente com a receita para acabar com a criatividade: mirar no perfeccionismo e em ideais externos. "Quando você menos percebe, tudo está um pouco mais difícil, neurótico e, às vezes, tóxico."

Este é um cérebro que recebe permissão para criar, mas que não para de lutar contra si mesmo porque as vozes externas assumem o controle do fluxo de ideias.

Em contraste, Apatow oferece um exemplo distinto: a sala de roteiro da série *Crashing*, outro projeto da HBO centrado em um comediante, no caso, uma trama semiautobiográfica de Pete Holmes, um neurótico que faz *stand-up comedy*. Sua presença na sala de roteiro ajudou, porém, mais do que isso, Holmes é extremamente aberto, quase que em excesso.

"Pete é muito tagarela; ele adora entreter — mesmo quando está jogando conversa fora ele quer entreter. Ele adora divertir a sala", disse Apatow. "O ambiente, às vezes, é animado e, às vezes, é chato. 'A gente entendeu, Pete, ninguém precisa ouvir mais uma história hilariante que aconteceu com você', e a sala de repente começa a implicar com ele de uma forma engraçadíssima, e Pete fica histérico." Holmes começava a rir com eles, de si mesmo, da situação. "Parecia seguro, naquele lugar. E coisas sensacionais podem acontecer a partir dali."

Em uma sala como essa, na qual as pessoas compartilham com tamanho desapego, muitas ideias ruins também são apresentadas e filtradas. No entanto, pode também surgir ideias ruins, ofensivas. Ao contrário de um roteirista trabalhando sozinho, que filtra as ideias antes mesmo que alguém saiba delas, a sala de roteiro só pode funcionar se não houver filtro entre a rede padrão e a boca. O próprio Apatow enfrentou algumas críticas por não ser politicamente correto. Quando conversamos, eu não estava ciente disso, e, para seu crédito, ele mesmo trouxe à tona o assunto, o desafio de lidar com ideias com as quais nos debatemos por dentro, que são autênticas à experiência de uma pessoa, talvez de muitas, mas que, apesar disso, podem ser explosivas.

A título de exemplo, muitas pessoas brancas enxergam pessoas de pele escura como mais propensas a serem associadas ao crime do que pessoas brancas. Esta ótica é um dado científico inegável e inovador, que vou descrever no próximo capítulo. Mas o que acontece em uma sala de roteiro se alguém admite sentir medo quando vê uma pessoa negra andando na rua? Isso deve ser falado? Como deve ser falado? É possível pensar em inúmeros outros exemplos, envolvendo uma boa dose de tribalismo.

"Você quer que todos tenham a sensação de poder ser muito profundo, se abrir — para o bem e para o mal, aceitando o que quer que surja", disse Apatow. "Muitas vezes você cai num beco sem saída, e alguém se coloca em uma situação constrangedora. Alguém fala alguma coisa achando que vai ser útil, mas é simplesmente embaraçoso. Talvez seja a pior história que você já ouviu na vida, e a sala inteira vai se lembrar disso pelos próximos cinco anos."

De certa forma, expressar essas ideias pode colaborar com um processo de cura, de eliminação por meio da verbalização de estereótipos infundados. Lançando luz sobre as trevas.

Não há dúvida de que ter diversidade na sala ajuda. Quem sabe quanta coisa boa poderia vir de reviravoltas e pontos de vista de personagens que pegam essas ideias e acrescentam a elas o que pessoas negras temem em relação aos brancos ou qualquer outro contexto social que possa ajudar a explicar as verdades maiores.

Apatow tem um princípio fundamental quando se trata das pessoas com quem gosta de compartilhar a sala de roteiro — e o cérebro.

"É preciso que haja pessoas de bom coração — estar cercado por pessoas com corações gentis, que estão oferecendo o que há de bom e de ruim em suas experiências de vida."

A soma das histórias e das evidências científicas sobre o cérebro reforça amplamente a noção de que ideias e inovações se originam de partes do cérebro associadas a estados mais relaxados, que depois são avaliadas pelas partes mais intelectuais ou analíticas. Essa noção reforça o valor do devaneio, de dar liberdade ao cérebro para criar o que quer que seja a partir da imaginação, sem julgar o que é produzido, e só depois permitir que as partes mais lógicas coloquem essas ideias à prova.

Mas essas evidências estão apenas começando a surgir. Temos muita coisa a aprender.

Estamos obtendo melhores resultados por meio dos olhos. Algumas das pesquisas mais surpreendentes que descobri durante a escrita deste livro vêm de pesquisadores que estudam criatividade e visão.

O que as pessoas criam vem do que elas veem. Literalmente.

O segredo está nos olhos

Um artigo científico que apareceu em agosto de 2019 em uma revista chamada *Neuroimage* sintetiza um dos conceitos mais importantes até o momento no estudo da criatividade. O artigo descreve como os criadores veem o mundo — não de forma filosófica, mas literal. Mais especificamente, ele mostra que pessoas criativas de fato enxergam mais material no mundo ao redor delas, recolhendo e transformando informações que outras, menos criativas, deixam passar.

Este estudo revelador — em si um ato de criatividade — ajuda a explicar diversas facetas da experiência criativa, incluindo como e por que os criadores têm mais material à disposição quando estão montando um negócio, desenvolvendo um medicamento, pintando no cavalete ou compondo uma música na guitarra ou no piano. Ele ajuda a explicar o valor das viagens e das experiências inéditas, das conversas com pessoas que pensam diferente e de fugir da bolha de informação que cerca muita gente. Quanto mais vemos e quanto mais nos treinamos para ver, mais somos capazes de criar.

O que você cria depende do que você vê.

"Indivíduos criativos parecem ver o mundo de forma diferente, perceber o que outros ignoram e encontrar significado no que os outros consideram irrelevante", diz o artigo.

O trecho a seguir descreve o que foi descoberto.

Na Universidade da Califórnia em Santa Bárbara, 88 alunos de graduação receberam uma folha de papel com quatro quadrados desenhados, que continham linhas em um padrão vago. Os participantes tiveram dez minutos para listar as imagens que viam nessas linhas. Na pesquisa de criatividade, isso é chamado de "teste das figuras incompletas".

O teste é parte do Teste de Pensamento Criativo de Torrance , apresentado no capítulo anterior. As respostas dos 88 participantes do estudo foram avaliadas de modo independente por dois experientes analistas criativos. As avaliações dos analistas foram muito parecidas e deram aos pesquisadores uma noção clara de onde os participantes se situavam no espectro da criatividade.

Os participantes também foram avaliados em diversos outros parâmetros. Um deles era um questionário projetado para medir a curiosidade — "o desejo de adquirir novos conhecimentos", como o traço, às vezes, é descrito, ou "um impulso para conhecer ou explorar". Para complementar este questionário, perguntou-se aos participantes com que frequência eles tinham comportamentos artísticos "no dia a dia", como escrever um poema ou fazer um desenho.

Eles também foram avaliados de acordo com um terceiro parâmetro. É aqui que as coisas começam a ficar interessantes. Este parâmetro mede predisposição de uma pessoa ao pensamento mágico ou delirante. É um traço de personalidade descrito pelo extravagante termo "esquizotipia".

Na literatura acadêmica, há um conjunto bem amplo de definições que giram em torno da ideia de desprendimento da realidade em determinada medida. Em sua manifestação mais extrema, a esquizotipia se apresenta como esquizofrenia. Em suas formas brandas, que parecem não ser tão raras, as pessoas podem ter delírios moderados e ocasionais ou, se mais brandas ainda, podem ser pensadoras visuais ou pensadoras mágicas. Alguns textos descrevem pessoas profundamente religiosas como tendo tendências esquizotípicas, porque acreditam em histórias que não têm base clara na realidade ou que não podem ser comprovadas por evidências físicas. Em outras palavras, esse traço de personalidade não é tão estreito quanto seu nome assustador pode sugerir. E pode muito bem ter atributos positivos, de acordo com um conjunto cada vez maior de evidências.

Para avaliar onde as pessoas se enquadram no espectro, foi aplicado o chamado "teste excêntrico". Ele envolvia fazer os participantes ouvirem vários tons auditivos para, em seguida, aferir se os participantes tinham identificado sons relacionados e com que rapidez haviam feito essas conexões, em contraste com a identificação de sons não relacionados; dito de outra forma, se eles faziam conexões que não eram clara e objetivamente relacionadas umas às outras.

Em suma, os pesquisadores avaliaram os participantes do estudo com base em três traços de personalidade: criatividade, curiosidade e predisposição ao pensamento mágico ou delirante.

Então veio a parte que de fato trata da imaginação: os pesquisadores avaliaram a forma como os participantes do estudo viam o mundo, literalmente. Quais informações esses tipos de criativos se dedicam a analisar e por quanto tempo?

Os participantes se sentaram a cerca de meio metro de uma tela de computador de dezessete polegadas. Foram apresentadas a eles vinte imagens, em intervalos de oito segundos cada. Entre elas havia uma variedade relativamente aleatória de "cenas naturais internas e externas", por exemplo: "uma bicicleta caída na grama, um banheiro com objetos variados na bancada".

Foram então mostradas aos participantes outras 22 imagens, "vívidas em termos de cor e de conteúdo", incluindo "lagartos brilhantes ou paraquedistas".

Por fim, lhes foram apresentadas vinte imagens abstratas, como obras de arte impressionistas e surrealistas.

Durante o processo, os pesquisadores usaram um sofisticado software de rastreamento ocular para medir o número de pontos que os participantes do estudo olharam e por quanto tempo se concentraram em uma determinada região. Aquele teste, observou o artigo, "é uma forma de quantificar a complexidade dos padrões de fixação dos indivíduos, sintetizando o quanto os indivíduos exploraram as imagens". Foi criado um espectro de respostas, desde "um padrão de observação mais ordenado ou sistêmico" até "um padrão de observação mais aleatório, imprevisível e exploratório".

Os pesquisadores descobriram que a forma como as pessoas olhavam para aquelas imagens estava intimamente ligada aos três traços de personalidade.

- **PARTICIPANTES COM** pontuação mais alta no teste de criatividade tendiam a olhar para mais regiões de uma imagem e dedicar mais tempo a essas regiões.
- **A MESMA** correlação positiva foi observada entre os participantes mais curiosos e a tendência deles de olhar para mais áreas das imagens e passar mais tempo nessas regiões.
- **AQUELES COM** pensamento mágico mais alto — com tendência a fazer conexões que podem não ser lógicas — observaram menos pontos e se detiveram menos neles.

E daí?

"Podemos nos arriscar a dizer", observou a pesquisa, "que indivíduos criativos e altamente curiosos veem o mundo de uma forma diferente em um sentido bastante literal".

É difícil ressaltar a importância dessa descoberta na busca pela compreensão da criatividade.

Anteriormente neste livro, descrevi a forma como o pensamento rígido é um anátema para a criatividade, em parte porque limita a capacidade de explorar a autenticidade das centelhas criativas individuais. Pessoas que aprendem que existem maneiras estritas de agir e pensar são menos dispostas a perceber as multidões dentro de si que dão acesso a mais materiais criativos, ingredientes adicionais em suas prateleiras de temperos da criatividade.

No entanto, o que é mais intrigante nesta pesquisa é que ela sugere que pensadores mais rígidos também não veem, fisicamente, as matérias-primas que os cercam no mundo físico. Eles não chegam nem mesmo a absorver as informações que podem ser relevantes para uma solução ou uma criação. Isso significa que a capacidade de criar é ainda mais limitada pelo número de ingredientes — a paleta de cores, o conjunto de experiências — aos quais uma pessoa pode recorrer. Que uma pessoa pode *ver*.

Quanto mais as pessoas veem, mais podem criar, a mais experiências e ingredientes podem recorrer.

Isso acontece com o pensamento rígido que inclui, principalmente, vieses simplistas demais, estereótipos, preconceitos e imprecisões. Quando este pensamento se apresenta, quando um criador fica cego para uma experiência autêntica, pode ser impossível criar algo de impacto.

O que quero dizer com isso?

Imagine um exemplo simples de um cientista que não tem experiência suficiente para saber como determinadas substâncias químicas interagem. Essa pessoa pode não ver conexões entre duas ideias porque uma das ideias se manteve invisível.

Ou então um roteirista pode continuar a escrever uma ideia clichê ou sem originalidade atrás da outra, pautando-se nas ideias de outras pessoas que vê na televisão ou no que foi tido antes como comercializável ou aceitável, meramente regurgitando o que já viu.

Por definição, é difícil ser inovador ou surpreendente, dois aspectos centrais da criatividade, se um criador em potencial é limitado por ver poucas coisas ou por deixar de ver as coisas como elas são.

Garry Trudeau, o criador de *Doonesbury*, e, sem dúvida, um nome cujas ideias são criativas com *C maiúsculo* o suficiente para resistir ao teste do tempo, fez uma breve descrição sobre como passou a enxergar mais coisas do que alguns de seus colegas em consequência de uma sensação de marginalidade.

"Eu era baixo, tímido e pouco atlético, e tive poucos amigos durante os sete anos que passei no internato. Mas estar à margem e olhando para dentro pode fazer de você um observador melhor do que os que foram convidados para a festa sobre as coisas que as pessoas fazem para preservar seu status e, é claro, transformá-lo em uma pessoa com mais empatia para com aqueles que não têm nada", confidenciou ele para mim. "Eu tinha zero autoconfiança durante aqueles anos, mas — e foi isso que me salvou — nunca duvidei de meu valor por um segundo. Eu era uma criança muito amada — tive uma infância rica e feliz — e acreditava nas declarações frequentes de minha mãe sobre o quanto era especial. Todas as expectativas de vida que eu tinha estavam dando certo."

Trudeau apresenta um equilíbrio inestimável: a confiança para se permitir ver e expressar esses sentimentos de desconforto que são a matéria-prima da grande criatividade.

Por outro lado, ouvi de um dos editores mais sábios que nunca conheci — um editor de longa data do *New York Times* — que muitos repórteres com os quais ele trabalhou são inseguros demais para se permitirem fazer observações com as quais receavam parecer estúpidos ou fracos. O editor chama essa falha de "expertite" e falou que uma razão pela qual o jornalismo talvez careça de narrativas e reportagens originais é que alguns jornalistas se recusam a ouvir de fato o que estão ouvindo, a internalizar a amplitude de pontos de vista de uma variedade de fontes. No caso desta lição, a metáfora era sobre "ouvir", não "ver", mas serve ao mesmo fim.

Tenho quase certeza de que a melhor história que ouvi sobre o valor da visão para a criatividade — e uma das melhores histórias que escutei durante a pesquisa para este livro — foi contada por Jennifer Eberhardt. Ela é professora de Stanford e vencedora do MacArthur Genius Award e conseguiu enxergar as relações raciais nos Estados Unidos pelos olhos de uma criança.

A história aconteceu em 2017, quando Eberhardt estava ao lado do filho de cinco anos.

— "Mamãe" —, disse o filho, — "aquele homem parece o papai".

Eberhardt olhou ao redor do avião, se perguntando de quem o menino estaria falando.

— "Que homem?".

O menino apontou para o meio do avião.

Ela decidiu que ele falava de um homem negro, a única pessoa que ali compartilhava a cor da pele da família Eberhardt. Mas o sujeito não se parecia em nada com o pai do menino. Eberhardt sentiu sua pressão subir enquanto pensava em como ter aquela delicada conversa com o filho. Nem todos os negros eram parecidos. Antes que ela conseguisse responder, porém, ficou ainda pior.

"Mamãe", disse o menino, "tomara que esse homem não assalte o avião".

Eberhardt viu estrelas. Confusão, raiva, ideias, uma conexão com todas aquelas pessoas que sentem medo do outro. E medo do mundo que seu filho estava herdando.

Esse medo fundamental, essa centelha emocional bruta, a ajudou a desenvolver uma pesquisa científica poderosa e criativa que vou descrever aqui para enfatizar como ela teve um momento particular de inspiração e provou que sua experiência não era um caso isolado. Muitas pessoas sentem o que seu filho sentiu e veem o que ele viu.

A prova de Eberhardt de como e por que isso acontece seria uma contribuição importante em 2020, à medida que o país estava lidando com vídeos mostrando o assassinato de homens negros nas mãos de brancos que, às vezes, eram meros cidadãos; às vezes, eram agentes da polícia.

Eberhardt embarcou em novos estudos para mostrar a natureza profunda do preconceito racial — a fim de determinar do ponto de vista científico se o que se fala sobre racismo sistêmico é apenas uma hipótese ou se pode ser comprovado pela ciência.

Em um estudo realizado por Eberhardt e seus colegas, os participantes — estudantes brancos do sexo masculino da Universidade Stanford e da Universidade da Califórnia em Berkeley — ficaram diante de monitores de computador enquanto lhes eram apresentadas imagens que piscavam na tela, indistinguíveis, muito rápidas. Algumas das imagens mostradas a certos participantes incluíam rostos de pessoas brancas e negras. Foi solicitado então que os estudantes fizessem suposições sobre um objeto que aparecia na tela. O objeto poderia ser um relógio de bolso ou uma moeda, um grampeador ou um telefone. Poderia ser uma arma ou uma faca. Em todos os casos, o objeto aparecia aos poucos, disforme e granulado no começo, impossível de distinguir, e ia ficando cada vez mais nítido. Os participantes apertavam um botão para indicar quando eram capazes identificar o objeto.

Depois que os participantes haviam visto um rosto negro, eles tendiam a ser bem mais rápidos em identificar uma arma ou uma faca.

"Os rostos negros reduziram drasticamente o número de *frames* necessários para detectar com precisão objetos relacionados ao crime." Não só isso, o estudo mostrou também que a exposição a rostos brancos, em um grupo de controle, na verdade retardou a identificação de um objeto

224   INSPIRAÇÃO

relacionado a atividades criminosas. Essa descoberta mostra a profunda diferença nas associações entre cor da pele e criminalidade.

No mesmo artigo, publicado no *Journal of Personality and Social Psychology*, Eberhardt e seus copesquisadores se aprofundaram sobre o sentido dessas descobertas com um segundo experimento. Este utilizou uma amostragem semelhante de participantes e recorreu a modelagem de computador, mas expôs primeiro aos participantes as imagens fugazes de objetos relacionados a crimes — como armas e facas. Depois foram mostradas imagens de homens negros e brancos a uma velocidade rápida demais para que fossem processadas conscientemente, mas permitindo a identificação subconsciente. O estudo descobriu que, depois que os participantes viam objetos relacionados a atividades criminosas, identificavam rostos negros mais facilmente do que brancos.

"Não apenas os negros são considerados criminosos como também o crime é considerado algo de pessoas negras", concluiu o estudo.

Em um terceiro estudo, publicado na mesma revista, os cientistas examinaram as tendências de policiais. Fizeram isso trabalhando com um departamento urbano de polícia que atende a mais de cem mil cidadãos. Mais de três quartos dos oficiais, 76%, eram brancos, e 86% eram do sexo masculino. O estudo descobriu que os policiais, quando estimulados com palavras associadas ao crime (violência, detenção, tiro, captura, persegui-ção), fizeram associações subconscientes bem mais rápidas com rostos negros. Não apenas isso: os policiais eram mais propensos a se lembrar dos rostos negros em testes de memória e também a se lembrar de forma distorcida dos rostos de pessoas negras com mais traços estereótipos — pele mais escura, lábios maiores.

"Pensamentos envolvendo crimes violentos levaram a uma distorção sistemática da imagem negra", descobriu a pesquisa.

No contexto da criatividade, este conjunto de estudos e mais outros realizados pela dra. Eberhardt obviamente não foram os primeiros a mostrar o fenômeno do viés subconsciente. Eles se basearam em outras criações, no entanto, e deram seu próprio toque criativo, sobretudo mostrando que o viés subconsciente funciona em dois sentidos — imagens de crimes levam os participantes a fazer associações com pessoas negras, enquanto imagens de pessoas negras levam os participantes a fazer associações com o crime. É assim que as criações são construídas — uma de cada vez, etapas que conduzem à iminência de uma criação com C maiúsculo, algo com potencial de mudar o mundo.

Com base nessa pesquisa, Eberhardt começou a fazer propostas simples para ajudar a reduzir nosso viés subconsciente. Elas começam por entender o que nossos cérebros estão fazendo e, em seguida, dedicar um momento a processar de modo ativo nossos preconceitos, para que possamos ver o mundo de forma mais nítida e verdadeira.

Há várias razões pelas quais estou contando esta história, mas apenas uma delas tem a ver com o exemplo de como Eberhardt encontrou inspiração criativa ao recorrer ao medo primitivo — o pavor, por exemplo, de que seu filho pudesse ser morto por uma pessoa preconceituosa. Outra razão é o fato de que Eberhardt, essencialmente, previu o futuro.

"Quando cidadãos comuns buscam prevenir crimes violentos em seus bairros, qual a probabilidade de um rosto negro chamar a atenção deles?", escreveram Eberhardt e seus colegas.

O trabalho de Eberhardt é essencial porque ajuda a demonstrar como nossos próprios preconceitos, e o que chamarei de "falsos medos", podem ter grande interferência nos processos criativos.

O preconceito existe por um bom motivo: ele ajuda a economizar recursos mentais. Pense em quanto menos potência mental o mundo exigiria se houvesse atalhos que permitissem julgar as pessoas apenas olhando para elas. Se fosse possível dizer, com apenas um olhar, se alguém representa uma oportunidade ou uma ameaça, o tempo dedicado a saber como interagir com essa pessoa seria bastante reduzido. É fácil ver como os preconceitos sequestram nossa psique — pessoas negras são isso, católicos são aquilo, judeus são aquilo outro, os franceses são de tal jeito e Democratas e Republicanos podem ser alocados em suas respectivas caixas. As pessoas podem se tornar mais propensas não apenas a ver os "outros" sob uma determinada luz, mas também a abraçar seus iguais com um otimismo infundado. Isso dá origem a muitos problemas, alguns deles fatais, mas não vou me debruçar sobre tudo isso aqui. Quero me concentrar por um instante na noção de que o preconceito cria um falso medo que inibe a criatividade. O problema é que a criação de grandes obras — científicas ou artísticas — muitas vezes vem de ver as coisas como elas são, não como alguém disse que são nem como disse que deveriam ser.

Neste aspecto, tenho a oferecer um breve relato pessoal sobre o valor que existe em abandonar o ponto de vista amplamente aceito — que economiza tempo e energia — e fazer o investimento de longo prazo em outra direção.

Já mencionei que comecei a ouvir minha própria voz depois de ter um bom e velho colapso no fim de meus vinte anos. Passei a confiar no que via e sentia mais do que nunca. Recusei uma mudança a pedido do *New York Times* e consegui continuar em São Francisco, mas trabalho para o jornal até hoje. O resultado disso foi que me pediram para cobrir as maravilhas da tecnologia. Que momento! Que inovação! Que riqueza!

Era disso que tratava a maior parte das pautas que me passavam. Qual era a próxima ideia brilhante de Steve Jobs? O que estava sendo automatizado? Quanto tempo ia levar para que o micro-ondas obedecesse a comandos de voz?

À medida que fui ficando mais confortável com a ideia de que o que eu sentia era bom, confiável, que era possível contar com isso, comecei a notar em mim comportamentos que me faziam olhar para a tecnologia de forma diferente. Por exemplo, às vezes, eu estava dirigindo e me sentia ansioso para ligar para alguém — qualquer um —, mesmo que fosse alguém com quem não estaria tão interessado em conversar em circunstâncias normais. Por quê? Se as pessoas com quem eu em geral gostava de conversar não estivessem disponíveis, começaria a procurar nomes na lista telefônica. Por quê?

Quase me envolvi em um acidente quando estava olhando para o celular em busca de orientação. Isso fez com que minha compulsão de usar o celular enquanto dirigia se tornasse particularmente estranha.

Não era apenas no carro. Eu notava meu desejo de checar meu celular aumentar em momentos inusitados. Durante um tempo, percebi uma tendência de checar os resultados esportivos no celular logo após uma interação tensa com minha esposa (não necessariamente uma briga, mas ela poderia perguntar "Você levou o lixo para fora?", e eu notava em mim uma pequena irritação, e então eu ia ver a pontuação do San Francisco Giants. O que era aquilo? Escapismo?)

Por que, quando eu ia ao aeroporto ou a qualquer outro lugar público, não conseguia mais chamar a atenção de ninguém? Todos os rostos estavam virados para baixo, em transe.

Que influência esse dispositivo tinha sobre mim e, talvez, sobre outras pessoas também?

Eu não estava sozinho nessas observações; várias pessoas estavam se fazendo perguntas, observando seus próprios comportamentos, ouvindo suas próprias vozes. A minha se uniu a um conjunto de circunstâncias que me permitiram criar: um espaço no *New York Times*, muita experiência em contar histórias e em entrevistar cientistas e, acima de tudo, um editor de alta categoria, aquele que desprezava a "expertite" e que adorava ouvir a "pergunta idiota-genial".

Ele me fez passar um mês inteiro pensando em uma pergunta simples: o que acontece quando as pessoas colocam um telefone dentro de um carro? Não seria uma péssima ideia?

Pode parecer óbvio agora, mas na época, em 2009, não era. Talvez por isso que, quando a história sobre distração ao dirigir foi publicada, em julho daquele ano, a reação tenha sido tão grande. O editor-chefe do jornal, que era responsável por elaborar reportagens em série, me perguntou: "O que mais você tem anotado aí?"

Muita coisa. O que veio a seguir foi um período de seis meses de apuração frenética, de musa, oportunidade e dedicação total, durante o qual obtive permissão da instituição jornalística mais poderosa do mundo para correr atrás de histórias que ligassem pontos entre a ciência, as políticas públicas, os sentimentos de famílias que haviam perdido entes queridos para motoristas distraídos, e as vozes dos próprios motoristas que haviam matado alguém enquanto escreviam mensagens de texto ou falavam ao celular. Essas histórias foram se somando até se tornarem uma só, gigantesca, que remontava aos primórdios do celular, que não era chamado de celular e sim de "telefone do carro", projetado para ser usado por motoristas apesar de seus criadores terem encontrado (e enterrado) evidências científicas que mostravam como sua nova criação tinha um perigoso potencial para distrair. Durante todo esse tempo, o jornal me deu cada vez mais apoio para confiar nos meus instintos de contador de histórias.

No final do ano, quando nos pediram para fazer uma inscrição para o Pulitzer, descobrimos que a expressão *distracted driving* ("condução distraída") havia sido então adicionada ao dicionário. O presidente Barack Obama assinou uma ordem executiva, da qual há uma cópia pendurada na minha parede, impedindo funcionários federais de enviar mensagens de texto enquanto dirigiam. Estados aprovaram leis que proibiam a mesma prática.

Tudo isso aconteceu graças a um enorme esforço coletivo, ao peso do jornal e ao seu talento e influência somados. Mas, de maneira elementar, eu poderia traçar o nascimento da série ao fato de ter aprendido a ouvir e a ver — a mim e aos outros, com um tipo de autenticidade crua que hoje sei o quão bem serve à criatividade, em qualquer campo que seja.

Isso me leva de volta a Eberhardt, cujo trabalho de ajudar as pessoas a ver o mundo com mais nitidez toca no cerne da criatividade — tanto do criador individual e das empresas criativas quanto do país como um todo.

O criador individual que faz suposições sobre as pessoas — algo que pode ocorrer independentemente de posições políticas ou ideológicas — limita seu próprio repertório.

Uma pessoa com uma sensibilidade elitizada pode não dar ouvidos a uma incrível ideia ou observação de alguém menos educado, ou que não venha de uma escola chique. A pessoa que não frequentou uma escola chique pode ignorar a sabedoria de alguém que estudou em uma universidade de elite.

O Republicano pode ignorar a ideia do Democrata e vice-versa, assim como o pobre e o bilionário, pessoas de diferentes religiões, gêneros, orientações sexuais etc. etc., *ad infinitum*. As observações e ideias de qualquer número de pessoas podem se encaixar na Prateleira de Temperos de emoções e experiências de um criador individual, ou servir de matéria-

-prima à próxima grande campanha de marketing e ao desenvolvimento de produtos de uma empresa, mas não se forem ignoradas por não terem nem mesmo sido vistas.

Por acaso ouvi isso ser expresso com particular clareza em um programa esportivo de rádio, uma fonte da qual talvez não esperássemos ouvir um ensinamento tão conciso.

Era início de setembro de 2020 e, até então, havia 28 milhões de infectados em todo o mundo e 905 mil mortos devido a uma terrível criação chamada de "novo coronavírus", ou COVID-19. Em San Francisco, onde moro, estávamos em uma espécie de dupla quarentena, não apenas por causa do vírus, mas porque os incêndios florestais tinham provocado uma "chuva" de cinzas de tal densidade que o ar estava impróprio para se respirar. A inquietação social tomou conta das ruas.

Entrei no carro, e o rádio estava sintonizado em um *talk show* esportivo no qual o apresentador entrevistava um homem chamado Arik Armstead, da linha defensiva e co-capitão do San Francisco 49ers. Armstead vinha falando recentemente sobre as questões sociais que tomavam conta do país, e tinha usado sua plataforma de modo criativo em coletivas de imprensa. No programa de rádio que ouvi, o apresentador pediu ao jogador que explicasse por que ele lamentava tanto o preconceito no mundo.

"Estamos desperdiçando", disse Armstead, "todo o nosso potencial".

A frase acertava em cheio em uma questão chave: quanto mais nos tornamos fechados a ideias — sejam elas de que lado, grupo ou indivíduo for — menor será a nossa capacidade, enquanto indivíduos, de sermos criativos. E menos poderemos criar enquanto sociedade.

Ter uma mente aberta não é fácil. Mas está longe de ser impossível. Está ao alcance de qualquer um.

Há outras boas notícias para aqueles que aspiram à criatividade. Ela não exige nenhuma genialidade. Inclusive, os traços de personalidade que proporcionam inspiração e capacidade de execução podem ser trabalhados. Eles não dependem de uma característica que eu presumi, ao começar a escrever este livro, ser a chave para a criatividade: um QI alto.

Eu me sinto muito melhor ao saber que a inteligência pura e simples é superestimada.

Personalidade

Quando dei início à pesquisa para este livro, tinha uma suposição que desconfio ser muito difundida: pessoas inteligentes são mais propensas a serem criativas. Ao refletir, confesso que não sei bem no que estava pensando quando dizia "inteligentes". Talvez eu tivesse o QI em mente. Eu ainda tinha muito a aprender.

"Uma das conclusões mais comuns e intuitivas sobre inteligência e criatividade é que um alto grau de inteligência é sinônimo de gênio criativo", diz um artigo de 2003 do *Journal of Research in Personality*. Esse artigo ganhou o prêmio de melhor artigo daquele ano, e por um bom motivo: ele desfazia o mito de que a inteligência era o traço de personalidade de destaque entre os criadores. Ele também é altamente valioso por ter analisado vários conjuntos de pesquisa para chegar a essa conclusão.

Um dos autores do estudo, Gregory Feist, um professor de psicologia da Universidade Estadual de San Jose que mencionei anteriormente neste livro, demonstrou de várias maneiras desde então que a inteligência só pode levar um criador até um determinado ponto. Antes de tudo, ele se esforça para definir inteligência, ou pelo menos a forma como ela é geralmente percebida.

A inteligência está fortemente associada à resolução de problemas e à velocidade com que isto é feito, ao raciocínio abstrato e, de modo geral, à capacidade de processar informações. É um componente da criatividade, até certo ponto.

O artigo de 2003 coescrito por Feist extrai evidências de um punhado de estudos. No início do livro, mencionei um deles, parte de um dos mais extensos estudos de longo período já feitos, que observou 1.500 estudantes a partir de 1921. Os estudantes tinham QI alto, média de 147, mas isso não se traduziu em realizações criativas no futuro, mesmo se observado ao longo de décadas.

Outros estudos encontraram resultados semelhantes, sinalizando uma relação básica entre inteligência e criatividade que deve ser altamente encorajadora para aqueles (entre os quais me incluo) que têm uma inteligência mediana: pessoas com QI acima da média não têm uma probabilidade maior de realizar conquistas criativas do que pessoas com QI dentro da média.

Inclusive, a partir de um QI entre 115-120 ou superior, "não existe absolutamente nenhuma correlação específica", diz o artigo de 2003. Ele afirma que isso tem sido chamado de "teoria do limiar", o que significa que uma pessoa precisa superar apenas um determinado limiar de inteligência para se tornar extremamente criativa. "Em suma, em vez de serem construções gêmeas ou mesmo irmãs, a inteligência e a criatividade são mais como primas."

Pesquisas subsequentes refinaram esse raciocínio. Um artigo de 2013 de acadêmicos austríacos descobriu que o limiar de QI para que haja pensamento criativo, ou seja, a geração de ideias, era muito menor, abaixo de 100. Mas para uma medição geral de criatividade, o limiar de 120, a média, prevaleceu.

Vale notar que algumas pesquisas mostram que um indicador de criatividade melhor do que a inteligência medida por testes é saber se outras pessoas *percebem* ou afirmam que uma pessoa é inteligente. "A inteligência determinada por observadores aos 27 anos", observa o artigo de 2003 coescrito por Feist. E ele escreveu que "o potencial de realização criativa pode ser avaliado explicitamente ao se perguntar às pessoas mais próximas dos criadores em potencial".

Essa descoberta se relaciona com vários estudos que começam a chegar perto dos tipos de personalidade mais propensos a serem criativos do que aqueles que são apenas altamente inteligentes de acordo com testes.

* * *

Por 57 anos, desde 1942, a Westinghouse Science Talent Search recompensou estudantes por trabalhos de pesquisa e apresentações científicas originais. Aqueles que se saíram bem no estudo acabaram se saindo desproporcionalmente bem nos campos criativos, e incluem vencedores do Nobel. Em 1988, um novo patrocinador assumiu a competição científica, a Intel. Então, em uma reviravolta que denota um mundo em mudança, ela foi mais uma vez rebatizada alguns anos atrás, desta vez pela Regeneron. Foi essa empresa que produziu o medicamento usado em 2020 para ajudar no combate à COVID-19, inclusive quando a doença acometeu o presidente Trump.

Um estudo relacionado descobriu que jovens cientistas que produzem muitos artigos tendem a continuar sendo mais produtivos e ter um maior número de realizações criativas do que colegas que não são tão produtivos no início de suas carreiras.

A importância de observar a natureza preditiva da realização criativa inicial como uma medida da realização criativa futura é que ela começa a preencher as lacunas rumo a um conjunto mais amplo de traços de personalidade que caracterizam a criatividade. O que esse indicador em particular sugere? Por um lado, ele enfatiza o fazer, a ação, e o simples ato de perseverar. Uma pergunta é estímulo suficiente para levar alguém a criar? Ou o quanto uma pessoa se importa com a pergunta, não apenas com a resposta?

Para mim, isso leva a um dos princípios fundamentais que separam uma pessoa meramente inteligente de um criador, que mencionei na abertura deste livro:

Uma pessoa inteligente responde a uma pergunta.

Uma pessoa criativa primeiro elabora a pergunta, e depois a responde.

Um punhado de traços de personalidade provou ser complementar à inteligência na hora de levar alguém a querer fazer perguntas, buscar respostas e até mesmo ficar insatisfeito em simplesmente responder à pergunta de forma definitiva. O mais significativo deles é conhecido na literatura como "abertura".

* * *

Em um artigo de 2013 intitulado "The Creative Person in Science" [O indivíduo criativo nas ciências], Feist e um coautor estudaram as personalidades de 145 acadêmicos das principais instituições de pesquisa dos Estados Unidos. O estudo analisou as realizações criativas dos cientistas, medidas por meio da produtividade e do impacto, e depois as comparou com diversos traços de personalidade aferidos em um questionário.

A variável mais marcante foi a abertura, que Feist e o coautor do artigo caracterizaram como "a necessidade de variedade, mudança e novidade", tendo descoberto que "cientistas que têm ampla imaginação, que são curiosos e abertos a novas experiências tendem a ser mais criativos do que seus colegas convencionais e pragmáticos".

O conceito de abertura pode ser interpretado de várias maneiras. Ele indica uma pessoa curiosa, como observam os autores, mas também capaz de ver a ideia de fracasso de forma diferente daqueles que são menos abertos. Em um aspecto, o valor de ser aberto ou curioso supera de tal modo o resultado na cabeça de algumas pessoas altamente criativas que os criadores se tornam relativamente indiferentes ao produto final. Mas há mais coisas em jogo, dado que os criadores estão, no fundo, fazendo realizações criativas.

A descoberta de Feist neste estudo vai ao encontro de um trabalho mais amplo em um campo de estudos sobre a criatividade que, inclusive, identifica um traço de personalidade como "abertura/intelecto".

Quando li pela primeira vez este termo, fiquei confuso. Isso porque o intelecto parece uma coisa, e a abertura, outra. O que o meu intelecto médio precisou de algum tempo para entender é que a pesquisa agrupa essas duas ideias como um único traço de personalidade relacionado, porque ambos dialogam com a forma como uma pessoa processa, ou tende a processar, informações.

"Abertura", diz a o estudo, "reflete a tendência ao envolvimento com informações estéticas e sensoriais (tanto na percepção quanto na imaginação)". Por outro lado, "o intelecto reflete a tendência ao envolvimento com informações abstratas e intelectuais".

Existe um vasto vocabulário que poderia ser empregado aqui. Uma pessoa aberta pode ter a tendência a sentir com o coração, e uma intelectual, com a cabeça; uma pessoa aberta pode ser mais flexível, e uma intelectual, mais rígida; uma pessoa aberta pode cogitar a possibilidade de haver múltiplas respostas certas, e uma intelectual enxergar apenas uma resposta certa e específica.

O que a literatura nos diz é que tende a haver uma sobreposição entre os criadores prolíficos, que operam bem em ambas as áreas. Isso significa que, neles, essas habilidades, ou tendências, se fundem, ao passo que podem ser marcadas nos outros, seja para um lado ou para o outro.

Por exemplo, no extremo do espectro do intelecto, uma pessoa com um QI altíssimo pode ser capaz de entender ideias extremamente complexas. O pensamento é concreto, rígido e muito, muito inteligente, no estilo de alunos que tiram notas altas.

No outro extremo, onde a abertura se apresenta no grau máximo, existe uma condição chamada de "apofenia". É a tendência que uma pessoa tem de fazer conexões entre ideias não relacionadas, um conceito vagamente relacionado à esquizofrenia. Menos extremo no campo da abertura estão a fantasia e até mesmo a "absorção" por um lugar irreal ou imaginado.

Vale notar que a abertura não exige que todas as inibições sejam deixadas de lado. Ela exige levar ideias em consideração, e um desejo de explorar essas ideias, experiências e sentimentos. Esta é uma distinção fundamental, que permite que sejam estabelecidos alguns limites. A pessoa criativa não está, como alguns leitores poderiam supor, à deriva em um mundo sem regras. Na verdade, quanto melhor eu fui conhecendo Giddens, mais entendi que ela escolhia criteriosamente o que, e como, compartilhar com seus ouvintes, e até consigo mesma.

"Há um pedaço de mim muito bem protegido", disse ela. "Sou criativa e crio coisas", mas, ela me disse que há partes dela que ela ainda não se sente à vontade para incorporar ativamente em seu trabalho. "Até que ponto quero mexer nisso — aquilo que eu passei na infância? Não sei ao certo. É algo assustador, e é por isso que eu não revirei isso ainda. É assustador pensar nesse lugar."

Ela encontrou sua zona de conforto.

O mesmo aconteceu com sua irmã — e de uma forma que nos fala das limitações da inteligência como costuma ser medida.

Neurologia, fisiologia, personalidade, cronologia e (a nova) geografia   235

* * *

A irmã de Giddens, Lalenja Harrington, é diretora de Desenvolvimento e Avaliação de Programação Acadêmica para Além da Academia na Universidade da Carolina do Norte em Greensboro, de onde eu praticamente podia ouvir sua voz sem precisar do telefone do meu escritório em San Francisco. Ela é tão envolvida com o que vê e o que já viu: pessoas injustamente deixadas de lado devido a deficiências intelectuais.

"Eu tento apresentar várias formas de interagir com elas. É muito importante para nós como humanos", disse ela em uma das inúmeras conversas brilhantes que tivemos. Ela está dando a esses alunos uma formação universitária que nunca antes esteve disponível. "Eu sou contra a ideia de que existe um método ou uma abordagem padrão para o compartilhamento de informações."

É assim que se identifica um criador: aberto, disposto a correr riscos, determinado. (A título de exemplo, Harrington me advertiu que estudantes com deficiência intelectual "são dispensados por causa de padrões arbitrários de inteligência ancorados no ideal de supremacia branca". Ela estava se referência a parâmetros como o QI.) Ela, assim como a irmã, se situa no ponto intermediário do espectro de insights e abertura que os pesquisadores chamam de "inovação/imaginação".

É um ponto de equilíbrio entre a abertura ao mundo e a capacidade analítica de contextualizar o que se vê.

Enquanto isso, o trabalho de Feist também apresenta uma conexão entre a criatividade e outro tipo de personalidade: o neuroticismo.

O artigo de 2013 sobre cientistas e criatividade descreve o neuroticismo como a tendência a uma maior ansiedade e tristeza, mas também a uma maior sensibilidade e vulnerabilidade emocional. A influência desse tipo de personalidade na criatividade é menor do que a da abertura, mas ainda é estatisticamente significativa. Curiosamente, e acho que faz sentido, Feist e o parceiro no estudo veem uma ligação entre o neuroticismo e a abertura, pois ambos representam um "limiar" mais baixo para permitir a entrada de informações — seja de fora ou de dentro.

236 INSPIRAÇÃO

"A abertura à experiência e a predisposição à tristeza podem reduzir o limiar para o encontro de soluções que sejam inéditas e originais", observa o artigo.

Em uma entrevista, Feist disse que "a abertura é definitivamente o melhor indicador da criatividade na arte e na ciência", e mencionou explicitamente a "abertura à experiência".

Para corroborar esse argumento, ofereço ao leitor um testemunho poderoso de um criador que mencionei no início do livro chamado Mark Romanek. Ele está entre os mais celebrados diretores de videoclipes. Parte do que torna Romanek tão eficaz é que ele ouve e vê as coisas de forma muito intensa. Isso pode representar um risco também. "Conforme os estímulos chegam, vou ficando exausto", disse ele. "Sabe, às vezes, quando você liga seu laptop e escuta as coisas lá dentro girando. Há um som agudo, parece quente, e você tem medo de que ele vá travar? Meu cérebro é assim a maior parte do tempo."

Ele me disse que tem Síndrome de Asperger, que pode fazer com que as pessoas se tornem socialmente desajeitadas e fiquem extremamente absortas.

A informação que Romanek absorve, embora seja capaz de paralisá-lo, também pode representar uma riqueza incrível na hora de criar. Um dos melhores videoclipes que eu já vi é o que Romanek dirigiu de Johnny Cash fazendo cover, lindamente, de uma música composta por Trent Reznor chamada "Hurt". Na época, a saúde de Cash estava definhando, e ele morreria em menos de um ano. Os planos para filmar o clipe tiveram que ser alterados para que Romanek, em vez de filmar em um estúdio em Los Angeles o que havia roteirizado, pegasse um avião de última hora para o Tennessee, com um diretor de fotografia, um operador de câmera e plano nenhum. Com apenas alguns dias para filmar de improviso, Romanek usou seu superpoder para se inspirar nos arredores e fazer uma homenagem brilhante a Cash e à mortalidade. (Dica valiosa: assista a esse clipe!)

Sobre a questão de estar aberto a novas experiências, perguntei a Feist se bastaria que alguém experimentasse o mundo, digamos, assistindo a programas da Netflix de todos os tipos. Afinal, grande parte do mundo chega até nós por meio de uma tela. Isso seria o mesmo que ter experiências físicas?

"A interação direta com as pessoas é o diferencial óbvio", disse ele. Essa experiência, ele argumenta, força alguém a de fato confrontar hábitos e suposições. Ele disse que isso é particularmente válido para experiências como viagens, que podem abrir uma mente ao confrontá-la com desafios concretos às formas mais básicas de pensar. "É uma disposição para se sentir confuso, não entender e não saber. Essa é realmente a característica das pessoas altamente criativas. A vontade de mergulhar no desconhecido. Elas sentem prazer em não entender, em vez de se afastarem disso."

A peça final desse quebra-cabeça de personalidades vem na forma do traço "confiança". É uma palavra muito interessante de se considerar neste contexto, porque o que Feist e outros pesquisadores querem dizer quando se referem a um criador confiante não é que o criador está confiante em tudo o que ele ou ela sabe. Em vez disso, que o criador está confiante o suficiente para estar disposto a se sentir inseguro — confiante o suficiente para estabelecer uma resposta autêntica a uma abordagem criativa específica.

"Você tem ideias, uma visão e uma forma de pensar que é única", disse ele. "Você pode ouvir críticas e reprovações, mas é aberto e confiante o suficiente para seguir adiante."

É um delicado equilíbrio entre a vontade de receber novas informações sem se sentir ameaçado, mas também de se manter firme quando uma nova ideia parece autêntica e poderosa o suficiente para estar no mundo.

Para criadores em potencial, costumo pensar nisso como mais uma boa notícia. A criatividade depende menos do intelecto bruto, que provavelmente não tem como ser aprendido, e mais da combinação de pelo menos algum grau de intelecto com um alto grau de abertura. Um outro nome para isso poderia ser *curiosidade*. Uma forma de resumir a diferença entre intelecto e criatividade é por meio de um teste simples. Alguém com intelecto alto é extremamente capaz de encontrar uma resposta única e clara para uma pergunta — uma resposta que satisfaça a todos os testes de lógica. Uma pessoa criativa é capaz de encontrar um valor real em explorar diferentes respostas, ou até mesmo em elaborar uma nova pergunta. Na verdade, os grandes criadores geralmente estão abertos a encontrar soluções criativas ou novos modos de pensar sobre as coisas, a partir de pontos de vista inusitados.

Esta é a transição perfeita para as histórias de dois grandes criadores cujas personalidades têm mais em comum do que parece à primeira vista: James Allison, que ganhou um Nobel pela contribuição para a cura do câncer, e Steve Kerr, treinador do Golden State Warriors.

A história de Kerr começa em 8 de janeiro de 2015, em Cleveland (como começam várias grandes histórias).

O treinador de basquete e o cabeça-dura

Foi nesta noite que o Golden State Warriors disputou a quarta partida, da série de sete, das Finais da NBA na Quicken Loans Arena. O adversário era o Cleveland Cavaliers, liderado por LeBron James, que compartilha o status de lenda com jogadores como Michael Jordan, Kobe Bryant e outros que, não coincidentemente, casavam abertura a ideias com um intelecto impressionante. LeBron e os Cavaliers estavam à frente na série por duas partidas a uma.

Uma temporada mágica dos Warriors parecia estar a perigo. Kerr estava em seu primeiro ano como treinador dos Warriors, e levou a equipe a 69 vitórias, um dos maiores números da história da NBA. Ele tinha grandes talentos selecionados para o All-Star Game, como Klay Thompson e Draymond Green e, principalmente, Steph Curry. Mas Kerr recebeu merecidos elogios pela forma como integrou todos eles. Naquele ano, ganhou prêmio de Treinador do Ano.

Mas, por ora, eles estavam perdendo a série, contra um dos maiores jogadores de todos os tempos, e jogando fora de casa.

Eles precisavam de uma ideia. Algo criativo. Caso contrário, perderiam a competição, e ficariam com a sensação de terem desperdiçado a série.

Kerr encontrou uma ideia. Em um lugar improvável.

Antes de descrever o que aconteceu, é válido explicar o porquê: Kerr, assim como grandes criadores, contém multidões, e é extremamente aberto em uma cultura de atletas que pode ser muito fechada.

Para um treinador de basquete profissional, Kerr é meio nerd. Quando criança, era introvertido. Lia sem parar. Herdou a curiosidade intelectual

240 INSPIRAÇÃO

do pai, um acadêmico que se tornou presidente da Universidade Americana de Beirute. Era esse o cargo que Malcolm Kerr detinha quando foi assassinado a tiros por jihadistas islâmicos na porta de seu escritório. Seu crime: tentar encontrar soluções criativas para apoiar a paz na região.

Aquilo foi particularmente cruel porque o pai de Kerr se esforçava para entender todos os lados, para ouvi-los. Para enfatizar esse ponto, tomo emprestada aqui uma passagem de um artigo espetacular escrito por um dos escritores mais criativos do *New York Times*, John Branch, que fez o perfil de Steve Kerr. Branch escreveu:

> "O homem verdadeiramente civilizado é marcado pela empatia", escreveu Malcolm Kerr no prefácio de uma coleção de ensaios intitulada "By his recognition that the thought and understanding of men of other cultures may differ sharply from his own, that what seems natural to him may appear grotesque to others" ("Por perceber que o pensamento e a compreensão de homens de outras culturas podem diferir nitidamente dos seus, o que lhe parece natural pode parecer grotesco para os outros", tradução livre).

O assassinato de Malcom Kerr aconteceu durante o primeiro ano de Kerr como jogador de basquete na Universidade do Arizona. A morte do pai não pareceu ofuscar sua visão de mundo, nem transformá-lo em um fanático. Com o tempo, sua perspectiva se alargou. Ele se tornou mais empático, a ponto de condenar as condições que levavam ao tribalismo provocado pelo ódio, olhando para o indivíduo e não para o grupo. Nem sempre foi fácil. Em um momento deplorável, os torcedores de uma universidade rival, a Estadual do Arizona, entoaram referências à Organização para a Libertação da Palestina para provocar Kerr durante uma partida.

"É fácil demonizar os muçulmanos por causa da raiva por causa do 11 de Setembro, mas é óbvio que é tudo muito mais complexo do que isso", disse Kerr a Branch para seu artigo. "A maioria dos muçulmanos são pessoas que amam a paz, assim como a maioria dos cristãos, budistas, judeus e membros de qualquer outra religião. Pessoas são pessoas."

Kerr não tinha sido disputado pelas universidades. Inclusive, diz a lenda que, quando Kerr fez o teste para a Universidade do Arizona, a esposa do treinador — que estava na arquibancada assistindo — perguntou ao marido: "Você vai dar uma bolsa de estudos pra *esse cara?*".

Na vida e no basquete, Kerr se tornou um estudante, um eterno aluno da escola da vida. Ele perseverou como um prodígio da Westinghouse Science, mas com uma bola de basquete. Um tipo de líder particularmente criativo começava a tomar forma.

Depois de se formar na Universidade do Arizona, e apesar de ter uma compleição física leve e velocidade modesta, foi parar na NBA, onde se estabeleceu e ainda detém o recorde de maior porcentagem de arremessos de três pontos. Ele não marcou muitos pontos — em média seis por partida —, mas ele era certeiro quando arremessava, especialmente em momentos cruciais. Acabou jogando ao lado de um sujeito chamado Michael Jordan, e foi coadjuvante em uma equipe do Chicago Bulls que ganhou seis anéis de campeões da NBA.

Na altura em que Kerr foi contratado para treinar o Golden State Warriors, no começo de 2014, ele havia se tornado um curioso misto de adulto introvertido que continuava a ser inseguro, pois havia muitas coisas que não sabia sobre o mundo, e ao mesmo tempo extremamente confiante por dentro de que poderia, de alguma forma, aprendê-las. Ele se envolvia consistentemente com o mundo — para aprender, mas sem o tipo ressentimento que muitas vezes está presente na cultura desportiva.

Kerr me disse que às vezes, em coletivas de imprensa, era tão aberto e sem filtros que se perguntava: "Será que eu estraguei tudo?".

"Há um nível de autoconsciência que pode derivar em uma espécie de constrangimento, mas a confiança que o esporte me deu me ajudou a virar um treinador."

Na época da contratação de Kerr, um repórter esportivo veterano chamado Monte Poole conversou com um colega jornalista que conhecia Kerr dos tempos de escola. "Ele disse: 'O Kerr é um cara muito bacana. Ele é extremamente autêntico. É aberto, honesto e também tem senso de humor. E sabe ser sarcástico'. Nossas conversas tendem a girar tanto em torno de questões sociais, política, livros, a vida além do basquete", disse Poole.

Ele se lembrou de um momento, pouco antes do surto de COVID-19, quando os Warriors estavam passando por dificuldades no início da temporada de 2019, sendo assombrados por lesões. Kerr deu uma breve entrevista coletiva e "Ele começou a se afastar, e eu o alcancei para fazer uma pergunta", lembrou Poole, "e ele me perguntou: 'Bem, o que você acha?'.".

"Do quê?", retrucou Poole.

"Bernie, Joe, Klobuchar, Kamala?", respondeu Kerr. Ele queria falar de política. "Conversei com o David West, e ele gosta do Bernie." (David West era um All-Star de longa data que já havia encerrado a carreira naquela época.)

Quando liguei para Kerr para falar sobre criatividade, fiquei honestamente surpreso com a franqueza dele quando começamos a conversa, abordando a insegurança de seus tempos de juventude que lhe rendeu uma humildade vitalícia.

"Sou uma pessoa aberta", disse ele. "Eu escuto a opinião de todo mundo, valorizo as opiniões das pessoas, e algumas delas provavelmente nascem da consciência e da compreensão de que ninguém tem todas as respostas. Está intimamente relacionado com a insegurança de não saber nada."

Isso não deve ser confundido com a timidez patológica. Pessoas próximas a Kerr me contaram sobre seu lado intensamente competitivo, como ele detesta perder. (Houve uma vez uma famosa troca de empurrões entre ele e Michael Jordan, na qual ele se recusou a recuar depois de se sentir agredido, apesar do tamanho e da notoriedade de Jordan.) Mas a força de Kerr não soa como orgulho nem arrogância. Ele é tão forte que, no fundo, pode demonstrar sua curiosidade sem se sentir enfraquecido por ela, nem se sentir visto como fraco. E esse é justamente o equilíbrio entre intelecto e abertura que me leva de volta ao que era então a Quicken Loans Arena, em Cleveland. Os Warriors, após uma temporada mágica, perdiam por duas partidas a uma para LeBron James e seus Cavaliers nas finais da NBA, onde o primeiro time a vencer quatro jogos se sagra campeão.

"Era perigoso", disse Poole sobre aquele quarto jogo. "Eles estavam prontos para serem bons, mas não era certo que seriam campeões."

* * *

Pouco antes do início da crucial quarta partida, um dos locutores de TV detalhou uma conversa que teve com Kerr. "Kerr disse: 'Perdemos duas seguidas; vamos rever tudo'", contou o locutor.

Isso não é pouca coisa, depois de você ter feito tudo de uma determinada forma por um longo tempo e ter funcionado tão bem.

O que havia de tão ameaçador nos Cavaliers, e o que os Warriors poderiam fazer a respeito? Era apenas o fato de estarem enfrentando uma equipe que contava com LeBron James?

De onde viriam as respostas?

Kerr e sua comissão técnica saíram em busca delas.

Foi quando alguém notou algo. Não era um membro experiente da comissão. Era um assistente do baixo escalão chamado Nick U'ren, que tinha 28 anos na época.

O trabalho dele era assistir às gravações dos jogos passados e editar sequências para a comissão técnica e os jogadores do Warriors assistirem. Isso incluía assistir a gravações de finais anteriores, não só entre os Warriors e os Cavaliers, mas também às formas como outras equipes no passado haviam jogado contra LeBron.

Ele notou um padrão. As equipes que haviam vencido os Cavaliers e LeBron tinham usado um tipo de escalação diferente da que os Warriors usaram durante toda a temporada. Elas tendiam a usar jogadores menores e mais rápidos em determinadas posições.

Sentado em seu quarto de hotel, U'ren, o assistente de vídeo, teve uma ideia. Talvez os Warriors precisassem mudar a equipe titular para poder marcar LeBron James de maneira diferente. Isso, isso! Quanto mais pensava naquilo, mais certeza tinha. Os Warriors precisavam mudar o pivô titular, Andrew Bogut, um jogador adorado pelos companheiros e também pelos donos dos Warriors.

Ele achou que eles deveriam começar com um veterano esperto chamado Andre Iguodala, mais baixo do que um pivô tradicional como Bogut, mas mais forte e mais experiente. Iguodala era normalmente o primeiro jogador dos Warriors a sair do banco e entrar nas partidas, portanto não seria uma grande mudança, mas o momento era de altíssimo risco.

"Eu sabia que ia funcionar", me disse U'ren. "Eu não tinha os dados. Não sabia bem por quê."

Eu fui capaz de ouvir a inspiração em sua voz, mesmo anos depois. E um toque de pavor. Quem era ele para sugerir uma mudança daquelas? Ele mandou uma mensagem para um dos assistentes às três da manhã. No dia seguinte, o técnico apresentou a ideia a Kerr.

Ela encontrou espaço.

"Foi uma sugestão muito boa", me disse Kerr. "O que a tornava única era o fato de Nick ser treinador iniciante, um coordenador de vídeo. Aquilo mudou tudo. Mudou toda a final."

Os Warriors venceram o jogo e a série, e Iguodala — o cara que se tornou titular de última hora — ganhou o prêmio de Jogador Mais Valioso das Finais. Em uma coletiva de imprensa dada após a vitória, Kerr explicou o que havia acontecido e, espontaneamente, deu o crédito a U'ren.

"Às vezes, você vê pessoas em posições de poder e elas parecem ter todas as respostas, e eu não tenho todas as respostas", disse Kerr.

Gostaria de ser bastante claro aqui: Kerr treinou o time para um campeonato, e essa decisão, apesar de fundamental, foi parte de um contexto muito maior, disputada por alguns dos melhores jogadores de todos os tempos, com um basquete executado de forma primorosa.

O que se pode extrair desta história é que Kerr conseguiu ouvir e tirar proveito da ideia certa na hora certa. Ele fez isso devido a uma poderosa combinação de intelecto e abertura, ilustrada por uma humildade tal que Kerr acabou por compartilhar a vitória publicamente; ele subverteu seu ego e sua própria necessidade de controle — que são o oposto de abertura —, de modo a poder analisar um maior número de possibilidades. Os Warriors posteriormente ganharam mais dois campeonatos e, segundo todas as pessoas com as quais falei, esse sucesso se deve ao equilíbrio entre inteligência e humildade de Kerr, junto com, é claro, Steph Curry e outros All-Stars. É a eles que Kerr dá os créditos. "Não estaríamos tendo essa conversa", disse ele, "se não tivéssemos tantos talentos. Nosso trabalho é colocá-los na posição certa. É preciso ter humildade".

Típico. O treinador faz uma reverência.

O conceito de borrar as fronteiras entre o intelecto aguçado e a disposição de levar em consideração todo tipo de solução está presente em criadores de todas as áreas.

Essa noção está incorporada de forma poderosa na pessoa mais singularmente responsável pelo desenvolvimento de novas terapias contra o câncer. Seu nome é James Allison. Dezenas de milhares de pessoas (número que não para de crescer) devem suas vidas às descobertas deste ganhador do Nobel e a sua abertura a diferentes soluções. De todos os criadores com quem tive o privilégio de falar como jornalista, e para este livro em particular, eu diria que nenhum fez uma descoberta criativa com C *maiúsculo* tão significativa quanto a que Allison fez.

"A visão mais comum que as pessoas têm sobre a forma como a ciência funciona é que você tem uma hipótese, e então projeta um experimento para testá-la", me disse Allison. "Depois você analisa os dados e vê o que eles dizem sobre a hipótese. Se você faz isso, pode até ser interessante, mas não muito interessante."

Ele prefere um método mais aberto.

"O que você precisa fazer quando obtém os dados é olhá-los como um cristal multifacetado — olhe-os de uma maneira, olhe-os de outra, e eles podem muito bem lhe apresentar uma pergunta diferente, que tem pouco a ver com a que você estava fazendo."

É assim que Allison descreve o fato de que as maiores conquistas da ciência vêm do apagamento de um tipo de estereótipo, ou noção preconcebida, que pode atormentar a ciência assim como qualquer outra coisa. A verdade é que, diversas vezes ao longo da história, as descobertas médicas foram soterradas de críticas vindas de pessoas com noções preconcebidas. É uma área que, sem trocadilhos, não está imune ao pensamento não científico.

"Às vezes, você só precisa se afastar de todo mundo. Tenho um certo orgulho do fato de que eu não leio tantos periódicos quanto os outros", disse Allison a uma escritora científica chamada Claudia Dreifus para um artigo na *Quanta Magazine*. Quando ele lia os artigos, "alguns dos

246   INSPIRAÇÃO

experimentos nem eram compreensíveis", ele disse a ela. "Eu pensava: 'Ou eu sou estúpido demais para entender isso, ou ninguém sabe o que está falando. Vou ficar no meu canto e descobrir algo que tenha sentido para mim, fazendo suposições e previsões, apenas.'"

Allison, nascido em 1948, cresceu em uma pequena cidade no Texas e era chamado de cabeça-dura pelo irmão, por conta de sua obstinação e de sua forma independente de pensar; ele perdeu a mãe para o câncer quando era pequeno, brigou com o professor de matemática do ensino médio porque se recusou a admitir a certeza da existência de Deus, e hoje usa cabelos brancos compridos e despenteados e, quando não está fazendo descobertas, está tocando *blues* em uma gaita.

A descoberta de Allison, vencedora do Prêmio Nobel, veio ao ajudar a quebrar ideias ordenadas de como as pessoas pensam sobre o câncer, e depois provar que estava com a razão. Ele não fez isso por teimosia. Fez por conta de sua curiosidade inata e pelo seu instinto de que a forma tradicional de enxergar a relação entre o câncer e o sistema imunológico não estava fazendo sentido.

A ideia de longa data era que o câncer se desenvolve dentro das pessoas e cresce porque o sistema imunológico — nossos mecanismos de defesa internos — não reconhece o tumor como sendo algo maligno. Na linguagem da imunologia, os cientistas achavam que o sistema imunológico não via o câncer como algo "estranho", e, portanto, não o atacava da mesma forma que atacaria bactérias, vírus ou outros organismos estranhos.

O resultado desse tipo de pensamento foi que os tratamentos eram desenvolvidos essencialmente ignorando o papel do sistema imunológico, e atacando diretamente o câncer. Isso significava usar quimioterapia e radioterapia visando destruir o tumor. Esses tratamentos são ataques contundentes, com todo tipo de efeito colateral, incluindo a destruição de muitos tecidos saudáveis, provocando prejuízos ao paciente com base em uma estratégia de terra arrasada.

Mas o tratamento contra o câncer deu um salto quântico nos últimos anos, em grande parte graças a Allison. Hoje, os medicamentos mais vendidos no mundo estimulam o sistema imunológico a atacar o câncer porque, ao que parece, nossas defesas são de fato capazes de identificar esses tumores dentro de nós.

E então o câncer envia um sinal para desativar o sistema imunológico. Falei muito mais sobre o papel de Allison nessa descoberta e sua notável jornada em *Imune*, um livro que escrevi sobre o sistema imunológico, e vou resumi-los brevemente aqui: na década de 1990, Allison se concentrou em uma molécula chamada CTLA-4. Em termos simples, essa molécula existe na superfície das células do sistema imunológico. Esse fato, por si só, é um bocado fascinante: inúmeras criações levaram Allison ao ponto em que ele e outros pesquisadores foram capazes de examinar e brincar com moléculas na superfície das células imunológicas. Os ombros de gigantes.

Em seus experimentos, Allison notou que a eficácia do sistema imunológico dependia do tipo de sinal CTLA-4 recebido de outras moléculas. Se a CTLA-4 era estimulada a ponto de começar a se proliferar, uma coisa estranhíssima acontecia: o sistema imunológico parava de atacar.

"Pensei: 'Temos que descobrir o que a CTLA-4 faz", me disse Allison.

Através de um processo meticuloso, ele descobriu exatamente o que ela fazia: integrava o mecanismo de frenagem do sistema imunológico. Isso significa que o sistema imunológico era capaz de identificar o câncer, ir até lá, e então — *uau!* — o câncer conseguia enviar um sinal para dizer ao sistema imunológico para parar.

Agora, por que isso acontecia? Por que o sistema imunológico tinha um sistema de frenagem? Ele não deveria estar eternamente em modo de ataque?

"A CTLA-4 está lá para nos proteger de sermos mortos por nós mesmos", me disse Allison durante a pesquisa para o meu livro sobre o sistema imunológico.

O que ele descobriu foi que o sistema imunológico é uma faca de dois gumes muito afiada. Uma reação branda do sistema imunológico deixa você exposto a doenças, mas uma reação exagerada o deixa exposto a distúrbios autoimunes e a uma resposta imunológica desenfreada que pode ser tão devastadora quanto qualquer doença.

O que o câncer estava fazendo, percebeu Allison, era se aproveitar desse sistema de sinalização para frear o sistema imunológico. E, em seguida,

248 INSPIRAÇÃO

Allison descobriu como: ele desvendou a forma de desligar os freios mudando o sinal. Em uma das histórias mais arrepiantes (no bom sentido) que já ouvi, Allison contou como ele realizou um experimento que envolvia a mudança dos sinais, e depois entrou no laboratório uma manhã e viu o que havia acontecido com camundongos com câncer que tinham sido tratados com seu procedimento experimental. Os tumores haviam desaparecido.

Seu trabalho, feito quase simultaneamente com o trabalho complementar de um cientista japonês chamado Tasuku Honjo, rendeu aos dois a divisão do Nobel de Medicina de 2018. Em vez de atacar o câncer, como era o costume do mundo, eles mexeram no sistema imunológico.

A dupla, diz o texto de atribuição do prêmio, "estabeleceu um princípio inteiramente novo para as terapias contra o câncer".

Você acredita que essa história nos leva de volta à COVID-19 e à pandemia que assola o mundo no final de 2020, enquanto escrevo essas palavras? Até agora, o número de mortos passa seis milhões em todo o mundo, sendo um milhão nos Estados Unidos. Essa criação orgânica viral se tornou uma arma de destruição em massa, uma foice afiada ceifando a humanidade com uma eficiência terrível e uma desconsideração inconsciente pelos danos que provoca.

Houve algumas boas notícias. O mundo começou a criar em reação.

Pesquisadores estavam ficando melhores em descobrir tratamentos para reduzir os efeitos mortais dessa doença nos pulmões.

Eles fizeram isso, em parte, com base no trabalho de Allison e sua geração de pensadores criativos que se voltaram sobre o funcionamento do sistema imunológico.

O que eles descobriram, após os primeiros dias da pandemia, foi que grande parte do sofrimento, incluindo muitas das mortes, vinha de uma reação exagerada do sistema imunológico à COVID-19. Isso pode soar como loucura. Afinal, uma suposição razoável era de que as células do sistema imunológico não estavam reagindo ao novo coronavírus a contento, de modo impedir que ele tomasse os pulmões humanos. A realidade era mais complexa.

Em muitos casos, o sistema imunológico ficou tão sobrecarregado pela doença que disparou uma resposta quase histérica. Atacar! Ativar armas nucleares! Toneladas de sinais de proteínas no corpo enviaram hordas de células do sistema imunológico, algumas das quais estavam contribuindo para a inundação dos pulmões. Os tratamentos mais eficazes envolviam conter o sistema imunológico, para evitar que uma quantidade muito grande de fluidos — incluindo células imunológicas — entupisse nosso delicado aparelho respiratório.

Além disso, vacinas e medicamentos estavam sendo desenvolvidos — baseados nos mesmos tipos de ideias que Allison tinha tido.

Pouco antes da eleição nos Estados Unidos em novembro de 2020, o presidente Trump contraiu COVID-19. Ele recebeu vários diferentes medicamentos para retardar a infecção. Um era um tipo particular de droga chamado anticorpo monoclonal. (Seu fabricante, a Regeneron, é a herdeira do concurso da Westinghouse.) É um remédio complexo, mas a explicação simples é que ele buscava atuar na resposta imunológica de formas não muito diferentes daquelas em que Allison foi pioneiro. Não é que as descobertas de Allison tenham levado diretamente aos medicamentos que seriam criados em resposta à COVID-19. Na verdade, foi o salto conceitual que Allison deu que teve um impacto enorme no desenvolvimento de inúmeros medicamentos que vieram a seguir, incluindo as incríveis inovações feitas durante a pandemia.

Um segundo medicamento tomado pelo presidente — e muitos outros que sofrem com o COVID-19 — era um esteroide. Trump tomou no início, quando estava tossindo e com falta de ar. O medicamento refreia o sistema imunológico de modo a diminuir a inflamação e prevenir o entupimento dos pulmões, entre outros efeitos potencialmente fatais de uma reação imunológica desequilibrada ao vírus.

Nesse meio tempo, as conclusões de Allison também apontaram para a forma como descobertas específicas marcam períodos específicos da história. Elas surgem fundamentadas em descobertas anteriores, mas também em resposta às demandas e ao ambiente em que ocorrem. E vieram relativamente tarde na vida de Allison — ele ganhou o Nobel aos setenta anos, e o trabalho que lhe valeu o prêmio vinha sendo realizado há várias décadas. Não era mais um novato.

O que levanta uma das questões finais sobre as quais deixo minha curiosidade se debruçar: qual a idade de um criador?

Idade

Em várias ocasiões, fiz referência a um pesquisador chamado Dean Simonton. Nos estudos sobre a criatividade, ele encontrou um grande nicho: examinou fatos claros e comprováveis da vida de gênios criativos — Einstein, Picasso, Freud, Edison, Bach. Quantos artigos eles escreveram, ou quantas patentes registraram? Quais eram seus hábitos específicos?

Ele examinou evidências empíricas em um campo que, como você sabe agora, pode ser escorregadio por conta das sutilezas das ciências sociais.

Uma das perguntas que Simonton fez foi: com que idade esses grandes criadores foram mais produtivos?

Em 2016, Simonton escreveu um artigo para a *Scientific American* intitulado "Does Creativity Decline with Age?" [*A Criatividade Declina com a Idade?*].

"Esta questão atraiu pesquisas científicas por mais de um século", escreveu Simonton, que acrescenta: "Posso oferecer uma resposta com confiança: não exatamente!"

Seu artigo prossegue, observando que o pico de criatividade de uma pessoa geralmente corresponde ao pico de produtividade. Isso parece extremamente sensato, visto que a produtividade depende da energia e, não importa o quão inspirado você esteja, pode ser difícil seguir adiante se precisa o tempo todo tirar um cochilo. Algumas carreiras, escreveu Simonton, como as de historiadores e filósofos, parecem não sofrer um declínio perceptível na criatividade. Talvez, conforme os anos passam, os criadores acumulem um repertório cada vez maior ao qual recorrer, e talvez seja preciso menos esforço para escrever do que, digamos, para tocar em um show de rock.

Também fiquei impressionado com o fato de que historiadores e alguns outros cientistas — como jornalistas — tiram proveito da extração de informações externas. E eu gostaria apenas de observar, graças aos meus anos de entrevistas com pessoas muito diferentes, que carreiras que permitem que as pessoas obtenham informações externas a elas mesmas parecem oferecer oportunidades substanciais de criação.

Em contraste, carreiras que se baseiam apenas na própria autenticidade podem acabar ficando mais desgastadas com o passar do tempo. Vejamos os artistas, por exemplo. É possível observar — e, mais uma vez, isso não é empírico — que as revelações da autodescoberta são incríveis nas primeiras fases da vida. Isso proporciona livros, músicas, um som e um estilo que talvez atinjam seu auge no início da vida. As criações futuras podem ser prolíficas, mas não necessariamente diferentes das que vieram antes, porque emulam a autenticidade que impulsionou a criação artística em primeiro lugar. Pense em quantos músicos e escritores você ama e sobre os quais você já disse: Isso me lembra muito os primeiros trabalhos dele.

De todo modo, Simonton concluiu que há muitas evidências de que as pessoas podem continuar criando até os anos mais avançados de suas vidas. "No fim das contas, os que despontam tardiamente atingem o pico de criatividade em idades em que os precoces já passaram do auge", escreveu ele, "então a boa notícia é que é possível permanecer criativo durante toda a vida".

É em parte por isso que a criatividade pode amadurecer tanto com a idade. Mas acho que há uma razão ainda mais poderosa que explica o potencial para a criatividade em idade avançada: as pessoas começam a entender melhor a si mesmas e suas paixões. Elas entendem como as coisas funcionam.

Economistas da Universidade Estadual de Ohio especializados em trabalho analisaram centenas de descobertas da física que renderam prêmios Nobel, juntamente com as idades dos cientistas. Cem anos atrás, um terço realizou suas descobertas antes dos trinta anos, e outro terço antes dos quarenta. Mas esse fenômeno mudou drasticamente à medida que as pessoas passaram a viver mais, a ter mais tempo para aprender, e os campos se tornaram mais complexos.

252   INSPIRAÇÃO

"A imagem do jovem cientista brilhante que promove avanços críticos na ciência está cada vez mais ultrapassada", escreveu Bruce Weinberg, economista da Universidade Estadual de Ohio, em um artigo publicado pelo *LiveScience*, um site de notícias focado nas ciências. "Hoje, a idade média em que os físicos fazem seu trabalho ganhador do Nobel é de quarenta e oito anos. Pouquíssimos trabalhos inovadores são feitos por físicos com menos de trinta anos."

Para outros, a principal descoberta não tem a ver com a substância, mas com si próprio. A expectativa de vida mais longa proporcionou mais oportunidades para as pessoas se ouvirem.

Para isso, vejamos os inspirados trabalhos dos criadores que mencionei neste livro. Suas contribuições estão presentes em toda a sua trajetória:

- JIM ALLISON, nascido em 1948, ganhou o Nobel de Medicina aos setenta anos pela contribuição dada ao desenvolvimento de tratamentos contra o câncer, trabalho que durou quarenta anos e remonta ao final da década de 1980. Ele continua a tentar expandir essas aplicações a outras formas de câncer.
- STEVE KERR ganhou seis campeonatos da NBA como jogador (enquanto se valeu da criatividade de um cara chamado Michael Jordan, que estava na casa dos vinte e trinta anos), e três como treinador, quando foi indiscutivelmente criativo na casa dos quarenta.
- JUDD APATOW, nascido em 1967, fazia *stand-up comedy* desde muito jovem. Tem sido implacavelmente criativo ao longo de toda a vida. Ainda está na ativa, bem em seus cinquenta anos, e alguns de seus trabalhos mais conceituados aconteceram já em uma idade avançada.
- JENNIFER EBERHARDT, vencedora do MacArthur Genius Award e socióloga de Stanford, identificou maneiras de repensar as relações raciais e ajudar a polícia a enxergar seu preconceito inconsciente. Ela era um pouco tímida na adolescência, e sua curiosidade intelectual não tinha um foco preciso. Então, sua criatividade começou a se cristalizar em torno do trabalho do viés inconsciente e da polícia — tornando-a uma especialista de renome internacional nessa área. Ela fez um trabalho inovador com as forças policiais. Publicou o livro *Biased: Uncovering*

the Hidden Prejudice That Shapes What We See, Think, and Do [Viés: Desvelando o preconceito que molda o que vemos, pensamos e fazemos, tradução livre] em 2019. Estava na casa dos cinquenta.

- ROGER MCNAMEE ganhou muito dinheiro em Wall Street na casa dos trinta. Anos depois, ele investiu no Facebook e em muitas outras grandes empresas de internet. Fundou uma banda popular em 2007 chamada Moonalice, na qual canta e toca guitarra — ele e a banda se apresentam em dezenas de shows por ano. Mais tarde, identificou falhas profundas no Facebook que fizeram com que fosse cooptado por políticos inexpressivos, e testemunhou várias vezes perante o Congresso. Ele continua criando. Ele nasceu em 1956, então tinha 63 anos quando publicou *Zucked: Waking Up to the Facebook Catastrophe* [Zucked: um alerta sobre a catástrofe do Facebook].

- MIKE LEE, cocriador do MyFitnessPal com seu irmão, ganhou muitas centenas de milhões de dólares e fez um número parecido de pessoas menos gordas. Isso foi entre os seus trinta e quarenta anos. Está em busca de uma nova ideia.

- MIKE MONSKY, que criou o Clean Remote — depois de se assustar com a sujeira no controle remoto da televisão — se viu no meio do período mais criativo e inspirado de sua vida durante a pandemia, depois que hotéis e hospitais começaram fazer encomendas de sua criação. Estava na casa dos setenta.

- GARRY TRUDEAU foi o primeiro autor de uma tirinha a ganhar o Pulitzer de charge política. Ok, parabéns, muito legal, com certeza. Um Pulitzer. Que tal esse número: 15.000. Essa é a quantidade de tirinhas que ele criou até o cinquentenário da tira, em 2018. Em paralelo, Trudeau estava constantemente fabricando novas ideias e cada vez que conversávamos ou fazíamos uma refeição ele tinha uma inspiração para compartilhar — para a televisão ou para o cinema. Quantos anos tem um criador? Nesse caso, a resposta é: qualquer idade está valendo.

- DARRIN BELL foi o primeiro cartunista negro a ganhar o mesmo prêmio. Ele é um daqueles caras que, assim como Trudeau, se fundiu com sua musa ainda cedo na vida, desenhando desde que aprendeu a segurar uma caneta. Desde então, ele expandiu suas criações. Durante meu processo de escrita deste livro, Darrin — agora com quase quarenta anos — estava trabalhando em uma série de televisão baseada em sua tirinha *Candorville* para o comediante Kevin Hart e escrevendo uma autobiografia ilustrada em dois volumes para uma grande editora, tudo isso enquanto continuava com as tirinhas de *Candorville* e com charges regulares.

- DAVID MILCH, uma lenda de Hollywood, nascido em 1945, escreveu *Hill Street Blues* em 1982 e *Deadwood* em 2004. Ambas foram séries épicas que mudaram o gênero.

- BRUCE SPRINGSTEEN: Sendo sincero, a verdade é que fiz uma dúzia de ligações para o "pessoal" de Springsteen, e não recebi nem um "talvez". Não admira. Ele está criando implacavelmente. Isso começou pouco depois de ver Elvis Presley na televisão naquela noite épica de domingo, e vai estar com ele até os últimos dias. No momento em que escrevo, ele havia acabado de lançar outro álbum, e um álbum de rock. Está na casa dos setenta. Obrigado, Bruce, e estou por aqui, se você quiser bater um papo.

- RHIANNON GIDDENS: Nascida em 1977, hoje em seus quarenta e poucos anos, ela expressou as multidões dentro dela uma após a outra. Inclusive, um dos verdadeiros desafios que Giddens me apresentou enquanto eu fazia entrevistas e escrevia foi que ela continuou a apresentar novas ideias durante a elaboração deste livro. Miniapresentações, performances virtuais, projetos musicais coletivos. Por fim, eu disse a ela: "Rhiannon, quando você ler este livro, vai parecer datado, levando em conta tudo o que você continua a inventar. Eu não consigo acompanhar o seu ritmo".

E, então, temos Jake Schroeder, o nome perfeito para encerrar os perfis, porque exemplifica o poder de ouvir a própria voz no final da vida, mas também a capacidade de descartar a visão que os outros têm da criatividade em benefício da própria visão. Schroeder tinha sido um astro do rock. Então, decidiu que se sentia mais inspirado em ajudar a consertar as relações entre a polícia e os jovens pobres e de grupos minoritários.

Sua história também mostra quanto progresso estava ocorrendo antes dos percalços de 2020. Toda pequena criação conta.

Duas pequenas histórias de guerra

UMA MUSA

Em junho de 1944, na Normandia, França, os primeiros barcos de transporte anfíbio estavam cortando as ondas rumo à praia de Omaha. Era hora de Frank DeVita fazer um trabalho dos infernos. Assim que os barcos chegavam à costa, ele tinha que baixar a rampa protetora de metal na frente, para que os soldados agachados atrás da rampa pudessem sair em disparada.

Isso significava que os homens caminhariam, sem nenhuma proteção, em direção ao fogo das metralhadoras alemãs que cuspiam milhares de tiros por minuto de dentro das casamatas encavadas na areia. DeVita sabia que, ao fazer seu trabalho, seus amigos e colegas soldados seriam mortos imediatamente.

O patrão da embarcação gritou: "DeVita, baixar a rampa!".

DeVita fingiu não ouvir.

"DeVita, baixa a rampa, porra!"

DeVita baixou a rampa.

Os alemães dizimaram as tropas, incluindo um soldado que estava de pé bem na frente de DeVita.

DeVita baixou a rampa em cerca de uma dúzia de embarcações naquele dia.

Em dezembro de 1944, os nazistas lançaram sua última contraofensiva da guerra. Isso levou à Batalha das Ardenas, com embates violentos nos territórios da França e da Bélgica. Como um animal moribundo, os alemães atacaram com toda a crueldade, seus soldados e tropas de assalto devastando cidades em uma fúria assassina. Bradley Thomas, soldado de infantaria, foi enviado para combater a investida nazista junto com os outros norte-americanos. Isso foi uma ruptura das regras habituais. Thomas é negro. Ele ajudou a derrotar a criação maligna de Hitler. Aquilo o deixou muito orgulhoso.

Então, a guerra acabou, e Thomas voltou para casa no porão do navio, junto com os outros soldados negros. E, quando chegou, não recebeu permissão para votar, por causa da cor de sua pele.

Dessa forma, ele dobrou seu uniforme, o colocou em uma caixa e jurou que nunca mais olharia para ele.

O que une esses homens é o sacrifício, a angústia e a ambiguidade moral da guerra, e uma coisa mais: suas histórias se tornaram inspiração para um programa extremamente criativo destinado a contornar a cisão entre policiais e jovens pobres e minoritários nos Estados Unidos. Eles inspiraram um sujeito simpático e aficionado por história chamado Jacob Schroeder.

Ele teve uma ideia ousada: que esses homens e outros veteranos da Segunda Guerra Mundial contassem suas histórias para policiais e jovens, na esperança de que os dois grupos aprendessem com a história, sentissem o poder do propósito comum compartilhado por esses soldados e, mais do que isso, de que os policiais e os jovens ficassem tão absortos por aquilo que abandonassem os juízos que faziam uns dos outros e se conhecessem como indivíduos.

"É difícil fazer generalizações sobre as pessoas quando você as conhece e gosta delas", me disse Schroeder.

Ele tinha quase cinquenta anos na época. Pode parecer tarde para ser arrebatado pela musa. E ele já tinha sido um grande criador — pelo menos aos olhos dos outros.

Schroeder era um astro do rock e vocalista de uma banda chamada Opie Gone Bad. Era uma das bandas mais populares do Colorado, tendo por nove vezes fechado a noite no lendário Red Rocks Amphitheatre, em Denver.

Em um vídeo de um show deles de 10 de julho de 2001, Schroeder está diante de milhares de fãs gritando, bem parecido com um astro do rock, com a cabeça raspada, uma presença marcante que comanda o palco, e sua voz. Caramba, que voz. Afinação perfeita, com a capacidade de criar uma enorme variedade de sons — rouca, levemente melódica, falada —, e ele se entregava, colocando toda sua alma ali, em uma linda noite do Colorado com a multidão dançando e cantando, levantando seus copos de cerveja em um brinde à Opie Gone Bad, a banda que Jake liderava. Mas ele não apenas se parecia com um astro do rock. Ele *era* um astro do rock. Era casado com uma líder de torcida do Denver Broncos.

Schroeder não estava feliz.

A música não o inspirava por completo. Sim, ele gostava de cantar, e os shows eram inebriantes, as dezenas de milhares de pessoas diante dele, dançando ao seu ritmo. Antes de cada show, porém, havia muita insegurança. "Eu dizia a mim mesmo antes de ir: não vai ter ninguém lá, ninguém vai estar dançando", disse ele. "Eu sempre me diminuía antes dos shows, para não me decepcionar se não fossem grande coisa."

Schroeder não estava dando muita atenção a isso na época, mas ele estava se apresentando, no sentido de que sua experiência tinha mais a ver com a reação do público à sua performance do que com sua motivação interna e com o amor por aquilo. Além disso, raramente era ele que escrevia as músicas, de modo que o seu papel parecia, olhando em retrospecto, um pouco mecânico. Mas acabou engrenando.

Para encurtar a história, ele teve uma filha com a líder de torcida, se divorciou, se divertiu muito, ficou mulherengo, se sentiu péssimo consigo mesmo e deprimido em relação a quem era, e por fim se cansou de viver uma vida que poderia parecer invejável, mas não era fiel a ele.

Schroeder e eu éramos amigos na infância, e continuamos a nos falar eventualmente. No verão de 2019, quando nos encontramos, algo nele parecia diferente.

"Mal posso esperar para contar o que estou fazendo", me disse ele enquanto nos sentávamos em um restaurante mexicano. Ele começou a me falar sobre seu novo projeto; seus olhos brilharam.

Depois que Schroeder se aposentou do rock, ele se ajustou a uma vida suburbana. Casou-se com uma mulher que conheceu jogando hóquei misto. Começou uma família com ela. Conseguiu um emprego como diretor-executivo da Police Athletic League de Denver. O grupo buscava promover esportes juvenis e relações positivas entre jovens e policiais. Aquilo tocava Schroeder de uma forma direta, silenciosa e enfática.

Sua carreira musical foi reduzida a uma música, o hino nacional. Ele cantava em eventos esportivos, principalmente na abertura dos jogos do Colorado Avalanche, a equipe de hóquei profissional do estado. Ele era uma personalidade ali. Uma noite, Schroeder conheceu um grupo de soldados que acompanhavam veteranos da Segunda Guerra de volta à Normandia. Eles perguntaram se ele queria se juntar em uma das viagens.

"Era algo que eu sempre tinha sonhado — estar perto de veteranos da Segunda Guerra Mundial, ajudá-los, botar para fora meu lado nerd em relação à história." Sua primeira viagem foi em 2012. Durante a segunda, em 2013, ele se viu em um Toyota lotado de jovens soldados norte-americanos que tinham servido no Afeganistão e estavam indo conhecer a Normandia, ao lado de um veterano da Segunda Guerra que, junto com a companhia que integrava, havia caído em uma emboscada dos alemães, na qual quase todos morreram.

Walker se abriu para os jovens soldados como se fossem seus irmãos. "Os soldados ficaram embasbacados. Era como se eles tivessem atravessado algum portão e voltado no tempo. Foi aí que eu tive a ideia."

Ele voltou para casa e traçou um plano para arrecadar dinheiro para levar policiais e jovens de Denver para conhecer os veteranos nos campos de batalha do Dia D. Ele estava ligando pontos bem distantes: Normandia e veteranos, policiais, jovens de grupos minoritários. Mas sua convicção em relação àquela ideia eclipsava qualquer música que ele já havia composto ou tentado compor.

Ele se lembra de ter pensado: "Vou fazer o que eu puder para levar o maior número possível de jovens e policiais".

Em 2016, eles levaram três jovens, quatro veteranos e quatro policiais.

Em 2017 foram feitas mais duas viagens, incluindo uma com jovens de Columbine, a escola onde ocorreu o infame tiroteio em 1999. Um deles era Alejandro Rizo, de treze anos.

Alejandro, chamado de Alex pelos amigos, mora na parte mais pobre de Denver. Ele escreveu uma redação na sua escola sobre por que gostaria de ir para a Normandia, foi selecionado, e pôde caminhar pelas praias, visitar os cemitérios lotados. "Você não vive aquilo de verdade até ver todas as cruzes brancas", me disse Alex.

Ele ficou particularmente comovido com sua experiência na igrejinha da vila de Sainte-Mère-Église, no noroeste da França, e o sangue quase centenário que até hoje mancha os bancos. Nem todo o sangue derramado foi de soldados mortos. Isso se deve ao trabalho de dois médicos norte-americanos, dois jovens de dezenove anos alocados naquela igreja octocentenária para ajudar os Aliados, mas que concordaram em cuidar de todos os feridos, incluindo alemães que estavam contra-atacando. Os médicos são creditados por salvar oitenta e uma vidas.

"Eles salvaram uma garotinha desta cidade", me disse Schroeder enquanto estava na praça do vilarejo no início de outubro de 2019. Uma chuva começou a cair. Jake parecia absorto pelo que havia acontecido ali, maravilhado com a ideia de compaixão em meio a "toda aquela batalha, toda aquela morte e destruição".

Alex teve a mesma experiência.

"Vendo aquilo na igreja, foi como se um completo estranho estivesse disposto a sacrificar a vida dele pelo bem da minha de forma inconsciente, se é que isso faz sentido."

À noite, na casa onde o grupo estava hospedado, Alex contou que passou um tempo conversando com um policial de Denver, um detetive da divisão de homicídios. "Eu o vi não apenas como um homem de uniforme, mas como pai, marido, filho", disse Alex. Ele contou que eles se tornaram amigos. "Você pode ter muito em comum com alguém de quem às vezes pensa o pior."

Não que Alex não gostasse da polícia sem razão. Seu avô tinha sido policial no México antes de ser morto, e Alex aprendeu com os pais a ter respeito pelos agentes da lei. Por outro lado, quando tinha doze anos, uma amiga dele que havia roubado um carro foi morta por vários tiros da arma de um policial, enquanto o policial alegou que estava tentando impedir que a jovem ladra machucasse alguém enquanto estava ao volante.

Um dia antes de eu entrevistar Alex, um policial branco no Texas havia atirado em uma mulher dentro da própria casa; ela estava jogando videogame com o sobrinho e estudava para o vestibular de medicina. Duas semanas antes, um policial branco havia sido condenado por ter matado o vizinho, um homem negro, que estava dentro do próprio apartamento.

Também entrevistei policiais envolvidos no programa. Mas isso foi durante os protestos de 2020, e eles temiam que seus nomes fossem divulgados porque a situação havia se tornado muito politizada. Eles me contaram sobre terem conhecido alguns jovens, passado algumas horas com eles, conversado sobre tal e tal assunto.

Schroeder vê jovens homens, mulheres e policiais transformados, "vivendo aquele momento juntos, e experimentando algo muito maior do que eles mesmos".

Às vezes, diz ele, a grandeza, o espetáculo e a solenidade da Normandia parecem mudar a dimensão do que está acontecendo lá nos Estados Unidos — no bom sentido.

"Eu me lembro de um garoto que veio até mim e eu disse: 'Você conhece aquele cara com quem você estava falando? Ele é policial'."

É uma via de mão dupla.

"Esses não são policiais racistas. Não são mau caráter", disse ele. "Mas isso não anula os problemas sistêmicos, principalmente com pessoas negras." Ele disse que a viagem se tornou uma oportunidade para discutir as questões através das lentes da discriminação nos tempos da guerra. "Há muitos homens negros corajosos que se entregaram com a mesma dedicação que os soldados brancos, depois voltaram para casa no porão do navio e não tiveram permissão para votar quando chegaram. Nós fazemos questão de sublinhar isso."

As lições da Normandia não são claras, a moralidade é complicada — morte e destruição, discriminação. Essa realidade é justamente o que permite que Schroeder extraia lições e ataque os preconceitos.

"Você não precisa resolver todos os problemas. Eu penso em um leme em um navio de cruzeiro, e em como é difícil virá-lo, mas existe um pequeno leme que dá início ao processo para que leme maior possa virar", disse

Neurologia, fisiologia, personalidade, cronologia e (a nova) geografia 261

ele. "O que somos é um pequeno leme — seja tocando algumas poucas ou centenas de crianças por ano."

Essa é uma das lições desta história. Ajudar algumas crianças e policiais por ano significa mais para Schroeder do que milhares de fãs aos berros. Não é só a criatividade com *C maiúsculo* que é poderosa. Talvez Schroeder esteja ajudando a proporcionar os ombros sobre os quais um grande criador vai se apoiar.

Uma segunda lição desta história tem a ver com a relação entre criatividade e idade. O tempo vivido nesta vida não deve ser um obstáculo à criatividade. Ele pode proporcionar a sabedoria e a experiência que permitem que a musa desabroche. No caso de Schroeder, a vida de astro do rock se tornou desbotada em comparação com a inspiração que ele sentiu em sua campanha no norte da Europa.

Há uma terceira lição, muito mais importante. Ele coloca o ciclo criativo em perspectiva, fornecendo um contexto para os grandes desafios do ano de 2020.

Eu já contei que Alexander Fleming descobriu a penicilina. Isso aconteceu em 1928. Ela veio do mofo. Em outras palavras, um ser humano, por meio da observação aguçada, encontrou em uma criação orgânica um uso capaz de salvar vidas. Depois disso, o medicamento em potencial foi testado em camundongos. Em seguida, foi usado para tratar um policial inglês em 1941. A recuperação do policial foi "notável", como dizem os relatos. Mas não havia medicamento suficiente, e o homem teve uma recaída e morreu.

No período que antecedeu a invasão da Normandia, vinte e uma empresas cooperaram para produzir 2,3 milhões de doses de penicilina, de acordo com o National War Museum. O antibiótico ficou conhecido como a "droga milagrosa" da guerra, observa o museu.

Que criação! Que produção inovadora e poderosa! E inspirada pelo caos da guerra.

A invasão do Dia D teve sucesso, em grande parte, graças às inovações de um inglês chamado Alan Turing. Ele liderou os esforços para quebrar o código alemão "Enigma", que os nazistas achavam que permitia que eles comunicassem em segredo seus movimentos de tropas e submarinos e seus planos estratégicos. Turing ajudou a desenvolver o princípio mais básico da computação moderna. Sua equipe de criptógrafos em Bletchley Park, na Inglaterra, usou uma máquina especial chamada "Colossus".

A essa altura, do outro lado do Atlântico, o trabalho já havia começado, aplicando princípios matemáticos relacionados para a construção do primeiro computador, o ENIAC [Electronic Numerical Integrator and Computer, ou Integrador e Computador Numérico Eletrônico em tradução livre]. Ele usava dezoito mil válvulas termiônicas para fazer cálculos de grandes números, com o objetivo inicial de fazer cálculos balísticos para o exército dos Estados Unidos. Em 14 de fevereiro de 1946, o *New York Times* publicou um artigo sobre o projeto outrora confidencial: "Um dos principais segredos da guerra, uma máquina incrível que aplica velocidades eletrônicas pela primeira vez a tarefas matemáticas até então muito difíceis e de complicada solução, foi anunciado aqui esta noite pelo Departamento de Guerra".

A guerra tinha acabado de terminar, graças, em boa parte, à criação da bomba atômica, uma engenhosa e devastadora arma mortífera lançada duas vezes sobre o Japão.

Estas são algumas das poucas criações oriundas da Segunda Guerra Mundial, ela própria o produto de uma espécie de vírus do fascismo, que devastou o mundo inteiro. Cerca de setenta e cinco milhões de pessoas morreram no conflito.

Ruptura, criação, ruptura, criação, chamada e resposta da natureza.

No ano de 2020, quase um século depois, o mundo se viu cercado por um desafio como nunca antes. De certa forma, isso era verdade — havia um novo coronavírus e um novo tipo generalizado de rebelião social nos Estados Unidos. De uma outra forma, essas ameaças pareciam minúsculas em comparação com desafios anteriores (as duas primeiras guerras mundiais, a gripe espanhola de 1918, e uma Guerra Fria que levou o mundo à beira da obliteração nuclear, o racismo, o machismo, a homofobia) bem mais extremos, e que cederam lugar a criações extraordinárias em termos de legislação e políticas e que fizeram a indústria decolar.

As viradas criativas muitas vezes encontraram resistência, e costuma ser preciso um inimigo comum, como eram os nazistas, para abrir espaço a mudanças que conduzam ao progresso e que façam valer a pena o risco da mudança.

Schroeder colocou essa dinâmica em termos muito pessoais quando me descreveu sua noção do que é inspiração.

"É quando perco a vergonha de achar que posso não ser bom o suficiente para fazer algo assim", disse ele.

Essa liberdade e essa inspiração avassaladora atingiram Jake na casa dos quarenta. Circunstâncias, estado emocional e experiência combinam-se em pessoas diferentes para permitir que o espírito criativo se instale em diferentes etapas da vida.

Qual a importância disso?

Vocabulário

OS QUATRO Cs

Pode não parecer que a ciência da criatividade tenha serventia em momentos de crise. Não da mesma forma que, digamos, a virologia, quando surge um novo vírus e, se não houver uma intervenção rápida, as pessoas morrem. Portanto, pode parecer dramático dizer que os estudiosos da criatividade James C. Kaufman e Ronald Beghetto, durante um bate-papo em San Diego em 2009, tenham identificado o que eles viam como um problema sério e urgente na pesquisa sobre a criatividade.

Mas eles acharam, sim, o assunto tão urgente que, alguns dias depois, James pegou um avião até Eugene, onde fica a Universidade do Oregon, instituição na qual Ronald era professor, e ficaram até duas da manhã debatendo ideias em busca de uma solução.

O problema tinha a ver com os Cs. A criatividade com *C maiúsculo* e com *c minúsculo*. Essa estrutura binária tinha sido o alicerce de ideias por décadas. O *C maiúsculo*, é claro, se referia aos gênios cujas ideias transcendentes mudaram nossas vidas, ou à fundação de um novo campo, à arte ou à biologia molecular, ao rock'n'roll ou à engenharia da computação. O *c minúsculo* se referia ao resto de nós.

Mas e Georges de Mestral?

Ele tinha mudado o mundo, mas James continuava em dúvida sobre como ele deveria ser rotulado — como se com *C maiúsculo* ou *minúsculo* — caso não tivesse mudado o mundo. Você pode nunca ter ouvido falar em De Mestral. Mas pode estar em contato com sua inovação: o velcro. Uma das inovações que "pegaram" com mais força em toda a história.

A história de origem do Velcro remonta a um dia no final dos anos 1940, quando De Mestral estava passeando na Suíça com seu cachorro.

Neurologia, fisiologia, personalidade, cronologia e (a nova) geografia   265

O criador notou que os carrapichos dos arredores haviam grudado no pelo do cachorro e em suas próprias calças. Como eles faziam isso?

Naquele momento, a indagação foi apenas uma curiosidade, nada mais. "Ele poderia ter arquivado aquilo e nunca mais voltado a pensar no assunto", me disse James. "Não teria passado daquele momento."

Kaufman e Beghetto começaram a se perguntar se deveria ser feita uma distinção entre uma descoberta que é perseguida até o fim e outra que é uma mera observação. Era uma variação da questão filosófica: Se uma árvore cai na floresta e ninguém está por perto para ouvir, ela faz barulho? Se uma observação brilhantemente criativa foi feita, mas nunca foi posta em prática, ela conta como criatividade com C *maiúsculo*? Contava como alguma coisa que fosse?

Ou, então, vejamos o exemplo de alguém como Vivian Maier. Ela também inquietava Kaufman e Beghetto quando eles estavam pensavam sobre a noção predominante de que havia criatividades com C *maiúsculo* e com c *minúsculo*.

Vivian era babá em Chicago. Tinha como hobby passear pela cidade com uma câmera Rolleiflex. Mais tarde, ela viajou pelo mundo, tirando fotos, muitas vezes não tendo os negativos revelados, nunca tendo sido publicada e dando a impressão de não ter interesse em sê-lo. Após sua morte, um corretor de imóveis encontrou a coleção de cerca de 150 mil imagens e percebeu seu talento — retratos marcantes em preto e branco, que capturavam a cultura urbana, rostos registrados em momentos de emoções conflitantes, pessoas na entrada dos prédios, crianças dançando sob o jato d'água de um hidrante no verão.

Muitos elogios vieram, tanto de natureza crítica quanto viral (suas fotos se tornaram uma sensação na internet). Isso não era nada do que ela tinha buscado, no entanto. Ela nem mesmo havia se dado ao trabalho de revelar as próprias fotos.

Um breve perfil feito pela revista *The New Yorker* em 2014 falou de um documentário sobre a fotógrafa e resumiu um pouco do mistério em torno dela. "A história de Maier é excitante justamente por se desviar das narrativas mais comuns sobre aspirações artísticas. Eles (cineastas e fãs) não conseguem entender por que ela nunca deixou de lado sua profissão para correr atrás de sua paixão. Pessoas que nunca a tinham visto sem uma Rolleiflex pendurada no pescoço expressaram perplexidade por terem estado na companhia de um enorme talento", diz o perfil.

Como essas fotografias teriam sido chamadas se nunca tivessem sido descobertas? Havia uma categoria para isso? Eram criações com *C maiúsculo* ou *minúsculo*? Será que uma criação tinha que ser apreciada por outros para receber um *C maiúsculo*?

Kaufman e Beghetto, os acadêmicos que se conheceram em San Diego e depois mergulharam em uma noite de *brainstorming* em Eugene, conseguiram encontrar dezenas de brechas envolvendo os dois *Cs, maiúsculos* e *minúsculos*. Uma redação sólida de uma aluna de inglês da oitava série merecia o mesmo *c minúsculo* que a redação de uma escritora profissional que, por mais inspirada que fosse, não ia mudar o mundo?

Tudo isso soava muito pessoal para Kaufman. Ele não queria ser acadêmico. Em vez disso, ele disse: "Minha vida inteira eu quis ser um escritor criativo". Quando era criança, ele escrevia um conto atrás do outro, fazia reportagens esportivas para o jornal do ensino médio, foi para a faculdade para se formar em escrita criativa. Em seguida, ele se inscreveu em programas de pós-graduação para obter um mestrado em artes plásticas, e uma das universidades para as quais se candidatou lhe enviou uma carta padrão pedindo que ele pensasse bem naquilo. A carta dizia, basicamente: antes de se inscrever, esteja ciente de que o nosso programa de mestrado forma vinte alunos por ano e que surgem cerca de trinta vagas de empregos para mestrandos de todo o país a cada ano.

Foi nessa época, diz Kaufman, que ele percebeu que ele era "bom, mas não ótimo".

Ele acabou indo para Yale, estudar psicologia e, por fim, criatividade. Continuou a escrever, também, incluindo um musical chamado *Discovering Magenta* sobre "um profissional de saúde mental tentando ajudar um paciente catatônico". Foi produzido em um pequeno teatro em Nova York.

Não era uma criação com *C maiúsculo*, é claro. Mas era com *c minúsculo*? Como aquele poema que você escreve no Dia dos Namorados? E o que era aquilo, afinal? Que nome deve ter uma nova receita que você inventa em casa e que a família ou os convidados elogiam, mas que nunca vai além disso?

Kaufman e Beghetto chegaram a uma resposta que, para mim, é extremamente útil para entender o campo da criatividade e o nosso próprio comportamento.

Apresentando, os quatro Cs.

O C *míni*

O C *minúsculo*

O C *profissional*

O C *maiúsculo*

O c míni.

Definição: uma interpretação nova e particularmente significativa de experiências, ações e eventos.

Esta categoria de criatividade tem muito mais a ver com satisfação pessoal do que com qualquer outra coisa. Isso não significa que ela não seja valiosa. Se De Mestral nunca tivesse mencionado sua observação sobre os carrapichos grudados no pelo de um cachorro ou em suas calças, poderia ter sido algo agradável para ele, uma observação poderosa baseada na curiosidade, talvez inédita, mas míni, em sua essência.

Temos mini-criatividades o tempo todo. Assim como nossos filhos. Observações aleatórias: a caixa de lenços de papel vazia é um chapéu!; na redação da quinta série, o cachorro e o gato viviam juntos e em paz; e a torre de Lego parece mais uma torta de cabeça para baixo.

O exemplo que o próprio Kaufman dá de um do *c míni* é o de dar um toque particular a uma receita de jantar que parece emocionante ao criador, independentemente de ser bem recebida pela família ou não. "Um dia, coloquei canela no purê de batatas. Ninguém chegou nem perto", disse ele. "Mas, de vez em quando, faço algo que meus filhos e esposa comem, e eu venço esse limite."

* * *

Não é um limite enorme, mas é um limite. Um passo rumo ao *c minúsculo*.

A criação com *c minúsculo* é uma com *c míni* que faz alguma marola, goza de um reconhecimento, ainda que modesto.

Na casa dos Kaufman, os filhos e a esposa dizem: "James, esse chili que você fez ficou mesmo muito bom. Você vai fazer de novo?".

C minúsculo!

Ou a redação que o aluno da quinta série escreve que se destaca o suficiente para ser enviada por e-mail para a família, ou talvez o desenho do aluno do terceiro ano preso na geladeira.

"Enquanto a criação com *c míni* é algo que muitas pessoas experimentam várias vezes ao dia, a com *c minúsculo* é algo que está ao alcance de quase todo mundo."

Isso não a torna descartável. Ela importa. De verdade. Ao longo da sua vida, pode ser a música que você compôs no violão e que seu cônjuge pede para você tocar quando os convidados chegam, porque é realmente inspirada. Pode ser a oficina que você constrói nos fundos ou a casa na árvore que você montou com seus filhos, que faz um vizinho dizer: "Parece mesmo um navio pirata!". Pode ser o trabalho que você faz em um campo que não é seu.

Pode ser o trabalho de um criador de renome em um campo no qual ele não é profissional.

Durante a paralisação provocada pela COVID-19, recebi uma mensagem de um amigo, Linwood Barclay, escritor de suspenses sucesso de vendas. À medida que o mundo foi desacelerando, ele parou de escrever e de comercializar seus livros — tendo recentemente entregue um rascunho ao seu editor —, e parou de ir a festivais para promovê-los. Ele investiu pesado seu tempo ao ferromodelismo. Aquilo virou uma obsessão, ocupando uma sala de 5,5 metros quadrados, vagões que cortavam uma paisagem urbana, a base de uma cordilheira, passando por túneis e pontes, e encontravam descanso em um pátio.

"Sempre fui maluco por ferromodelismo, desde criança", disse Linwood em um vídeo que postou no Facebook. Perguntei a ele sobre isso em uma mensagem, e ele disse: "Acho que passo o tempo todo imaginando um mundo na minha cabeça, então é bom relaxar montando um com as mãos".

É correto chamar o que Linwood fez de "hobby", mas isso não diminui o valor de uma criação que merece o reconhecimento por ser uma inspiração posta em prática.

Estou insistindo na importância das criações com *c minúsculo* porque elas representam um lugar de criatividade autêntica e deliberada. No entanto, elas não devem ser confundidas com o próximo passo, um grande passo, o *C profissional*.

É isso que Linwood faz em seus livros. Conheça o *C profissional*. É um grande negócio.

Na minha humilde opinião, esta é a nova categoria mais importante, e a mais complexa. *O C profissional* é reservado para criações feitas por, adivinha só, profissionais, e que são muitas vezes reconhecidas como muito boas, ou até mesmo incríveis. Isso exige um longo intervalo de tempo, tanto que esta breve seção é o ponto do livro em que alguns criadores excepcionais de renome podem se sentir um pouco insultados. Isso porque o *C profissional* reúne um espectro muito amplo.

"O começo do *C profissional*", diz Kaufman, "é a publicação ou aceitação de uma obra, quando o nível do trabalho passa de ter um pequeno impacto local para, de alguma forma, ter um impacto na área, mesmo que esse impacto seja pequeno".

O artigo dos quatro Cs que Kaufman e Beghetto escreveram é um *C profissional* de uma variedade ligeiramente mais refinada. O mesmo vale, também, para alguns dos livros de Kaufman, como o *Cambridge Handbook of Creativity*, em sua segunda edição, e o *Creativity 101*, um livro mais informal, mas ainda assim amplamente acadêmico — "as coisas que eu diria sobre a criatividade durante um jantar", disse Kaufmann.

Como o fato de que todos esses quatro Cs — do míni ao maiúsculo — têm "gradações ou níveis como em um botão de volume".

E assim é o *C profissional*. Porque a questão é a seguinte: ele inclui acadêmicos profissionais como o dr. Kaufman, mas também escritores profissionais como James Patterson e James Ellroy, ou artistas de fama internacional, de Billie Eilish a Shakira, passando pelo comediante Trevor Noah, os Iron Chefs e o apresentador do *Squawk Box*, Jim Cramer.

Juntamente com muitas, muitas pessoas que podem ter um reconhecimento bem restrito, às vezes apenas em sua própria área. Quase que diariamente, em meu trabalho como repórter do *New York Times*, entrevisto políticos, acadêmicos, escritores e outros profissionais que desenvolveram pedigree e experiência e que demonstram criatividade, mas que não são vistos todos como parte do mesmo escalão.

O dr. Charles Dinarello, pesquisador do National Institutes of Health que na década de 1970 descobriu a molécula que provoca a febre, está na mesma categoria que o cantor James Taylor, e também algum escritor mediano como eu, junto com inúmeros engenheiros e inovadores do Vale do Silício.

E embora possa parecer injusto que eles tenham suas criações alocadas no mesmo grupo daqueles de nós que não vendemos as nossas por meio bilhão de dólares, a faceta principal do *C profissional* não é o dinheiro, nem a fama, nem mesmo o talento. Os criadores precisam ter um alto grau de formação e de experiência na área. Eles não revolucionam o campo, mas deixam suas impressões digitais nele.

As responsáveis pelos *Cs profissionais* fazem uma diferença significativa e pertencem a uma grande categoria, composta por pensadores talentosos e criativos que são bons no que fazem. Milhões de pessoas vivem neste ar rarefeito. Não é como com o *C maiúsculo*. E isso é ainda mais evasivo do que parece à primeira vista, porque há um aspecto do C maiúsculo que nenhum criador tem como controlar: o tempo.

O rótulo de *C maiúsculo*, aqui, é reservado aos criadores verdadeiramente duradouros. Suas contribuições só podem, de muitas maneiras, ser medidas ao longo de décadas, ou mesmo séculos. Existe um passatempo mental divertido aqui, que é dedicar alguns instantes para dar um palpite sobre quais nomes contemporâneos são candidatos ao rótulo.

"Da forma como Ron e eu concebemos, o *C maiúsculo* é memorável", disse Kaufman.

Abraham Lincoln, Jonas Salk, Harriet Tubman, Steve Jobs, Paul Mc-Cartney e os Beatles, Bob Dylan, George Washington Carver, Winston Churchill, Gandhi e Martin Luther King Jr.

Quando conversei com Kaufman sobre o assunto, arrisquei um palpite sobre um possível candidato: James Allison, o ganhador do Nobel sobre cuja história escrevi algumas páginas atrás — e de quem você talvez nunca tivesse ouvido falar até então.

Mas Kaufman me advertiu contra comparar um cientista a um músico, ou um atleta a um ator. O *C maiúsculo* deve ser, disse ele, específico da área. "Se você está falando de algo como medicina e de alguém como Jonas Salk, é bastante injusto comparar com praticamente qualquer outra coisa ou pessoa."

Aqui, disse ele, é o terreno onde "a criatividade e a fama não são a mesma coisa". Ele me contou sobre Norman Borlaug. Você sabe quem é, não? Vamos lá, sério? Você não conhece todos os agrônomos de renome? Nem todos os ganhadores do Nobel da Paz?

Ele era os dois.

Ele foi contemplado por descobrir novas variedades de trigo que aumentaram enormemente a produção agrícola. O texto de atribuição do seu Nobel, que ele recebeu em 1970, observa que: "Ao seu objetivo científico, ele logo acrescentou o objetivo humanitário pragmático: providenciar para que as novas linhagens de cereais entrassem em produção extensiva de modo a alimentar as pessoas que passam fome — e, assim, proporcionando, como ele diz, 'um sucesso temporário na guerra do homem contra a fome e a miséria'".

Norman Borlaug, criador incansável, um homem do campo, um criador com *C maiúsculo* do qual você nunca ouviu falar.

Borlaug também ilustra outra característica definidora dos criadores com *C maiúsculo* — seus métodos e ideias são copiados, emprestados, tornam-se parte da base de seu campo.

"Você não conhece a piada sobre o Velvet Underground?" me perguntou Kaufman, referindo-se à banda de rock dos anos 1960 liderada por Lou Reed. "Eles venderam quatrocentos discos, e todos os quatrocentos foram para pessoas que estavam montando uma banda de rock."

272   INSPIRAÇÃO

"E alguém como o Bruce Springsteen?", perguntei a Kaufman.

Uma imensa influência em seu tempo (presente), extremamente bem visto por seus pares, um criador prolífico que desenvolveu um som e um *éthos* próprios. Será que ele seria apenas um C *profissional*?

"Daqui a quatrocentos anos, todo mundo ainda vai conhecer a música dele? Não. Mas as pessoas que apreciam música do século XXI vão dizer: 'Você tem que ouvir essas três ou quatro pessoas', e ele será uma delas? Absolutamente sim."

Ei, chefia, você conseguiu.

Para Kaufman, a característica primordial de um criador com C *mai-úsculo*, o único fator determinante que torna alguém um candidato óbvio, é se suas contribuições criativas serão duradouras e se representam uma forma de pensar que de fato diverge da trajetória de seu campo ou domínio. Essas pessoas, com efeito, refundam um determinado campo, e a forma como elas o fazem compõe seus novos alicerces.

Portanto, a simples realidade é que apenas a história pode determinar o impacto de uma criação — a qual dos quatro Cs ela pertence.

A única coisa que as pessoas podem controlar. É disso que tudo se trata, no fim das contas. Você.

LIVRO IV

SALVAÇÃO

O ingrediente secreto

Cérebros, olhos e ouvidos, um QI mediano, uma imaginação, uma compreensão básica de um campo ou outro, acesso à internet, a capacidade de ser curioso e aberto. Essas são as características que tentei destacar, por meio de dados científicos e de histórias, como sendo fundamentais na busca pela criatividade.

A maioria das pessoas tem a maioria dessas características, se não todas.

E todo mundo — *todo mundo* — tem o ingrediente secreto: a si mesmo. A própria individualidade.

O ingrediente secreto para a criatividade é: você.

Esta é uma das maiores lições que aprendi ao escrever este livro. No fim das contas, a criatividade nasce da conexão de ideias e fragmentos de ideias que emergem dos confins da mente de uma pessoa. As peças que emergem e a forma como elas são processadas são tão particulares quanto a composição genética de um indivíduo, quanto uma impressão digital. Muitas das nossas características são parecidas. Somos próximos, mas não somos todos clones.

Isso ajuda a explicar as origens da criatividade, mas não as razões pelas quais ela existe. No começo do livro, comentei que um diretor de Hollywood altamente talentoso me fez uma pergunta: "Qual é o propósito da criatividade?".

O diretor era Mark Romanek, cujo trabalho descrevi. Contei a ele o que aprendi sobre a criatividade e sua conexão com a biologia evolutiva. A criatividade é essencial para nós porque nos permite sobreviver. Essa resposta não pareceu satisfatória para ele. "Por essa ótica", retrucou ele, "não seria tudo relacionado à sobrevivência?"

Bem, sim. Admito. Nossa programação subjacente dita que transmitamos nossos genes. A criatividade nos ajuda a fazer isso.

O que mais a criatividade poderia fazer?

Enquanto refletia sobre essa resposta nos dias que se seguiram, me peguei pensando em uma pesquisa de um dos principais estudiosos no campo da ciência da criatividade. Já descrevi o trabalho de Jack Goncalo, um desses pensadores que não tem medo de fazer "perguntas idiotas-geniais", e que é sábio o bastante para fazer boas perguntas desse tipo. Ele descobriu, graças a uma dessas perguntas, uma resposta parcial à dúvida de Romanek: ser criativo torna as pessoas mais felizes.

Em 2015, ele publicou com colegas um artigo intitulado "The Liberating Consequences of Creative Work: How a Creative Outlet Lifts the Physical Burden of Secrecy" ["As consequências libertadoras do trabalho criativo: como uma empreitada criativa alivia o fardo físico do segredo", em tradução livre].

A pesquisa mostra que, quando as pessoas criam, isso lhes proporciona uma sensação de alívio. Os criadores sentem como se estivessem compartilhando a si mesmos com o mundo. Isso ocorre, demonstra o convincente trabalho, mesmo que o criador não esteja compartilhando seus segredos mais íntimos.

Digamos, por exemplo, que uma pessoa traiu um parceiro ou cônjuge, ou simplesmente tenha pensado em fazê-lo. Isso é um verdadeiro segredo, ou um autêntico sentimento de vergonha. Mas não é algo que se quer compartilhar abertamente.

O segredo pesa muito. Pode provocar ansiedade, infelicidade, pensamentos obsessivos. Também pode gerar um fardo não muito diferente de um peso físico. Pesquisas mostram, por exemplo, que uma pessoa que carrega um segredo inquietante pode enxergar a subida de uma colina como mais íngreme do que uma pessoa que não carrega esse peso.

Goncalo e seus colegas classificaram o medo criado por esse segredo como sendo proveniente da ideia de que o detentor do segredo considera o pensamento "amoral". O segredo está além daquilo que é permitido, aceitável e até imaginável. Essa classificação faz muito sentido. Caso contrário, por que não compartilhá-lo, simplesmente?

Mas o fato é que a ideia subjacente de vergonha se conecta diretamente ao abismo do quinto ano e à noção de que, à medida que amadurecemos e nos integramos ao mundo, internalizamos todo tipo de regra. Quando temos a sensação de estar violando essas regras, acabamos sentindo vergonha.

Goncalo e os coautores do estudo fizeram três experimentos relacionados para descobrir como o ato de criar impacta o peso de carregar um segredo. Em uma breve descrição, os pesquisadores pediram aos participantes que pensassem em um segredo próprio — alguns pensariam em um pequeno segredo, e outros em um grande segredo. Os participantes foram instruídos a escrever algo sobre a natureza do segredo, sem revelá-lo, e depois eles receberam um exercício que pedia a alguns que apresentassem soluções criativas, e a outros que apresentassem soluções práticas, para um mesmo problema. (A palavra entre parênteses variava dependendo do grupo em que o participante estava.)

"Um restaurante perto do campus faliu recentemente, e agora há um espaço vazio onde ele ficava. Por favor, gere o máximo de ideias (criativas/ práticas) para novos negócios que possam ser montados nesse espaço em dez minutos."

Em seguida, os pesquisadores pediram aos participantes que realizassem uma tarefa física que havia sido mostrada anteriormente, para medir o "fardo físico" — os participantes foram orientados a arremessar um saco de feijão em um alvo. Em outros estudos, o peso de um segredo fez com que os participantes superestimassem a distância — parecia mais longe do que realmente era —, fazendo com que o saco ultrapassasse o alvo. Eis então que os participantes que haviam guardado um grande segredo e apresentado as soluções criativas não arremessaram o saco de feijão tão longe quanto aqueles que haviam apresentado as soluções práticas.

"Os resultados dos três estudos mostraram que a oportunidade de ser criativo é libertadora — é um sentimento que pode, por sua vez, aliviar o fardo físico do segredo", escreveram os pesquisadores. "Os resultados do terceiro estudo também mostraram que o alívio proporcionado pelo trabalho criativo foi maior quando a tarefa permitia a ampla exploração de diferentes tipos de ideias, em vez do foco específico em um domínio."

Dito de outra forma, a criatividade permitiu que as pessoas se expressassem de forma libertadora — a ponto de proporcionar um alívio físico —, num momento em que tinham a sensação de que não podiam expressar uma determinada coisa porque poderiam ser vistas como imorais.

Imagina só! Quanto mais as pessoas pensam de forma criativa, menor o fardo que elas sentem. Isso é um argumento a favor de todo tipo de pensamento de longo alcance, livre de barreiras, conectando pontos através de diferentes campos, disciplinas e mídias. Afinal de contas, todo mundo tem segredos. Ser autêntico não significa colocá-los para fora, mas eles podem servir de combustível, mesmo se contidos.

Esta pesquisa ajuda a responder a questão que estive perseguindo e a que Romanek havia feito. Por que criar? Não tem a ver com salvar o mundo. Pode ter a ver, em grande parte, com salvarmos a nós mesmos.

Inúmeras vezes, quando conversei com criadores — empresários, investidores, músicos, artistas plásticos, escritores —, eles descreveram a alegria de se perder em uma criação, da autoexpressão autêntica e da sensação de independência. É um argumento poderoso de que a criatividade e a felicidade são parentes próximos. Inclusive, a felicidade pode também ser um componente de sobrevivência — quanto mais feliz você for, mais capaz de sobreviver —, mas também pode ser um componente da salvação.

Outras pesquisas apontam outras razões pelas quais isso pode se dar.

Alguns dos insights vêm de James Kaufman, o mesmo Kaufman que ajudou a elaborar os Quatro *Cs*. Em um artigo de 2018, intitulado "Finding Meaning with Creativity in the Past, Present, and Future" ["Encontrando significado na criatividade no passado, presente e futuro", em tradução livre], Kaufman explorou décadas de pesquisas sobre como os suportes criativos conduzem ao significado. Ele partiu de uma premissa: "Todos os dias, as pessoas criativas estão menos estressadas, mais felizes, mais bem-sucedidas e mais satisfeitas com seus trabalhos".

Sua visão geral mostra que isso acontece porque a criatividade dá às pessoas um profundo senso de significado. Existem várias razões para isso. Uma delas se baseia no estudo de pessoas que sobreviveram a "atrocidades, desde Hiroshima até campos de prisioneiros de guerra". Pesquisas neste campo descobriram que pessoas nessas situações tendem a desejar uma "imortalidade simbólica". Um modo fundamental de conseguir isso, segundo os pesquisadores, é por meio de contribuições criativas que deixam um legado, ou que são percebidas pelo criador como deixando um legado. Kaufman argumenta que há um paralelo entre a criação de ideias e a transmissão de material genético por meio da geração de filhos.

Com razão, um leitor pode olhar para isso como uma forma de sobrevivência — a preservação de si além-túmulo.

Kaufman aponta outras maneiras pelas quais a criatividade proporciona uma sensação de significado. Uma delas tem a ver com a forma como isso ajuda as pessoas a entender o passado. Um livro, uma música, um diário, qualquer representação de uma reflexão sobre eventos passados pode ajudar a trazer "coerência", observa Kaufman. Diante disso, eu digo: Amém. Eu troco de nome se alguém me apresentar um escritor cujo primeiro romance não seja parcialmente autobiográfico em relação ao tema ou à filosofia.

Em termos gerais, Kaufman escreve: "Tais atividades criativas podem ser um veículo de autoexpressão, um modo de compreender o passado ou um método para superar traumas pregressos ou acontecimentos perturbadores".

Ele também defende que a criatividade pode criar significado em torno de eventos "presentes" (em vez de passados). Uma das razões disso é porque proporciona uma espécie de intimidade. Por exemplo, ele disse, quando um projeto criativo é compartilhado e apreciado, "pode haver uma conexão definitiva".

Quando a conexão acontece, ela é inerentemente colaborativa, porque envolve o compartilhamento de perspectivas — "o equivalente criativo de passar um dia inteiro na pele de outra pessoa".

Além disso, simplesmente, a criatividade é "uma distração". Kaufman cita uma pesquisa que mostra que pessoas que desenham ficam com um humor melhor do que outras que estão apenas copiando formas.

280 INSPIRAÇÃO

Curiosamente, a pesquisa mostra que pessoas que usam essa arte como uma forma de distração veem seu humor melhorar mais do que quando usam a arte para desabafar um sentimento negativo. Portanto, eis aqui uma boa razão para criar: é melhor do que ficar se sentindo mal.

"Criatividade e arte", escreve Kaufman, "podem servir como distrações muito bem-vindas em tempos difíceis".

Por fim, Kaufman analisa como o processo criativo cria significado à medida que alguém olha para a frente, para o futuro. Mais uma vez, ele descobriu que as criações, seja ajudando outros, integrando grandes projetos ou como veículos de autoexpressão, permitem que as pessoas sintam que estão deixando um legado. Elas se sentem lembradas, perpetuadas e conectadas.

Ao refletir sobre todas essas ideias, elas parecem girar em torno da noção de felicidade. Também tenho que admitir que a felicidade, no fim das contas, faz parte da sobrevivência. Suas chances de sobreviver são melhores se você não estiver deprimido. Então, em um aceno para Mark Romanek, o grande diretor de videoclipes que perguntou qual era o propósito da criatividade, admito que, sim, boa parte dela tem a ver com a sobrevivência. E, se a criatividade é um veículo para sermos felizes e, dessa forma, aumentamos nossas chances de sobrevivência, ela com certeza é melhor do que comer salada.

Um ponto fraco dessa linha de raciocínio seria se a criatividade deixasse algumas pessoas desconfortáveis. Falei sobre isso anteriormente no livro, por exemplo, sobre a criatividade ser sinônimo de correr riscos. O risco é assustador. A autenticidade é assustadora.

Então, a questão acaba se encaminhando para: existe uma forma de correr riscos, vagar pelo desconhecido, sem cair no precipício? Para ser criativa, uma pessoa precisa jogar tudo para o alto? Precisa ser um artista, empreendedor, dançarino, músico ou escritor flertando com a miséria? A verdade é que não é bem assim. Aprendi isso anos atrás, quando ouvi um conselho clichê — "você é o seu emprego" —, que é (para usar outro clichê) mais verdadeiro hoje do que nunca.

Não peça demissão

Eis uma anedota sobre por que os criadores não devem pedir demissão.

Em 2004, escrevi as primeiras páginas de uma ficção. Nela, um homem na casa dos trinta está sentado em um café lotado, lendo, quando vê a bela mão de uma mulher colocar um bilhete em sua mesa. Quando ele olha para cima para ver quem é, ela desapareceu em meio à multidão. Ele pega o bilhete e vai atrás dela. Quando atravessa a porta do café para procurá--la, ele abre o bilhete.

Está escrito: SAIA DAÍ IMEDIATAMENTE!

O café explode.

Enquanto ele está sentado na calçada, junto aos escombros do café, depois de sobreviver, se percebe pensando em sua ex-namorada. Ela havia morrido cinco anos antes, e ela jamais saiu de sua cabeça. Mas não é por isso que ele está pensando nela naquele momento. É porque ele reconhece a letra dela no bilhete.

Depois que escrevi essa abertura — embora de forma um pouco mais extensa —, me senti inspirado de uma forma que nunca havia me sentido antes. Eu me ocupava da escrita para descobrir o que havia acontecido — e para saber se a namorada ainda estava viva.

Até aquele momento, eu nunca tinha escrito um livro, nem sequer queria escrever um. Eu conhecia colegas do ramo jornalístico que o haviam feito, e a ideia toda parecia maluca. Quem era capaz de escrever tantas palavras, ou mesmo de tentar?

Eu tinha começado a escrever um thriller de mistério e não conseguia parar. Eu não sabia nem mesmo que tamanho um livro tinha. À noite, eu pegava livros e contava o número de palavras em uma linha, multiplicava pelo número de linhas na página, e depois pelo número de páginas.

Concluí que um livro tinha cerca de cem mil palavras. Planejei tentar fazer minha história chegar a esse tamanho.

Arrebatado pela musa, escrevi a primeira versão em seis meses. Escrever aquelas páginas pareceu algo natural, fácil, por vezes emocionante, como uma descoberta e uma invenção.

O livro ficou bom o suficiente para que eu conseguisse uma agente literária, Laurie Liss, que é minha agente até hoje. Ela e eu conversamos sobre o livro, e ela me ajudou a criar uma reviravolta gigantesca no final, que, por sua vez, permitiu que ele fosse vendido para um dos editores mais renomados do meio. Ele tinha acabado de abrir uma pequena editora influente, chamada The Twelve, que era diferente porque publicava apenas um livro por mês (ou seja, *doze* [*twelve*] por ano), e todos os autores tinham alguma notoriedade — exceto um. Eu era a exceção, ao lado de pessoas como John McCain, Christopher Hitchens e Christopher Buckley.

Eu me referia à lista como "Onze e Meio", para refletir minha falta de notoriedade.

Mas a quem eu estava enganando? Era inebriante. O livro acabou se chamando *Hooked*. Não ganhei uma montanha de dinheiro com ele, nem perto dos valores que você escuta as pessoas falarem, mas foi quase o salário de um ano. E a editora conseguiu que vários autores de renome escrevessem elogios na capa. Eles disseram coisas maravilhosas, e isso foi muito antes de eu entender que, em parte, é assim que os textos de capa funcionam.

Escrevi uma carta a um desses autores agradecendo por suas adoráveis observações. Ele me escreveu de volta com palavras gentis, seguidas de palavras pungentes: não largue seu emprego.

Não acho que ele estava me dizendo que o livro era de baixa qualidade, embora até pudesse ser. O que ele estava me dizendo é o que estou dizendo para você agora: viver de criatividade é muito, muito difícil. Exige uma sorte imensa. Mesmo as pessoas que fazem criações com C *profissional* não costumam ganhar muito dinheiro com elas.

Hooked recebeu alguma atenção e críticas decentes. Então, fez o que a maioria dos livros faz: vendeu bem, e então meio que desapareceu. Você faz ideia de quanto tempo um livro que não vira um best-seller frenético fica na prateleira das livrarias? Um ou dois meses. E aí chega mais um lote de livros com ótimos elogios na capa, lançados por editores fantásticos e escritores inspirados.

E isso nos velhos tempos. Hoje a competição pela atenção do leitor é tão acirrada que a probabilidade de um livro se tornar um grande sucesso é bem pequena.

Contudo.

Isso não é motivo para não criar. Na verdade, é o oposto. É um argumento para você se dar a liberdade de tentar. E minha própria experiência, que é um tanto banal, também é um argumento que demonstra como os conjuntos de habilidades das pessoas e seus hobbies se fundem ao longo do tempo. Inclusive, uma razão para eu ter mantido meu emprego — além da necessidade óbvia de comer — é que ele pode levar ao desenvolvimento de competências que se prestem às habilidades e estruturas sobre as quais a criatividade se apoia.

Muitas das grandes criações da história do mundo (por exemplo, a vacina contra a varíola) nasceram como uma espécie de efeito colateral de um determinado conjunto de habilidades.

Escrevi dez livros desde *Hooked*, incluindo um livro infantil. Ainda tenho um emprego diário e, nele, jogo de acordo com as regras. Mas os livros e as músicas que escrevo também contribuem para meu trabalho jornalístico ao nutrir a criatividade que tento colocar nas narrativas que faço.

Meu ponto é: a criatividade não é um estilo de vida do tipo "ou isso, ou aquilo".

Nos estágios finais da pesquisa para este livro, tive uma conversa com Rhiannon Giddens que chamou a atenção para uma fragilidade neste argumento e que me ajudou a compreender a sorte que tive por tê-la descoberto e a apresentado nestas páginas.

Passamos quase um ano conversando, e pude conhecer a história de um talento abençoado e de sua jornada. É uma história tipicamente americana, para o bem e para o mal. Suas raízes ligadas à escravidão a conectaram a uma perspectiva, a um legado, a uma pele escura que a torna alvo de racismo até hoje. Por outro lado, ela ascendeu em uma sociedade que é mais livre do que a maioria, nascida em uma família que não fazia parte da realeza, e conquistou seu espaço. Ela me confidenciou as emoções mais íntimas de seu despertar como criadora, de como evoluiu para se permitir criar com a própria voz e do próprio jeito. Também me confidenciou que havia partes dela das quais ainda não conseguia extrair nada em termos criativos, aspectos de sua infância que pareciam assustadores demais para serem explorados.

Mesmo assim, tinha a sensação de que faltava alguma coisa. Ela estava no caminho certo rumo ao estrelato, mas ainda não o havia conquistado. Ela poderia ter largado o emprego, por assim dizer. Bem, suponho que havia largado seu emprego porque estava fazendo o que amava. Era muito respeitada em seu círculo e entre uma grande variedade de músicos, de Elvis Costello a Yo-Yo Ma. Em agosto de 2020, foi nomeada diretora artística do Silkroad Ensemble, um coletivo musical global que Ma, o inigualável violoncelista, fundou em 1988 como forma de promover a colaboração criativa em meio ao caos de um mundo frenético e globalizado. Giddens, em suma, é uma estrela das grandes.

Mas ela fez uma escolha, em algum ponto de sua trajetória, de não apostar todas as fichas correndo atrás da vida de um criador de grande fama nem de tornar sua vida tão comercial quanto poderia ter sido.

Não sei dizer se eu havia percebido a tamanha importância dessa peça que faltava para a história da criatividade até uma conversa que tive com ela no final de 2020. Procurei Giddens naquela manhã para perguntar sobre o período de sua vida em que ela tinha começado a ouvir a própria voz. Isso aconteceu, como escrevi quando ela estava em ascensão na música, com uma banda chamada The Carolina Chocolate Drops. Giddens se sentia cada vez mais infeliz, fazendo turnês e tocando canções que, embora populares, não soavam autênticas de verdade a quem ela era.

Esse sentimento persistiu até depois do lançamento de seu álbum solo de 2015, chamado *Tomorrow Is My Turn*, de sua aparição regular na série de sucesso *Nashville*, de estar cercada de dezenas de outros astros, de sua performance virtuosa no CMA Awards em um dueto com Eric Church.

Quando assisto ao vídeo dessa apresentação, fico impressionado com o poder de sua voz e com sua viável inspiração. Agora que conheço Giddens, quase consigo perceber a tensão em seu rosto. Ela está usando maquiagem, parecendo quase uma boneca em sua perfeição. "Nunca tinha estado tão magra", disse ela. "Estava dando o máximo que podia." Ela estava no jogo e jogava bem. Mas não estava gostando. "Eu me dei conta de que não tinha nascido para aquilo."

"Odeio sessões de fotos. Gosto de usar qualquer coisa que eu tiver vontade", ela revelou para mim naquela manhã em que conversamos em 2020. Eu já tinha percebido isso àquela altura, embora acredite que não tivesse entendido o quanto isso se conectava ao cenário mais amplo de sua ascensão como uma autêntica criadora. No fundo, não tinha a ver com maquiagem e sessões de fotos, mas muito mais sobre o que essas demandas externas diziam sobre as escolhas criativas que estava fazendo. Essas demandas fazem parte da criação musical e da contação de histórias voltadas para o que interessa à cultura pop. Cada vez mais, ela queria contar as histórias de seus ancestrais.

"Tudo o que queria era falar sobre escravidão e tocar banjo."

Em 2017, ela lançou seu aclamado álbum *Freedom Highway*, incluindo a música "Julie", que vinha guardando há muito tempo, bem como outras narrativas, como "At the Purchaser's Option". Ele também incluiu vários covers, incluindo uma versão potente de "Birmingham Sunday", escrita pelo cantor folk Richard Fariña.

Ela adorava aquelas coisas, mas também não se sentia compelida a ficar presa a elas. Giddens queria aprender novos instrumentos e teve uma ideia para uma ópera intitulada *Omar*, sobre um muçulmano-africano chamado Omar Ibn Said, que foi sequestrado por traficantes de escravizados e levado para a Carolina do Sul em 1807.

Durante nossa conversa naquela manhã, ela me contou sobre como uma ária importante da ópera havia simplesmente brotado enquanto ela estava sentada em frente à lareira da casa de um amigo no oeste da Irlanda: "As palavras simplesmente vieram, e a melodia escorria de meus dedos".

O trabalho foi patrocinado por um grande festival artístico para ser apresentado no Carolina Performing Arts, em Chapel Hill. Uma matéria do *New York Times* sobre a ópera chamou Giddens de "polímata musical". (Sim, tive que pesquisar: pessoa de vasto conhecimento ou aprendizado.)

Naquela manhã, durante nossa conversa, ela também me contou sobre o trabalho que estava fazendo com Elvis Costello.

O que Giddens fez foi se libertar de verdade para criar o que a inspira, a todo momento. Ela me disse que não existe diferença entre sua vida e sua vida criativa. "Sou só eu. São meus pensamentos. Quando chega a hora certa de eles saírem, a porta está aberta."

Ela não perde tempo avaliando se o que cria é bom, perfeito, muito menos se é bom o suficiente para os outros.

"Minha criatividade é o que é. Minhas habilidades são o que são — em constante desenvolvimento."

À medida que a conversa se encaminhava para o fim, percebi que havia recebido um presente e tanto em Giddens. Ela é uma criadora autêntica e não porque resistiu às armadilhas da fama e da riqueza. É porque se colocou à disposição de sua voz e a seguiu sem discriminação, recriminação, hesitação nem medo. Ela se move de projeto em projeto, de uma explosão criativa para a seguinte. Às vezes, isso significa apenas cozinhar um monte de coisas. Seu feed do Twitter é repleto de pratos que ela mesma criou.

"Nunca me senti tão feliz", falou ela.

Abri este capítulo observando que faz sentido pensar na criatividade como um hobby e manter seu emprego. O porém que Giddens representa para este argumento é, simplesmente, este: uma vez que o portal criativo se abre, ele encontrará um jeito, quer o tempo seja gasto ou não em seu emprego diário. A criatividade é um estado de espírito. Se você abre espaço, ela aparece.

Na mesma época, tive uma conversa com um quase completo estranho que encontrou uma forma explosivamente poderosa de tirar proveito desse estado de espírito.

Esta é a breve história de Todd.

Todd

No início de novembro de 2020, conforme o ano se aproximava do fim, me vi escrevendo uma matéria para o *New York Times* sobre uma criação que havia surgido com a pandemia: usuários de drogas em recuperação começaram a fazer suas sessões de terapia online. Não havia escolha. Não era seguro fazer as sessões presencialmente.

Era uma alternativa muito bacana, porque era sinônimo de salvação para pessoas que dependiam dessas sessões para sobreviver. Uma das pessoas com quem falei se chamava Todd Holland.

Ao longo de trinta minutos, ele se mostrou uma lição prática de criatividade e apenas em pequena parte pelo fato de ele ter me explicado o quanto a pandemia ajudou a fomentar um modo criativo de fazer as sessões. O que me tocou muito mais foi que Holland, de certa forma, ajudou a inspirar uma das ideias mais poderosas com que deparei em dois anos de pesquisa para explicar como pensar sobre coragem e criatividade.

Minha interação com ele me mostrou mais uma vez que as ideias que alimentam a criatividade podem vir de onde menos se espera.

Holland começou a usar drogas aos oito anos. "Qualquer coisa que tivesse", foi como ele descreveu para mim os limites do que usava para ficar chapado. Ele cresceu e mora em Utah, na região norte do estado. Conseguiu ficar sóbrio por volta de 2012, graças aos Narcóticos Anônimos. Com o programa de doze passos, ele se libertou da terrível ameaça externa dos opiáceos, metanfetaminas, cocaína e álcool. Aprendeu a se render, disse ele, o que é um refrão comum. Não entendi bem esse conceito, e pedi a Holland que me explicasse.

Holland disse que aprendeu a aceitar que era um cara legal, mas também que não era mais legal do que qualquer outro. Ele se rendeu a uma humanidade básica.

Estas foram as exatas palavras que usou: *eu sou digno, mas não sou mais digno do que ninguém*.

Aquilo me atingiu com força. Eram palavras que eu procurava há muitos meses, desde que tinha começado a entender o processo criativo. Muitas pessoas acreditam que são dignas de tentar criar, tão dignas quanto qualquer outra. Mas elas não são mais dignas do que ninguém, o que é tão importante para a equação da criatividade quanto sentir-se digno. Isso porque as pessoas que pensam ser "mais" dignas do que outras acabam se sentindo, por consequência, privilegiadas. Elas se imaginam superiores. Isso quase sempre significa que são incapazes de ver e ouvir informações de pessoas que consideram inferiores. Limitaram bastante os temperos que podem extrair da prateleira de temperos da criatividade.

Além disso, uma pessoa que se sente superior provavelmente enxerga a ideia de tentar criar como algo que a coloca em risco de fracasso, de se tornar uma dessas pessoas "inferiores".

Eu sou digno, mas não sou mais digno do que ninguém.

Quando ouvi aquelas palavras de Holland, entendi que eram as palavras que eu poderia associar ao próprio colapso emocional que tive na casa dos vinte. Eu tinha me rendido ao fato de que era meramente humano, nem mais, nem menos. Foi só depois disso, quando emergi das trevas, que fui capaz de ouvir a mim mesmo, minha voz, e confiar que estava tudo bem.

LIVRO V

CRIATIVIDADE EM TEMPOS DE CAOS

Dois passos para a frente

UM PASSO E SETE OITAVOS PARA TRÁS

De vez em quando, escuto alguém que anseia por tempos mais simples dizer: "Sinto falta de um mundo onde Walter Cronkite nos dava as notícias".

Cronkite era o âncora do CBS Evening News, regularmente eleito como o "homem mais confiável dos Estados Unidos".

Sua voz se tornou sinônimo de algumas das mais extraordinárias inovações e notícias do século (por exemplo, a chegada do homem à Lua). Esta única fonte fornecia muitas informações limpas, claras e inequívocas.

Cronkite estava chegando ao fim de sua carreira quando um grupo de especialistas em tecnologia se reuniu no Vale do Silício e formulou as bases tecnológicas e filosóficas da internet. Há muitos elementos nessa história, muito mais bem contados em outros lugares, que incluem inspiração militar e financeira, mas um dos princípios centrais era o de que a grande rede descentralizaria a informação. Isso seria feito, em parte, para ajudar a manter as fontes de informação protegidas de um ataque. Um maior número de pontos de conexão significava menor probabilidade de que um míssil nuclear, por exemplo, derrubasse todo o sistema.

Essa inspiração veio do medo. Outra inspiração veio do lado oposto da moeda: a esperança.

Os primeiros especialistas achavam que a informação descentralizada seria mais democrática. Mais pessoas teriam voz, e não seria necessário trabalhar para o *New York Times*, assinar um contrato de livro, muito menos ser Walter Cronkite, para ter voz no mundo.

E não era como se o planeta nos tempos de Walter Cronkite fosse perfeito. Claro, havia uma fonte simplificada de informação. Mas a realidade com Walter Cronkite era um pouco como o mundo da Guerra Fria, com uma paz relativa, porque as duas superpotências — União Soviética e Estados Unidos — tinham um poder avassalador, e a ameaça de uma guerra nuclear mantinha tudo sob controle.

Por debaixo do manto da Guerra Fria e de Walter Cronkite, as coisas estavam uma bagunça. Nos Estados Unidos, essa ordem básica negava às pessoas negras seus direitos plenos, e homossexuais, fossem homens ou mulheres, não tinham lugar na sociedade, além de dezenas de outras verdades simples deixadas de lado em nome de uma ordem menos complicada. Em termos globais, a hegemonia da ordem remontava às palavras da Bíblia que abriram este livro: grande parte do mundo vivia nas trevas, ansiando por luz e criatividade, inovação e mudança.

Isso não significa que o mundo não tenha percorrido uma longa trajetória desde esse tempo de escuridão. Significa, apenas, que cada novo raio de luz foi acompanhado pelo risco de consequências não intencionais. Os antibióticos abriram espaço para infecções resistentes a medicamentos, os carros a uma epidemia de mortes nas estradas e à atividade mais arriscada que a maioria de nós vai executar durante a vida: dirigir. Armas defenderam muitas pessoas e assassinaram outras tantas. Os sistemas econômicos dominantes do mundo proporcionaram mais riqueza e conforto do que nunca, mas geraram um abismo enorme entre ricos e pobres.

Assim seria com a internet. No lado positivo, ela trouxe poder para que mais pessoas expressassem suas ideias.

Mais?

O eufemismo do século.

Um estudo descobriu que 90% das informações já criadas no mundo foram concebidas de 2016 a 2018. E esse número cresce a cada ano. A cada minuto de 2020, foram gerados milhões de tuítes, postagens no Facebook, fotos no Instagram, vídeos no TikTok. E não eram meras bobagens. Algumas dessas postagens foram feitas por presidentes e primeiros-ministros.

A comunicação veio de mãos dadas com a inovação e a economia, à medida que as pessoas começaram a atravessar fronteiras internacionais, compartilhando ideias que pareciam heresia para muitos e desenvolvendo produtos que mudaram o mundo, mas que, no processo, também o puseram à prova. Nesse período, a própria ideia de "verdade" passou a ser

Criatividade em tempos de caos   293

questionada. Como tinha sido extensa a trajetória desde "o homem mais confiável dos Estados Unidos" até chegar às "fake news".

Ideias nocivas, comprovadamente estapafúrdias, se espalharam, e as pessoas acreditaram nelas. Uma delas criou raízes, supostamente plantada por um informante anônimo chamado Q, de que Republicanos e Democratas do alto escalão pertenciam a um círculo secreto de pedófilos satanistas. Nem eu, em meus piores momentos como autor de thrillers, teria tido uma ideia tão absurda. Mas muita gente acreditou.

Podemos sem dúvida lamentar o quanto algumas pessoas tentaram manipular informações, atacar e gerar desconfiança em relação aos mais básicos fatos científicos ou racionais.

No entanto, dê um passo para trás por um instante e repare no quão plausível foi o ano de 2020 quando visto pelas lentes da criatividade.

Poucas, se é que houve alguma, criações poderosas tiveram consequências não intencionais praticamente equivalentes a seu potencial positivo. Pense na Bíblia e em outros textos ancestrais, usados tanto para pregar a moralidade quanto como desculpa para o derramamento de sangue entre tribos. O fogo nos tira da escuridão e destrói cidades, florestas e até mesmo o clima do qual dependemos para sobreviver.

E, então, fazemos novas criações em reação — leis, costumes, tecnologias, negócios. Aprendemos e desenvolvemos criações com *c mínis* que levam a *c minúsculos*, *c profissionais*, e então alguém, no ombro de gigantes, cria uma ideia tão potente, poderosa, eficaz — tão inspirada — que a luz volta a brilhar onde a escuridão havia ganhado terreno.

Esta é a matemática da criatividade: dois passos à frente, um passo e sete oitavos para trás.

Sei que isso pode soar arbitrário — dizer sete oitavos, quando eu poderia ter dito nove décimos, ou 999 milésimos. Não sou bom em matemática. Você entendeu. Fazemos progressos com uma inovação e depois descobrimos as consequências não intencionais.

Durante o ano de 2020, uma criação da natureza chamada COVID-19 se espalhou pela sociedade porque conseguiu tirar proveito de criações anteriores, como a vida urbana, a domesticação de animais e os mercados e fronteiras abertos, e foi devastador. Respondemos fazendo uso de alguns dos mesmos espaços de cooperação internacional que criaram um lugar fecundo para o vírus, desenvolvendo vacinas a uma velocidade vertiginosa.

A natureza extremamente integrada da economia global que proporcionou preços mais baixos, maior eficiência e terceirização do trabalho transformou todos os países em dominós, que poderiam cair um atrás do outro. E os gigantescos mercados de investimento internacionais de vários trilhões de dólares que funcionavam quando combinados com sistemas eletrônicos de negociação rápida trouxeram impactos concorrentes para as massas da humanidade: pela primeira vez, indivíduos podiam negociar ações de suas mesas com extrema facilidade. No entanto, o verdadeiro poder e riqueza foram acumulados pelos mais ricos, que tinham uma capacidade bem maior de lucrar com o sistema. Essas ferramentas geraram democracia e segregação ao mesmo tempo.

Os dispositivos móveis proporcionaram uma comunicação sensacional, de todos os cantos do planeta, além de entretenimento e acesso a todo tipo de notícias. Esses mesmos dispositivos nos fascinavam e entregavam rajadas de informações que agiam como uma droga, sinais viciantes que os maravilhosos criadores de aplicativos, jogos e notícias procuravam fazer entrar por nossas retinas.

Nesse período, foi cunhado um termo que ganhou destaque em diversas reportagens. Era a chamada "fadiga de decisão". Tanta informação, tantos produtos no corredor de alimentos e tantas culturas ao redor; tantas direções que o mundo poderia tomar por conta da infinidade de ideias e criações, e, portanto, de um igual número de escolhas. Escolhas por si só são um desafio. Mais difícil ainda quando elas significam mudança, que é parte essencial da criatividade e da inovação.

A criatividade nos força a aceitar a mudança. Em ritmo constante. Mudança é como vômito e toxina, ensinam os pesquisadores da criatividade. Mudança é morte — de uma ideia, de um modo de agir, a passagem das trevas para a penumbra, até chegar à luz plena.

Somente ao olhar para trás por meio das lentes da história temos como saber se uma criação nos serviu bem, e até que ponto.

Isso significa que somos impotentes diante da criatividade? A resposta é não.

Com criatividade, vêm um punhado de truísmos:

A criatividade é inevitável, porque está em nós. Já mostrei isso a você.

A criatividade tem consequências não intencionais, e isso exige de nós uma consciência do poder que a mudança tem de perturbar e sobrecarregar, de maneiras boas e ruins. É justamente por isso que temos políticas públicas que ajudam a estabelecer limites. Existe um motivo pelo qual ninguém pode entrar em uma loja de bugigangas e comprar uma bomba nuclear.

A Nova Jerusalém

A história deste livro começou em Jerusalém, na semana do Dia de Ação de Graças de 2019. Terminou em um sofá de couro verde velho e rasgado em São Francisco, exatamente um ano depois. A criatividade estava em guerra consigo mesma.

A criação mortal que havia surgido em Wuhan, na China, enquanto eu passeava pela Cidade Velha, estava agora por toda parte. Em todo o mundo, 1,5 milhão de mortos. Nos Estados Unidos, 275 mil. Funcionários do governo norte-americano alertaram que o número poderia quase dobrar nos meses seguintes.

As pessoas se confinaram. Negócios fecharam. Milhões de pessoas perderam o emprego. Os bancos de alimentos lutaram para atender à demanda cada vez maior de pessoas passando fome. O isolamento e a solidão apresentaram uma nova faceta nos asilos, onde morreram cem mil idosos apenas nos Estados Unidos, a maior parte sem poder se despedir de seus entes queridos.

Então, os humanos criaram um caminho de volta.

Na véspera do Dia de Ação de Graças, um ano depois de eu ter andado pela Cidade Velha, o Centers for Disease Control and Prevention (CDC) anunciou que as trevas poderiam em breve dar lugar à luz.

"No próximo mês, as vacinas de RNA mensageiro — também chamadas de vacinas de mRNA — provavelmente serão algumas das primeiras vacinas contra a COVID-19 autorizadas para uso", dizia o site do CDC.

A maneira como essas vacinas funcionam é inacreditável. O processo envolve a criação de cadeias sintetizadas de material genético, chamadas mRNA, que basicamente ajudam a instruir o sistema imunológico a atacar o novo coronavírus. Os detalhes científicos são material para outro livro.

Mas a forma como essas vacinas surgiram faz parte desta obra, porque essa é uma história de criatividade por excelência. Tudo começou com a centelha de uma criadora obstinada.

O nome dela é Katalin Karikó. Ela é uma pesquisadora húngara que, na década de 1990, ficou obcecada com a ideia de que o mRNA era a chave para grandes avanços na medicina. A cientista acreditava que pedaços de material genético poderiam ser sintetizados de forma a dar instruções ao corpo e atravessar, complementar ou substituir instruções em andamento dentro do corpo, mas não de forma eficaz o bastante para combater uma doença.

Isso não foi apenas mais uma criação, foi, de certa forma, a criação da própria vida — uma versão sintetizada e turbinada de nossas próprias defesas. Ela encontrou pouco apoio para seu trabalho. Isso porque a tecnologia parecia não funcionar.

"Todas as noites eu trabalhava: financiamento, financiamento, financiamento", disse Karikó no perfil publicado no *Stat*, um site de jornalismo científico. "E a resposta era sempre: não, não, não."

Diz o perfil:

Em 1995, após seis anos integrando o corpo docente da Universidade da Pensilvânia, Karikó foi rebaixada. Ela tinha estado no caminho para assumir o cargo de professora-titular, mas, sem verba para financiar seu trabalho com o mRNA, seus chefes mudaram de ideia.

Ela voltou ao degrau mais baixo do meio acadêmico.

"Normalmente, nessa etapa, as pessoas apenas se despedem e vão embora, porque é terrível", disse Karikó.

Para encurtar a história, ela e um colaborador chamado Drew Weissman perseveraram e, por fim, descobriram como fazer com que as terapias de mRNA funcionassem: as misturas tinham que ser ajustadas de modo que não fizessem com que o sistema imunológico atacasse as cadeias genéticas sintetizadas. Ela desenvolveu uma solução.

"Essa descoberta, descrita em uma série de artigos científicos publicados a partir de 2005, passou amplamente despercebida", diz o perfil do Stat. Porém: "foi o tiro de largada para a corrida por vacinas que estavam por vir".

"E mesmo que os estudos de Karikó e Weissman tenham passado despercebidos para alguns, eles chamaram a atenção de dois cientistas importantes — um nos Estados Unidos, outro no exterior — que, mais tarde, ajudariam a fundar a Moderna e a futura parceira da Pfizer, a BioNTech."

Essas foram as mesmas empresas que levaram o CDC, na véspera do Dia de Ação de Graças, a emitir um comunicado dizendo que novas vacinas estavam chegando. O trabalho de dois criadores atuando nas trevas um quarto de século antes havia se tornado a base para vacinas que poderiam salvar milhões de vidas. E a tecnologia de mRNA a que essas empresas recorreram no calvário que foi o ano de 2020 também prometia ajudar a combater outras doenças.

Não foi uma criação modesta. Era a vida em si, um complemento sintetizado de acordo com nossa própria genética. A espécie humana não seria devastada.

Soube dessa notícia pelo celular, sentado no velho sofá de couro verde que herdamos de meus sogros. A casa estava em silêncio, as crianças ainda não haviam acordado, minha esposa também dormia. Liguei a televisão e cliquei no presente que me esperava. Era de Taylor Swift.

No início da pandemia, Swift começou a compor um novo álbum. Não tinha nada a ver com seus trabalhos anteriores. Não era repleto de músicas pop. Era extremamente pessoal, reflexivo, cerebral. Ela não contou para sua gravadora. Apenas compôs. Parecia a coisa certa a ser feita. E ela estava certa. O álbum, chamado *Folklore*, foi nada menos que uma criação brilhante.

Na manhã de Ação de Graças, estreou no Disney+ uma apresentação em vídeo do álbum, filmado em uma casa no interior do estado de Nova York, onde Swift passa parte do ano. O vídeo foi gravado com dois músicos que coproduziram as músicas com Swift — à distância, durante a quarentena. Agora, eles estavam lado a lado pela primeira vez. Sentados na varanda da casa, conversaram rapidamente sobre a origem do trabalho e sobre como haviam colaborado mesmo que longe uns dos outros.

"No esfacelamento de todos os sistemas de vida que conhecíamos que ocorreu durante a pandemia, havia duas opções: se apegar àquilo e tentar dar algum sentido, ou dizer, bem, acho que vou traçar um novo caminho", disse Jack Antonoff, um dos colaboradores.

"Você meio que desenvolve uma mentalidade de fronteira. É um uso emocionante da quarentena dizer: 'Está tudo turvo mesmo, então vou reescrever'."

Swift disse que só falou com a gravadora quando o trabalho estava concluído e confessou que havia escrito um tipo de álbum muito diferente. Ela estava ansiosa para contar a eles.

"Mas minha gravadora foi tipo. O que você quiser fazer, estamos dentro".

"Você está pronta para tocar?", perguntou um dos colaboradores.

"Sim, acho que é muito importante tocarmos. Preciso disso para perceber que é um álbum de verdade. Parece uma grande miragem."

"Parece mesmo", respondeu seu colaborador. "Nunca trabalhei em um álbum assim e não sei se algum dia vou trabalhar de novo. Não sei se é assim que os álbuns devem ser feitos. Mas nesse momento faz todo o sentido."

"Existe alguma coisa na completa e total incerteza sobre a vida que provoca uma ansiedade sem fim", disse Swift. "Mas tem uma outra parte que causa uma espécie de libertação das pressões que você sentia, porque, se vamos ter que recalibrar tudo, temos que começar por aquilo que mais amamos. Era isso que estávamos, de forma inconsciente, fazendo."

Ela acrescentou: "No fim das contas, todo mundo precisava chorar um pouco, assim como nós".

No Dia de Ação de Graças de 2019, comi peru em um *kibutz* no norte de Israel e, um dia depois, esbarrei com o Homem-Canguru. Eu me senti determinado a compreender a criatividade e a procurar por suas manifestações em todas as áreas da vida: artística, científica, sociológica.

Quando a pandemia chegou, comecei a me perguntar: será que a criatividade entrou em repouso? Estamos trancados dentro de casa, sozinhos,

300 INSPIRAÇÃO

talvez até capazes de ouvir nossas vozes criativas, mas incapazes de agir de acordo com elas? "Eu me senti apática e sem esperança", disse Swift em seu relato sobre a criação de *Folklore*. "Nos primeiros três dias."

Um ano depois, percebo que a criatividade, longe de ser contida, explodiu. E, a essa altura, eu tinha entendido o porquê. Ela está dentro de nós. De cada um de nós. Talvez a história seja o único juiz capaz de decidir se alguma de nossas inúmeras criações deixou uma marca profunda o suficiente para se tornar uma lenda. Mas a história não é o *melhor* juiz. Porque as criações que nos inspiram no dia a dia são a semente das criações que mantêm nossa espécie viva e progredindo.

E não precisamos estar reunidos em enclaves criativos, da forma como fizeram os grandes criadores da religião em Jerusalém. O home office é a Nova Jerusalém. Cafés e pequenas reuniões, o recurso à tecnologia, a conexão além-fronteiras, a inspiração, o ouvir de uma voz e a criação de uma harmonia com as vozes dos outros — esse é o novo mundo da criação. É ainda mais onipresente que o vírus.

Neste Dia de Ação de Graças, me sinto extremamente grato por aquilo que nossa espécie criou e pelo que ainda estamos destinados a criar. Pense nisso.

Inspiração

Apreciar verdadeiramente o poder da inspiração é ser testemunha dela. Vê-la se desenrolar em tempo real. Vê-la ganhar vida.

Isso não é apenas possível como testemunhei o processo com meus próprios olhos, assim como muitos fizeram. Inúmeras vezes. Eu gostaria de descrever uma dessas ocasiões. Aconteceu em 24 de agosto de 2018, antes de a pandemia abalar o mundo. A inspiração pertenceu a Yo-Yo Ma, um dos criadores mais renomados do mundo. Ele fez um breve show de doze minutos na internet. Começou com o "Prelúdio da suíte nº 1 em sol maior para violoncelo solo", de Bach. Foi a primeira peça que Ma aprendeu, aos quatro anos, e ele a tocou muitas vezes em seus sessenta e poucos anos.

Enquanto tocava, seus dedos e o arco agiam em sincronia com uma habilidade sem precedentes. Percorriam uma teia invisível e delicada de conexões entre notas, batendo, encostando, deslizando. No entanto, assistir à performance de Ma não é onde está a ação de fato.

A inspiração se desdobra no rosto de Ma. Nos dois minutos em que ele toca, seu rosto faz uma longa jornada. Ele percorre um terreno acidentado de emoções, pensamentos, instintos. Não há um único sentimento que não seja expresso por seu queixo, suas sobrancelhas, seus lábios, sua testa, por uma contração, em um determinado momento quase pela expressão verbal. Parece que você está vendo um mapa topográfico da alma dele. É uma alma que parece, em seu rosto, ao mesmo tempo velha, como uma montanha atemporal, e infantil, como uma criança em idade pré-escolar.

Primeiro seus olhos se fecham, seu rosto em um estado de sonho, então uma leve carranca se transforma em um sorriso irônico, uma dilatação nas narinas, então um pouco mais de ar entra nas bochechas, o queixo sobe, o lábio se curva para baixo, a boca se abre, e parece que ele vai dizer alguma coisa, como se pudesse falar em línguas, mas, em vez disso, seu queixo cai de modo que a pressão aumenta substancialmente no lábio inferior e comprime a parte inferior do rosto, e, por fim, quando a performance é concluída, Ma experimenta um despertar, os olhos abertos, um retorno ao mundo.

Ma teve que, como dizem os jovens, deixar rolar. O treinamento mecânico já havia se concretizado há muito tempo. Mas a interpretação, a forma como ele tocava e a forma como nos sentíamos como ouvintes, eram produto de sua inspiração — naquele exato momento. Quanto a isso, Ma explicou logo a seguir o que torna cada execução desta composição diferente da anterior. "Vivi com toda essa música a vida inteira. Tudo o que vivi está de fato incorporado à forma como toco, de inúmeras maneiras", disse Ma.

Ele disse que todo seu ser, naquele momento, se deixou levar. Ma usou um termo interessante para descrever a capacidade de ler seu ser naquele momento: "musicologia forense". Ele nos mostrou sua musa. Foi bonito.

Dois anos depois, entrevistei o brilhante violoncelista e pensador para este livro. Aconteceu pelo Zoom, em fevereiro de 2021, ao final de um longo inverno, literal e metafórico. As primeiras doses de vacina estavam sendo aplicadas desde o Dia de Ação de Graças. Ma se deleitou com a criatividade coletiva que havia nos levado até aquele ponto. Logo, começamos a debater sobre o estado atual do mundo, e reparei em Ma um traço que vinha à tona repetidamente em conversas com grandes criadores: uma curiosidade inabalável. Ele parecia muito feliz em renunciar à entrevista tradicional e navegar por outros assuntos.

"Vamos nos concentrar em você", falei.

"Está bem", respondeu Ma. Mas não foi bem isso que aconteceu. O que aconteceu na sequência foi uma aula magna de alto nível sobre a criatividade. Ele não apenas descreveu, a partir de sua perspectiva, de onde vem a criatividade, como ela funciona e o que pode alcançar, como exibiu as mesmas qualidades que os criadores exibem e que levam ao ato de criar. Ouvindo-o, eu era capaz ouvir a essência da criação.

Primeiro, havia sua curiosidade e abertura inatas. Criadores parecem falar menos e ouvir mais, interagir com o mundo, reunir, sintetizar. Eles se permitem fazer as "perguntas idiotas-geniais". Não se apressam em apenas emular o que já sabem. Experimentam, sondam, perguntam sem medo do local para o qual a resposta pode acabar levando.

Voltando aos tempos de faculdade, Ma explicou que era fascinado por antropologia, biologia social e biologia evolutiva. Esses campos, disse ele, nos ajudam a entender por que somos criativos. Novas ideias brotam dentro de nós, natural e insistentemente. Muitas dessas ideias são pequenas, e então, *BANG!*, algo extraordinário acontece.

"Como as coisas evoluem? Elas evoluem a uma velocidade constante? Não", disse ele, "você meio que vai caminhando aos poucos e, de repente, há um salto exponencial".

"A agricultura, a roda, os metais", disse ele. São todos exemplos da natureza ampla da criatividade — muito além do que Ma chamou de "categorias aceitas" de criadores, como músicos ou pintores. "Adam Smith foi um criador, assim como as pessoas que fundaram a Companhia das Índias Orientais, como Karl Marx, Freud e Einstein foram criadores."

Quando penso na amplitude da criatividade em nosso mundo, às vezes, penso em como Ma não poderia tocar violoncelo se um marceneiro criativo não tivesse, primeiro, fabricado o instrumento. A lição é que a criatividade pode assumir um número de formas equivalente ao da natureza singular de nossa genética individual. O ingrediente secreto da criatividade é você.

Ao mesmo tempo, a natureza das criações que surgem dentro de cada um de nós pode depender muito das circunstâncias ao redor. Quanto acesso os aspirantes a criadores têm a ferramentas, informações, colaboração, capacidade de compartilhar o que aprenderam? Ao longo da história, grupos de pessoas — alimentadas pela competição, cooperação, inspiração coletiva e ameaças externas — deram origem a diferentes concentrações de produção criativa. Ma acredita que estamos em meio a um desses momentos — uma "era de ouro da criatividade", segundo ele.

Concordo plenamente. A tecnologia digital proporciona as ferramentas criativas para as massas, para todos nós. O momento é de imenso potencial criativo — para o indivíduo e para a espécie.

Mas é também uma faca de dois gumes. As criações, mesmo as mais brilhantes, têm consequências não intencionais. Por exemplo: as armas nucleares. Podemos dizer, com justiça, que nenhuma grande criação está imune. Então, o que acontece em uma era como a em que vivemos depende, em parte, da sorte, mas também do quanto de energia colocamos no uso de nossas ferramentas e criações para o bem.

Por exemplo, Ma chamou a atenção para o poder da computação maciça, para a inteligência artificial e para o que ele chamou de "algoritmo" e como isso tem sido frequentemente usado para criar ferramentas que chamam a nossa atenção. Nem sempre de uma forma que traz benefícios aos indivíduos ou à sociedade.

"Nós poderíamos muito bem usá-los para a construção de conhecimento, criando curiosidade, criando acesso e criando colaboração", disse ele. Não apenas poderíamos, disse ele, "estamos no meio desse processo".

Ma, por sua vez, espera que essas circunstâncias levem à criação de uma nova forma de pensar, a uma filosofia ou visão de mundo que reúna as grandes ideias que surgiram, dê um novo toque a elas, aponte um caminho rumo à paz, à prosperidade, à saúde e à felicidade generalizadas. "Os *millennials* podem estar prestes a escrever os fundamentos de uma filosofia que possa levar a espécie adiante", disse ele.

O arco da história humana se curva com a criatividade. O destino da nossa espécie flui e reflui de acordo com nossas criações.

Mas, em minha humilde opinião, a lição mais importante que posso transmitir nestas páginas é que a criatividade, no fundo, não tem a ver com o resultado nem com seu grau de influência. Não tem a ver com o desfecho nem mesmo com o processo. Tudo isso está em segundo plano. Em primeiro lugar, a criatividade vem da inspiração pessoal. Começa com um impulso, um pressentimento, uma ideia, uma centelha. A criatividade não é uma miragem, não depende do intelecto, não é o reino de alguns privilegiados. Ma fez grandes criações. Mas o que sentiu é o que todos nós podemos sentir. Inspiração.

"Isso é o que acontece comigo sempre que vou fazer alguma coisa", disse ele, descrevendo sua experiência. "Estou sentado lá, meio desolado, deprimido, sem saber qual é o caminho, então começo a reunir informações, de forma quase inconsciente. Vou juntando e juntando até sentir que tem corpo o suficiente para eu poder olhar além dos limites."

Do quê?

"De algo que antes era assustador — um limite pessoal ou social. Talvez eu me sujeite a críticas, talvez seja ridicularizado por dizer alguma coisa em voz alta", falou ele.

Mesmo os grandes deparam com uma realidade do processo criativo: a criatividade é assustadora. A ciência nos mostra isso. A criatividade nos assusta. Ela significa mudar e enfrentar o convencional. A criatividade pode envolver desconforto para o criador e também para as pessoas que tentam digerir essa nova ideia e integrá-la à rotina e ao modo de vida.

Os criadores prosperam quando se dão permissão para olhar além desses limites. Para levar o novo em consideração. A ciência nos mostra que a coragem de criar pode ser alimentada por pais e professores que dão permissão às crianças para chegar até as fronteiras e não só se manterem seguras dentro dos limites do convencional.

"E então", disse Ma, "dou um salto".

Perguntei a Ma se ele poderia evitar dar o salto.

"Não há como", disse ele. "Você fica obcecado." E acrescentou: "É como se apaixonar".

É possível perceber isso no rosto de Ma quando ele toca. Ele salta, ali mesmo, na frente do mundo, sem medo de nossa presença, criando sem medo uma nova versão de uma obra-prima. Ele anda até o limite, salta e sabe que vai pousar. Será que vai ser sua melhor interpretação? Será que vai mudar o mundo? Não é isso que o move naquele momento. É a libertação de seu criador interior.

O diferencial de um criador como Ma é que ele tem fé nisso — ele *tem* fé. Ma acredita que a inspiração existe por um motivo — que está dentro dele e que é seu verdadeiro tesouro, tão misteriosa e essencial quanto o amor. Todas as lições destas páginas podem ser resumidas pelo olhar em seu rosto e pela permissão e pela fé que ele expressa.

Inspire-se. É natural. É uma trajetória emocionante. Para o indivíduo. Para o coletivo.

"Precisamos ser os autores de nossa própria narrativa à medida que avançamos", disse Ma.

Nós somos os criadores. Cada um de nós. Juntos. Rumo à luz.

Agradecimentos

Este livro deve sua existência ao tempo e à energia dedicados pelas pessoas sobre as quais escrevi. São criadores imensamente ocupados que se entregaram a várias entrevistas, perguntas sobre processos íntimos e emoções, à contínua checagem de fatos e a esclarecimentos. O livro em si é um reconhecimento e um agradecimento a todos aqui incluídos.

Um agradecimento direto a Rhiannon Giddens. Sua participação paciente, franca e profunda forneceu uma âncora para minha compreensão e para minha capacidade de descrever a jornada e o processo criativos.

Devo imensos agradecimentos aos nomes de sempre: Laurie Liss, minha sensacional agente, caixa de ressonância e parceira de negócios e de criatividade por quase duas décadas; Peter Hubbard, editor de alta categoria e amigo; Vicki Yates, senhora das primeiras leituras e das edições de texto; Liate Stehlik, executiva editorial com alma; um elenco completo de pessoas obstinadas e criativas na William Morrow e na HarperCollins que fazem capas, edição de texto, publicidade, vendem o livro nas lojas físicas e virtuais. Sem vocês, não haveria livro.

Obrigado a Noel, Josh, Bob, pelos sons que os cães conseguem ouvir.

A meus pais. Este curioso criador veio de algum lugar. Vocês!

Por fim, obrigado a minha esposa, Meredith, e a Milo e Mirabel — a razão principal deste exercício.

Índice

AARON 40-41

abismo do quinto ano 49, 55, 64, 91, 274-75

Accel Partners 126

acidentes de automóvel 2, 18, 28

Adams, John 176

adrenalina 95-97, 111-12

Afeganistão 94-95, 103-4, 258

agnosticismo 167

agricultura 46-47

Airbnb 34

alcoolismo 72

Alemanha Nazista 19, 253-54, 259-60, 261

Allison, James 238, 245-49, 252, 271

alterações climáticas 2, 15

American Ballet Theater 200

Americana Music Honors & Awards 132

antibióticos 11, 24, 29, 82, 135-36, 141-145, 149, 292

anticorpos monoclonais 245

Antigo Testamento 164-65, 166

antissemitismo 36

Antonoff, Jack 299

Apatow, Judd 34, 212-16, 252

    pesquisa de Beaty 197-200, 201

apofenia 234

apostas 143

Arbery, Ahmaud 188

Arca da Aliança 19

Armas nucleares 19, 21, 260, 304

armas nucleares 29, 248-49, 303-304

Armstead, Arik 229

artistas vs. cientistas 112

associações negativas e criatividade 39-40

associações psicológicas 209-10, 218-20

ateísmo 167

atenção plena 87-88, 92-94, 96-98

Atlantic, The 177

autenticidade 30, 41-43, 90, 99, 105-6, 163, 199, 211-13, 220, 228, 251, 280

autoexpressão 108, 110-11

autoritarismo, mudança e ascensão do 50

aves canoras 130-33

Bach, Johann Sebastian 68, 250, 301

bactérias resistentes a antibióticos 122-23

Barclay, Linwood 268-69

Basílica do Santo Sepulcro (Jerusalém) 8-9

Batalha das Ardenas 255-56

Beatles 99, 147, 271

Beaty, Roger 203-208

"Beautiful Day" (música) 147-150

Beethoven, Ludwig van 139

Beghetto, Ronald 264-69

Bell, Darrin 190-91, 253

Bettencourt, Luís 154

"Better Get It Right the First Time" (música) 129-31

Bíblia 163-65, 175

    Árvore do Conhecimento do Bem e do Mal 50

    Big C Project 203-4

    Gênesis 165, 293

    geração de ideias 204-6

    Moisés e o Êxodo 41-42

    pesquisa de Dietrich 199-202, 204

Bilder, Robert 131-33

bilinguismo 65

Biologia 40-41, 135-36, 144-45

BioNTech 298

"Birmingham Sunday" (música), 283

Black Lives Matter
   Ver Floyd, George, protestos pela morte de, em 2020
Bogut, Andrew 239-40
bomba de efluxo 128, 134
Bono 16, 139-42
Borlaug, Norman 269-70
Boston College 55
Boys & Girls Club of the Peninsula 190-93
Branch, John 236
   respiração 85-88, 92-93, 97-98
Brown v. Board of Education 172-73
Bryant, Kobe 235
   peste bubônica 147-48
Buckley, Christopher 280
budismo 161
Bureau of Labor Statistics 118

C profissional 265, 267-68, 270, 280
Cambridge Handbook of Creativity (Kaufman) 29, 267
câncer 24, 32, 234, 241-45
Candida auris 148-49
Candorville (tirinha) 251
Capela Sistina 173
Carolina Chocolate Drops (banda) 67-69, 282
Carolina Performing Arts (Chapel Hill) 284
Carver, George Washington 269
Cash, Johnny 77, 232-33
celular 92-93, 294
   condução distraída, 222-23
centros de inovação 8, 15, 147, 155
   Ver também Vale do Silício
Chicago Bears 28
Chicago Bulls 237
Church, Eric 70, 283
Churchill, Winston 71, 158, 269
cigarro eletrônico 18
Clapton, Eric 90
Cláusula de proteção igual 171-72
Clean Remote 114-15, 250
Cleveland Cavaliers 235, 238-40
clorox 114-15
CNN 157
Cohen, Harold 30-31
colaboração 155, 187, 207

Colorado Avalanche 256
computadores pessoais (PCs) 19, 53
comunicação 132, 292-93
confiança 72, 94, 216-17, 233-34, 237
conformidade 49-51, 56-57, 91, 170
confucianismo 161
Confúcio 159
"Consequências não intencionais" 2, 293-95, 304
   quimioterapia 243
"consequências não intencionais" 2, 293-95, 304
contadores de calorias 116-19
controles remotos de TV 113-15
Cook, James 109
Copeland, Misty 194
Cormode, Scott 159-160, 162-64, 167, 170
córtex pré-frontal 200-1, 208-9
Costello, Elvis 22, 282, 284
Country Music Awards (2016) 70, 283
COVID-19 37-38, 109-10, 176-81, 224, 266, 294, 296-98, 302
   idosos e 179, 181
   medo da 186-93
   pulmões e o sistema imunológico 180-81
   sequenciamento genético do SARS-CoV-2 178-79
   surto inicial na China 7, 25, 38, 84, 177, 296
   vacinas contra a COVID-19 109-10, 296-98, 302
Cramer, Jim 268
Crashing (série de TV) 209
"Creative Person in Science, The" (Feist) 229
Creativity 101 (Kaufman) 267
Creativity Research Journal 49
"Creativity Crisis, The" (Kim) 51
crianças 51, 56-57, 60-61
exercício do "e se?" 53-55Criatividade com C maiúsculo 14, 141
criatividade com c minúsculo 14, 108-9, 262-67
crime e viés racial 209-10, 218-20, 249-50
Crise dos Mísseis de Cuba 21
Cristianismo 8-9, 159, 161-64, 161-67
   Ver também Bíblia
Cronkite, Walter 291-92

CTLA-4 243-44
"Cry No More" (música) 194
cuidados paliativos 188-89
curiosidade 12, 37, 72, 229, 302-3
Curry, Steph 79, 235, 241

D'Amelio, Charli 155-56
Da Vinci, Leonardo 162
Dacey, John 55-58, 60
Dalí, Salvador 101-2
darwinismo 130
Davis, Miles Dewey 12
Dawkins, Richard 129-31, 160
Décima Quarta Emenda 170-71
De Mestral, George 262-63, 265
Deadwood (série de TV) 79, 251
definições de criatividade 29-32
delírios 213-15
depressão 65-66, 68, 278
desaceleração da mente (mente quieta) 91-94
Ver também Devaneios
Desembarque na Normandia 253, 256-59
desprezo 36, 42
Ver também vômito
Deus 159-60, 174-75
Ver também Religião e pensamento
religioso
devaneios 91-92, 96, 99-107, 151
humor 105-6
pesquisas sobre 100-101, 104-6
DeVita, Frank 253
Dietrich, Arne 30, 199-202, 204
Dietz, Doug 111-12
Dinarello, Charles 268
Direito constitucional 13, 168-73
Discovering Magenta (musical) 264
distrações 92-93, 106
lista de criadores 252-54
"Doença da mandíbula inchada" 44
Doença de Alzheimer 88-89
doenças autoimunes 247
"Does Creativity Decline with Age?"
(Simonton) 247-48
Domo da Rocha (Jerusalém) 8-9
Doonesbury (tirinha) 102-4, 216
drogas 79, 90-91, 286-87

Duprex, Paul 177-78
dúvida 33, 36, 47, 110, 217
Ver também Sementes de dúvida Dreifus,
Claudia 242
Dylan, Bob 16, 21, 269

Eberhardt, Jennifer 217-20, 223-24
Ebola 179
economia de escala 147
Ed Sullivan Show, The (série de TV) 82, 251
Edison, Thomas 59, 101-2, 134-35, 247
educação 49-51
exercício do "e se?" 53-55
Eilish, Billie 268
Einstein, Albert 11-12, 24, 31-32, 247, 303
idosos e COVID-19 179, 181
Ellroy, James 268
Emergency Civil Liberties Committee 16
Emmy Awards 149
empatia 70, 112, 123, 216, 236
ENIAC (Electronic Numerical Integrator and
Computer) 260
"Enigma" (código secreto) 259-60
entropia 157
Epps, Garrett 169
escravidão 23, 62-63, 73, 170-71, 282
esquizotipia 213-15
estabilidade 13, 39-40, 43, 133, 166
"estado hipnagógico" 102
Estado-Maior do Exército dos EUA 102, 106
estereótipos 210, 216, 220, 241-42
euforia 76-77, 89
evolução 10-11, 127-38, 141, 148, 202
"expertite" 217, 222-23

Facebook 85, 139-40, 190, 250, 292
"Fadiga de decisão" 294
"Fake news" 293
falências 118
fantasia 99-100, 153, 230
Fariña, Richard 283
crianças e ressonância magnética 111-12
Feist, Gregory 110-12
pesquisa sobre personalidade e
criatividade 226-27, 229, 231-34
Felicidade 23-24, 274, 276, 278

312   INSPIRAÇÃO

Ferrovias 149
Fertilizantes 15
Filho nativo (Wright) 119-20
Filhos
    conformidade e educação 48-51, 56-57
    criação de filhos e criatividade 55-61, 265, 305
    medo de ressonância magnética 111-12
Filhos do Pai Tomás, Os (Wright) 120
"Finding Meaning with Creativity in the Past, Present, and Future" (Kaufman) 276-77
Fleming, Alexander 135-38, 259
flexibilidade 51-52, 59-60, 197-98
Florença 8, 15, 147, 155, 162
Floyd, George (protestos pela morte de) 42, 182-85, 193-94
Fluência 48-49, 197-98
Fogo 1, 293
Folklore (álbum) 79, 298-99, 300
Food and Drug Administration (FDA) 44
"Fora da caixa" 20, 46, 274, 276
Fortenbaugh, Peter 191-92
Fox News 157
Frankfurt, Harry 30
Freaks and Geeks (série de TV) 206-7
Freedom Highway (álbum) 22, 123, 283
Freud, Sigmund 247, 303
Fungos 137, 148-49

Galileu Galilei 12, 43, 162, 176
Gan Garoo Australian Zoo (Nir David) 28-29, 33-34, 44-45, 299-300
Gandhi, Indira 158
Gandhi, Mahatma 71, 269
Gat, Yehuda (Homem-Canguru) 24, 27-29, 32-35, 43-46, 299-300
Gene egoísta, O (Dawkins) 129
General Electric (GE) 111, 116
General Motors (GM) 114
Gengivite 44-45
Genuine Negro Jig (álbum) 67-68
Geração de ideias 3, 58-59, 204-6, 227
    sala de roteiro 207-10
Gerba, Charles 115
Giddens, Rhiannon 22-23, 62-70, 73, 120-23, 194, 230-31, 251, 281-84

Gifted Child Quarterly 48-49
Ginsburg, Ruth Bader 169
Globalização 294
Golden State Warriors 234-35, 237-39
Goncalo, Jack
    pesquisa sobra crença religiosa e criatividade 173-76
    pesquisa sobre segredo e criatividade 274-76
    pesquisa sobre viés e criatividade 36-40, 42-43
Google 85, 190
Grammy Awards 22, 68, 71, 77, 139-40
Grande Peste de Londres 147-48
Green, Draymond, 235
Guerra de Secessão 170
Guerra do Iraque 93, 97
Guerra Fria 292
Guilford, Joy Paul 197-98
    etnia, crime e 209-10, 218-20, 249
Gutenberg, Johannes 162

"Hard Rain" (música) 21
Harrington, Justin 121, 193-94
Harrington, Lalenja 62-66, 121, 193-94, 231
Hart, Kevin 251
Hawking, Stephen 144
Heart of Hospice 188-89
Hendrix, Jimi 90
Herodes, o Grande 7-8, 10
Hill, Faith 70
Hill Street Blues (série de TV) 79, 251
Hinduísmo 161
Hipofrontalidade 201
Hitchens, Christopher 280
Hitler, Adolf 30, 253
HIV (vírus da imunodeficiência humana) 179
Hobbes, Thomas 159
Holland, Todd 286-87
Holmes, Pete 209
Holocausto 27
Homem-Canguru (Yehuda Gat) 24, 27-29, 32-35, 43-46, 299-300
homossexualidade 89-90
Honjo, Tasuku 244
Hooked (Richtel) 279-81

Hopkins, Samuel 15
Hospital da Universidade North Shore 187
How Creativity Happens in the Brain (Dietrich) 30, 199
Howe, Irving 120
humildade 74, 240-41
humor e devaneios 105-6
"Hurt" (música) 232-33

"I Contain Multitudes" (música) 21
Idade das Trevas 159
idade e envelhecimento 250-54
Ideologia política 15-16
Igreja Católica Romana 159, 161-64
Igreja de Jesus Cristo dos Santos dos Últimos Dias (mórmons) 165-67
Iguodala, Andre 239-40
imaginação 11, 31-32
    etnia, crime e 209-10, 218-20, 249-50
    pesquisa de Eberhardt 217-20, 249-50
    pesquisa de Goncalo 39-40, 42-43
    Viés implícito
"Imortalidade simbólica" 277
imprensa 162
Impressão, nascer do sol (Monet) 43
Imunoterapia 242-44
Incêndios florestais na Austrália 35
incerteza 30, 38-40, 42-43, 67, 255, 299
inconformismo 58-59, 91
individualidade 273-74
indulgências 161-62, 164
inferioridade 171-72, 287
"Inferno das Provas" 50-51
inibição 14, 49, 80-81, 89, 110
insegurança alimentar 191-92
insight 212
instabilidade 13, 39-40, 43
Instagram 193, 292
Intel 228
Inteligência (QI) 12, 31, 52-53, 203, 226-30, 234
    testes de inteligência 52-53, 227
Inteligência artificial (IA) 304
Internet 24, 41, 57, 149, 155
    E-commerce 17, 19
    iPhone 9-10, 17-18, 27, 118

Islã 8-9, 159, 168, 236
Israel 26-27, 38, 42, 156
    Ver também Jerusalém

Jackson, Janet 77
Jackson, Michael 77
Jacobs, Andrew 186-87
James, LeBron 235, 238-40
Jay-Z 77
Jefferson, Thomas 168-70
Jenner, Edward 109
Jerusalém 5, 7-10, 17-19, 24, 26-27, 154, 296, 300
Jesus Cristo 159, 161, 163-67
Jobs, Steve 7, 10, 222, 269
John from Cincinnati (série de TV) 79
Joint Venture Silicon Valley 190
Jordan, Michael 235, 249
Jornada criativa do autor 71-77, 99, 221-22, 279-80
Journal of Neuroimage 29
Journal of Personality and Social Psychology 219
Journal of Research in Personality 52, 226
Judaísmo 8-9, 159, 161, 164-65
    trabalho manual aos sábados 167-68
Judaísmo ortodoxo 167-68
Judeia 7-8
Judiciary Act (de 1801) 168
Julgamento 45-46, 72, 74-75, 77-78, 91
"Julie" (música) 69-70, 122, 283

Karikó, Katalin 297-98
Kaufman, James 262-67, 269, 276-78
Kay, Alan 19
Kennedy, John F. 71
Kerr, Malcolm 236
Kerr, Steve 24, 234-41, 249
Khan Academy 161
Kibutz Nir David 26-29, 33-34, 44-45, 299-300
Kim, Kyung Hee "Kay" 50-52, 89-90
King, Martin Luther, Jr. 31, 158, 159, 269
King, Rodney 183-84
Kleiner Perkins 118

314 INSPIRAÇÃO

Lagostim 146
Lâmpada elétrica 31, 41, 134-35
Lancet, The 84, 177-79
Larry Sanders Show, The (série de TV) 207-8
Leaving Eden (álbum) 68
Lee, Amy 116-17
Lee, Michael 116-19, 250
   e o MyFitnessPal 116-19
   leões metafóricos 83-87, 108
Leis de Jim Crow 171
Leões 83-87, 108
"Liberating Consequences of Creative Work,
   The" (de Goncalo) 274-75
liberdade 17, 64, 72
liderança 157-58, 160, 163
"Limiar do caos" 13, 132-33
Lincoln, Abraham 170-71, 269
Liss, Laurie 280
Live Science 249
Livro de Mórmon 166-67
longo período 145, 226-27
loteria 38-39
Lutero, Martinho 158, 162-64

Ma, Yo-Yo 67, 194, 282, 301-6
MacArthur Genius Award 217, 249
Madison, James 168-69
Madre Teresa 158
Maier, Vivian 263-64
Maior espetáculo da Terra, O (Dawkins) 131
Mandarim (pássaro) 131-32
Mantle, Mickey 71
Maomé 8-9, 159
Marbury, William 168-70
marca-passo 135
Marshall, John 169-70
Marshall, Thurgood 171-73
Martin, Greg 187
Marx, Karl 303
Massacre de Columbine 256
McCain, John 280
McCartney, Paul 269
McGraw, Tim 70
McNamee, Roger 139-41, 250
Meditação 92-94
Medo 14, 33, 108-24, 305

como poder para motivação 111-19
da autoexpressão 108, 110-11
leões metafóricos 83-87, 108
pesquisa de Seppälä 84-88, 91-92
Melua, Katie 152
Mentiras (mentir) 80-81
Método socrático 72
Michelangelo 162
Milch, David 79-81, 251
Millennials 304
Miss Americana (documentário) 77-78
Mitos da criatividade 15-17
Modelo dos quatro Cs 265-70
Momento eureca 20, 23, 51-52, 55, 100, 108,
   143, 155, 197, 199
Monet, Claude 43
Monsky, Michael 113-15, 250
     Clean Remote 122-24, 253
Mormonismo 165-67
Morte 10, 40-41
Motor de combustão interna 2
MTV Video Music Awards 77
Multidões 21-23, 78, 97-98, 235
Muro das Lamentações 9
Musa 20, 123-24, 280
Musée Marmottan Monet (Paris) 43
Musk, Elon 16
Mutação genética 10, 40, 127-34, 148, 177-79,
   205
MyFitnessPal 117-19, 250

Narcóticos Anônimos 286-87
Narrativas dos escravizados 69-70
Nashville (série de TV) 70, 122, 282-83
National Institutes of Health 268
Neurociência 12, 52, 197-211
Neuroimagiologia 12, 52, 198-99, 202-4
Neuropsychologia 204
Neuroticismo 209, 231-32
New York Times 20, 46, 113, 217, 236, 260,
   284, 291
   reportagem sobre a COVID-19 38, 181,
     186, 191-93
   reportagem sobre o Candida auris
     148-49
   trabalho remoto 156

trabalhos do autor para o 23-24, 75-77, 93, 191-93, 221-22, 268, 286

New York Times Magazine 145

New Yorker 79, 263

Newton, Isaac 147-48

    Leis de Newton 148

Nine Inch Nails 77

Nir David 26-29, 33-34, 44-45, 299-300

Noah, Trevor 268

Novidade 29-30, 32

Obama, Barack 223

Oberlin College 67

Omar (ópera) 22, 283

Omar Ibn Said 283

Opie Gone Bad (banda) 254-55

Originalidade 29, 32, 39, 49, 51, 197-98, 232

Pantoja, Andres 191-92

paradoxo da criatividade 18-19

pardal 130-31

Paris 8, 147, 155

Parton, Dolly 22, 70

patentes 15, 59, 147, 155, 174

Patterson, James 268

Pauley, Jane 102-3

Peanuts (tirinha) 76-77

"Pecado original" 165

penicilina 128, 133, 135-37, 259

pensamento aberto 55, 241-42

pensamento baseado em regras 49-51, 54-58, 60, 63-64, 215-16, 275

pensamento convencional 49-51

pensamento convergente 133-35, 173

pensamento divergente 133-35, 198, 203-4

pensamento mágico 213-15

percepção de ameaça 86-88

percepção visual 13, 212-15

perfeccionismo 58-59, 146, 208

"pergunta idiota-genial" 37, 222, 274, 303

PerioChip 44-45

permissão 23, 58-60, 73, 116, 303, 305-6

personalidade 12, 226-34

    abertura 12, 44, 228-31, 302-3

    confiança 216-17, 233-34

    neurose 209, 231-32

Pfizer 298

    "Fardo físico" 275

Piatt, Walter 93-97

Picasso, Pablo 59, 247

Pink Floyd 139

pinturas rupestres 1

Planck, Max 176

Plessy v. Ferguson 171-72

Plessy, Homer 171

pobreza 65, 159

Pol Pot 30

Police Athletic League 255-58

policiais e tiroteios 23, 182, 257-58

policiais e viés racial 219-20, 249-50, 257-58

policiamento e raça 209-10, 218-20, 249-50

    protestos pela morte de George Floyd 189

ponta da língua 101-2

Poole, Monte 237-38

Potassa 15

prazos 103-4

preconceitos 221

    Ver também Presley, Elvis

prejulgamentos 94, 97-98, 216, 241-42

Prêmio Nobel 52, 118, 228, 234, 242, 244, 248

    de Allison 24, 32, 241-42, 244, 249, 269

    de Fleming 135-37

    ganhadores e liberdade sexual 89

Prêmio Pulitzer 46, 102, 183, 223, 250

Preparação do cérebro 91-92

Pressão, valor da 103-4

Primeira Guerra Mundial 135

Pulmões e o sistema imunológico 180-81

QAnon 293

Quanta Magazine 242

quantidade vs. qualidade das ideias 59

Queens College 167

Raciocínio abstrato 62, 230

Racismo 42, 218-20, 257-58

    protestos de 2020 42, 182-85, 193-94

    segregação e constituição 171-73

radioterapia 243

Reação de lutar ou fugir 75, 86-89

Red Dead Redemption (videogame) 22

316 INSPIRAÇÃO

Red Rocks Amphitheatre 254-55
rede de controle executivo 198-99
rede de saliência 198-99
rede padrão 198-99, 203, 205, 207-9
redes sociais 147, 156-57
Reed, Lou 270
Reforma 160-64
Reforma Protestante 160-64
    papel da crença 13, 173-76
Regeneron 228, 245
Religião e pensamento religioso 8-9, 13,159-68
Renascimento 162
Resistência a antibióticos 121-22, 135-38, 141-42, 148
Resposta simpática 86-89
Ressonância magnética 111-12, 198-99, 202-4
Retratos de uma obsessão (filme) 77
Revolta árabe na Palestina (1936) 36
Reznor, Trent 232
Riedel, Stefan 109
Rizo, Alejandro "Alex" 256-58
Rolleiflex (câmera) 263-64
Rolling Stone (revista) 70
Romanek, Mark 77, 232-33, 273-74, 276, 278
Rotina matinal 102
Rudy Park (tirinha) 76, 183
Runaway Booger, The (Richtel) 53-54
Runco, Mark 49-50, 58

Sabá 167-68
Sacro Império Romano-Germânico 159, 161
Sainte-Mère-Église 257
sala de roteiro 207-10
Salk, Jonas 269
San Francisco 49ers 225
San Francisco 75, 117, 156, 221, 224-25
Sandercoe, Justin 150-54
Sanders, Bernie 238
Santa Fe Institute 155
Santana, Carlos 23, 90
SAPI (Síndrome do Assassinato Prematuro da Ideia) 178
Schooler, Jonathan 101-2, 106
Schroeder, Jacob 251-52, 254-59, 261
Schulz, Charles 76-77

Scientific American 247
Scott, Donald 166-67
Secchi, Angelo 176
segredos 274-76
segregação
    constituição 178
    escolar 171-73
    militar 254
segregação escolar 171-73
Segunda Guerra Mundial 27, 137, 253-54, 259-60
segurança psicológica 18, 38, 88-89, 91-92
seleção natural 11
seleção sexual 131-33
sementes de dúvida 48-61, 73
Seminário Fuller 159
senso de sentido 276-78
"Separados mas iguais" 171-72
Seppälä, Emma 84-88, 91-92, 97
Sequenciamento genético do SARS-CoV-2 178-79
Sergey Brin Family Foundation 193
sexo e liberdade sexual 89-90, 104-5
Shakespeare, William 162
Shakira 268
Shandling, Garry 20-08
Shockley, William 52
Silkroad Ensemble 282
Silverman, Sarah 103
Simone, Nina 22
Simonton, Dean 58-59, 130, 247-48
Síndrome de Asperger 236
Síndrome do intestino irritável 68
sistema de provas 50-53
    exercício do "e se?" 53-55
    pesquisa de Torrance 48-50
Sistema de provas 50-53
Sistema imunológico 180-81, 242-45
smartphone kosher 167-68
Smith e o mormonismo 165-67
Smith, Adam 303
Smith, Joseph 165-67
socialismo 26-27
Society of Critical Care Medicine 187
sonhar acordado 102, 106
sono 102-3, 145

Sony 153
Universidade do Sul de Oregon 49
Springsteen, Bruce 81-82, 251, 270
Staphylococcus aureus resistente à meticilina (SARM) 115
Stat News 297
Steamboat Springs 38
Steinberg, Doron 44-45
Stern, Rita 80
Streitfeld, David 46-47
    etnia, crime e 209-10, 218-20, 249-50
    pesquisa de Eberhardt 217-20, 249-50
    pesquisa de Goncalo 36-40, 42-43
    Vieses subconscientes 14, 216, 218-21
Subwoofers 140
superioridade 287
Suprema Corte dos EUA 13, 168-73
surpresa 30, 32, 102
Swift, Taylor 77-79, 298-99, 300
Syer e o Boys & Girls Club da Peninsula 190-93
Syer, Tina 190-93

Tanner '88 (série de TV) 103-4
taxa metabólica 145
Taylor, Breonna 182
Taylor, James 268
tecnologia 156, 221-22, 292-93, 304
    internet 24, 41, 57, 149, 155
    solar 2
telefones 149, 219
tempestade de citocinas 181, 245
Teoria da Criatividade da Prateleira de Temperos 14, 82, 111, 215
Teoria da hipofrontalidade transitória 201
Teoria da relatividade 11-12
Teorias da conspiração 293
Terkel, Studs 21
Terman, Lewis 52-53
Terror 84-85, 110, 119, 120-21, 305
    Ver também Medo Tesla 2, 16, 190
Teste das figuras incompletas 212-14
Teste de usos alternativos 203-04
Teste excêntrico 213-15
Testes de pensamento criativo de Torrance 48-50, 212-14

Tharpe, Sister Rosetta 22
Thomas, Bradley 253-54
Thomas, Clarence 169
Thompson, Klay 235
Thunberg, Greta 15
TikTok 15, 155, 292
Time (revista) 143
Tomorrow Is My Turn (álbum) 70, 121-22, 282-83
Torrance, Ellis Paul 48-50
tosse seca 177, 180
transferência horizontal de genes 148-49
transistores 52
transmissão assintomática 186
Transtorno de estresse pós-traumático (TEPT) 84-88, 91
tratamentos 228, 244-46
trauma de guerra 84-88, 97-98
Trudeau, Garry 102-4, 216-17, 250
Trump, Donald 228, 245-46
    varíola 109-10
Tubman, Harriet 269
Turing, Alan 259-60
"Turn to Tell" (música) 152-53
Twelve Books 280
    24 Hour Fitness 116
Twitter 194, 284

U'ren, Nick 239-40
U2 (banda) 16, 139-42
Under Armour 118-19
União Soviética 26, 292
United Media 76
Universidade
    Americana de Beirute 207, 240
    Brown 116
    Cornell 37
    da Califórnia em Berkeley 218
    da Califórnia em Los Angeles (UCLA) 131-32, 203-4
    da Califórnia em Santa Barbara 212-13
    da Carolina do Norte 37, 231
    da Geórgia 200
    da Pensilvânia 37
    de Cambridge 144, 147-48
    de Illinois 37-38

de Iowa 202-3
  de Maryland 171-72
  de Nova York (NYU), 187
  de Oklahoma 172
  de Oxford 129
  de Pittsburgh 177
  de Syracuse 24
  de Zurique 127
  do Arizona 115, 236-37
  do Missouri 172
  do Oregon 262
  do Texas 172
  Estadual de Ohio 248-49
  Estadual de San Jose 226
  Estadual do Arizona 240
  Harvard 104, 105
  Hebraica 44-45
  Stanford 52, 85, 144, 190, 217-218, 249
  Yale 85, 264
utilidade 32, 87

vacina contra a varíola 109-10
vacinas 109-10
  contra a varíola 109-10
  de MRNA 296-98
Vale do Silício 8, 15, 147, 221-22, 291-92
Valor 29-30, 32
  valor próprio 287
Vanity Fair (revista) 82
Varíola 108-9
variolação 108-9

Velcro 262-63
Velvet Underground 270
vergonha 20, 50, 261, 274-75
viagem 13, 212, 233
"Viagem no tempo" 105
Vincent, Lynne 24
vírus 40-41, 177-79
vômito 36, 39, 42, 173, 295
voz 73-75, 77, 79-82, 92-93

Wagner, Andreas 127-29, 133-36, 138
Wagner e as mutações 135-46
Warren, Earl 172-73
Washington, George 15
Weinberg, Bruce 249
Weissman, Drew 297-98
West, David 238
West, Geoffrey 143-47, 149, 156-58
Westinghouse Science Talent Search 227-28
Wilborn, Sonali 188-89
William & Mary College 50, 89
Wright, irmãos 205
Wright, Richard 119-20
Wuhan, China 7, 25, 38, 84, 177, 296

YouTube 15, 79, 194

Ziv, Oron 29
Ziv, Yael 28-29
Zucked: Waking Up to the Facebook
  Catastrophe (McNamee) 140, 250

Este livro foi impresso pela Cruzado, em 2023, para a
HarperCollins Brasil. O papel do miolo é
pólen natural 70g/m², e o da capa é cartão 250g/m².